大学入学共通テスト

日本史B
の点数が面白いほどとれる

JN037746

＊本書には、「赤色チェックシート」が付いています。

はじめに

～共通テストはこわくない！～

　「大学入学共通テスト」（以下，共通テスト）について，試行調査を見る限りでは，資料の読解問題が従来のセンター試験より増加していると思います。また，日本史の入試問題が歴史用語の暗記知識を問うことに偏っているという否定的な見方もあり，用語の暗記知識に偏らず，思考力や読解力などを問う試験が求められていました。それに応えようとしたのが共通テストの日本史だといえるでしょう。

　それでは，歴史用語の暗記は必要ないのでしょうか？

　ここで勘違いしてはいけないのは，従来のセンター試験の日本史の出題とまったく変わるわけではない，ということです。**問題を解くためには，教科書に出てくるような歴史用語は知っているのが前提です。**問題文の中に歴史用語があまり出てこないからといって，歴史用語の暗記が必要ないわけではありません。

　また，**受験生が苦手とする難問は，「時期の判断が求められる問題」**です。その典型が年代順配列問題です。複数の歴史事項を時代順に並べ替える問題です。このタイプの問題は受験生にとって難問であることには変わりなく，共通テストでも時期の判断が求められる問題はさまざまな形で出題されるでしょう。

　センター試験とまったく違う発想の問題が出題されるわけではないのです。

　これらの内容については，おもに 2018 年 11 月に実施された試行調査をふまえて，コラムで詳細に分析しています。学習の際の参考にしてください。

　そこで，**この問題集は歴史用語の知識を固め，時期の判断が求められる問題を練習することを目的として編集しています。**これ 1 冊で共通テストの全ての問題が攻略できるわけではありませんが，最低限必要な歴史用語の知識と，時期判断に必要な考え方を身につけてください。

　受験生の共通テスト対策の一助となることを願って

鈴木　和裕

CONTENTS

第Ⅰ章　原始・古代

1　原始（～3世紀前半）

2　古墳時代（3世紀後半～6世紀ごろ）

3　飛鳥時代（7世紀ごろ）

4　奈良時代（8世紀ごろ）

5　平安時代前期（9世紀ごろ）

第Ⅱ章 中世

第Ⅲ章　近世

第Ⅳ章　近代・現代

5 | 昭和時代 (アジア太平洋戦争後)

コラム

※本書は、2020年4月現在の情報にもとづいています。

共通テストこそ、一問一答が重要！

共通テスト対策に臨む前に

共通テスト対策で重要なこと

　これまでのセンター試験が終わり、新たに共通テストが始まります。たとえば試行調査（プレテスト）も、たしかに一見「センター試験と大きく違う」印象を受けます。また、共通テストは「これまで以上に思考力・判断力を重視する」試験と言われます。

　しかし、**あくまでも「日本史 B」の試験であることを忘れてはなりません。**科目の基本知識を持つことが大前提であることに変わりありません。**「思考力・判断力」**といわれるものも、科目の基本知識の上にこそ成り立つものです。

本書の内容

　本書の文章正誤問題の一問一答は、これまでに蓄積されてきたセンター試験をもとにしています。センター試験は、科目の基本知識・理解の習得度を測る試験として、長年にわたって高い評価を得てきました。したがって、**共通テストの基盤となる知識をチェックし実力を高めるのに有効な素材です。**

共通テストと本書

　本書では共通テストに必要な基礎知識が確認できます。

　知識を確認したら，試行調査問題などを使って共通テスト型の問題を解いてみましょう。実際はセンター試験と同形式の問題も出題されており，本書で得た知識が問題を解くために必要なことがわかるでしょう。

　一見するとこれまでのセンター試験とは違う共通テスト型問題であっても、本書に盛り込まれた知識で十分に対応できるのです。

　ここでは平成30年に実施された大学入学共通テスト試行調査問題から特徴的な問題を取り上げました。一問一答に取り組む前に、挑戦してみましょう。

問　題

第4問　問4　次の**資料**は、近世の幕府の公文書管理に関して、儒学者の荻生徂徠が述べた意見である。**a ～ d**の文章を読み、荻生徂徠の意見**a**、**b**と、その意見と関係があると思われる政策**c**、**d**の組合せとして最も適当なものを、下の①～④のうちから一つ選べ。

資料

　何の役にも留帳 (注1) これなく、これよろしからざる事なり。大形は (注2) 先例・先格をそらに覚えて取扱う故に、覚え違いあるなり。……当時は (注3) その役に久しき人、内証にて (注4) 書留をしておく人あれども、面々の手前にて (注5) したる事ゆえ、多くは甚だ秘して同役にも見せず、手前の功ばかりを立てんとす。……留帳ある時は、新役人もその帳面にて役儀の取扱い相知るる故に、御役仰付けられたる明日よりも役儀勤まるべし。

（『政談』）

- （注1）　留帳：役所の業務記録、公文書。
- （注2）　大形は：大方は、たいていは。
- （注3）　当時は：最近は、近頃は。
- （注4）　内証にて：内々に、内緒で。
- （注5）　面々の手前にて：それぞれの役人たちが自分で。

a　　この資料で徂徠は、留帳がなくても役人は記憶や経験に基づき、問題なく業務を遂行できると述べている。

b　　この資料で徂徠は、自分の功績のために作成する書留とは別に、留帳を作成すると、行政効率が上がると述べている。

c　　この資料にある徂徠の意見と関わる政策として、新しく人材を登用する足高の制が考えられる。

d　　この資料にある徂徠の意見と関わる政策として、庶民の意見を聞く目安箱の設置が考えられる。

　　　①　a―c　　②　a―d　　③　b―c　　④　b―d

（平成30年試行調査）

第4問

問4

正解　　③

解説

■ 資料読解と用語知識の組合せ

　試行調査を解いてみると，**全体的に目立つのは資料の読解問題**です。しかし，資料読解だけで解けるわけではありません。教科書に出てくるような歴史用語は最低限知っておく必要はあります。**a・b** の選択肢は資料の読解で解答できますが，**c・d** は用語の知識が必要です。

■ 選択肢 a・b を検討する

　この資料は，「役所の業務記録である『留帳』がないことはよくないことである。たいていは先例の記憶を頼りに業務を行うので，覚え間違いが起こることもある。……最近はその役に長く携わっている者が個人的に記録を残すことがあるが，ほとんどは誰にも見せず，自分の功績を立てるために使われている。……留帳があれば新たに着任した者もすぐに業務を遂行できるようになる」という内容が書かれています。

　資料の内容に合致するのは，留帳の重要性を指摘する **b** です。**a** は，徂徠の意見と真逆です。

■ 選択肢 c・d を検討する

→ P.153&155

　この2つの選択肢には，それぞれ歴史用語が登場します。**c** の「足高の制」と **d** の「目安箱」，少なくとも，**これらの用語を知らずに資料だけを読んでも正解は出せません**。資料で「新任の者でも業務を遂行するためには，留帳が必要」とあるのですから，新しい人材を登用する「足高の制」が，資料の文脈にもマッチすることがわかります。よって，正解は③です。

資料の読解で解答できる問題や，一問一答的な知識で解ける問題は難問とはいえません。受験生が苦しむと思われるのは，時期の判断が求められる問題です。以下の問題をみてください。

問 題

　第3問　問2　歴史には様々な見方がある。下線部ⓑの時代には「外からの波」が少なかったという見方に対する反論として成り立つものを，次の①〜④のうちから一つ選べ。

　① この時代には，海外渡航許可書を持った貿易船が東南アジアに行っており，その交流を通して「外からの波」は少なくなかった。
　② この時代には，中国に公式の使節が派遣され，先進的な政治制度や文化などがもたらされており，「外からの波」は少なくなかった。
　③ この時代には，長崎の出島の商館を窓口にして，ヨーロッパの文物を受け入れており，「外からの波」は少なくなかった。
　④ この時代には，中国との正式な国交はなかったが，僧侶や商人の往来を通して「外からの波」は少なくなかった。

（平成30年試行調査）

解答・解説

第3問

問2　　**正解**　　④

解説

■ 時期判断の問題

　「下線部ⓑの時代」とはリード文から「10 〜 14世紀」だとわかるのですが，設問は「見方に対する反論として成り立つもの」といった見慣れないものです。また，**求められているのは選択肢で説明されている「時期」の判断**です。

■ 選択肢の検討

→ P.145&43&147

　選択肢①は江戸時代の朱印船，選択肢②は奈良時代の遣唐使，選択肢③は江戸時代の対外関係を説明しているとわかる必要があります。この点では用語の知識が必要だといえます。しかし，それだけではなく，「10 〜 14世紀」が平安時代中期〜鎌倉時代であるとわからなければ正解できません。**時期の判断ができない受験生は高得点を取れない**のです。

共通テストでは今までにない，新しいタイプの問題が出題されています。日本史でマーク式の試験といえば，「一問一答」的な暗記知識を問う形式の設問が一般的でした。しかし，共通テストでは「歴史の見方」を考えさせるような問題が散見されます。

問　題

第3問　問4　下線部ⓐの時代のうち，15世紀について **X・Y** のような評価もある。それぞれの評価を根拠付ける情報を **X** は **a・b**，**Y** は **c・d** から選ぶ場合，評価と根拠の組合せとして最も適当なものを，下の①〜④のうちから一つ選べ。

評価
X　この時代は「政治的に不安定な時代」である。
Y　この時代は「民衆が成長した発展の時代」である。

根拠
a　並立した二つの朝廷を支持する勢力が武力抗争し，また，その一方の内紛などもあって内乱は長期化した。
b　全国の大名を二分した大乱は終結したが，地方には新たな政治権力も生まれ，地域的な紛争は続いた。
c　村では，共同の農作業や祭礼を通して構成員同士が結び付いていたが，戦乱に対する自衛で内部の結合を強くしていった。
d　村では，指導者が多くの書籍を収集して人々に活用させ，儒学を中心とする高度な教育を進めていった。

①　X—a　　　Y—c　　　②　X—a　　　Y—d
③　X—b　　　Y—c　　　④　X—b　　　Y—d

（平成30年試行調査）

解答・解説

第3問

問4　　　**正解**　　③

■ この問題の「新しい点」

「評価と根拠」を考えるこの問題は今までにない問題だといえます。**歴史事項の評価というのは，一つではなく，複数の観点があります。**一問一答的な単純な知識だけでは解けない問題であり、歴史のより深い理解が求められているといえます。

■ 選択肢の検討

→P.129&105&113 ....

　設問文からわかるように「15世紀」＝中世の内容を判断することが求められています。そのなかで特に選択肢の **a** は南北朝の内乱，**b** は応仁の乱の説明だとわからないと解けません。歴史用語の知識がいらないわけではないのです。南北朝の内乱は14世紀，応仁の乱は15世紀なので，**b** が正しいことがわかります。**c** は室町時代の惣村の説明，**d** は江戸時代の村の説明です。**c** が正しいと判断できます。

本書の特長と使い方

センター試験にもとづく
空欄補充・文章正誤問題

問題は、過去のセンター試験をもとにした①空欄補充問題 ②文章正誤問題 ③年代順配列問題で構成されています。とくに文章正誤問題は、試験本番では4文・2文・組合せなどさまざまなパターンで出題されますが、本書では、基礎を身につけるために1文の正誤判断を設問としています。

第Ⅰ章　原始・古代

1　原始（〜3世紀前半）

1　旧石器時代・縄文時代

〈旧石器文化〉

□**1.** 相沢忠洋が □□□□ で赤土層から石器を発見したのをきっかけに，全国各地の更新世の地層から石器が出土した。
　　① 岩宿　　② 板付

□**2.** 旧石器時代には，石を打ち欠いただけの石器を用いたが，この時代の終わりには，細石器と呼ばれる小型の石器も用いるようになった。

□**3.** 更新世では，狩猟・漁労の道具として弓矢や網が使用された。

〈縄文文化〉

年代順配列問題

各章の最後に、苦手な受験生が多い年代順配列問題を集めました。学習の際に「いつの時期の出来事か」を意識し、問題を解くときはどうすれば時期の判断ができるか考えてみてください。

7. 江戸の都市政策
　Ⅰ　株仲間を解散させ，物価引下げをはかった。
　Ⅱ　七分積金をもとに，江戸町会所によって都市貧民を救済する体制がつくられた。
　Ⅲ　消防制度を整備して，町火消を設置した。

8. 幕府の経済政策
　Ⅰ　銅・鉄・真鍮・朝鮮人参などの座を設けた。
　Ⅱ　大坂堂島の米市場を公認した。
　Ⅲ　株仲間の解散を命じ，商人らの自由売買を認めた。

9. 外国人の来航
　Ⅰ．イエズス会の宣教師シドッチが，屋久島に潜入した。
　Ⅱ．イギリス船フェートン号が，オランダ船を追って長崎に侵入した。
　Ⅲ．ウィリアム＝アダムズらが乗ったリーフデ号が，豊後臼杵に漂着した。

10. 異国船の来航
　　　　イ　　　　フ　　　　ン号

本書は、日本史をひと通り学習したあとに、知識の確認・定着をはかるために使用するものです。実際の問題に取り組む前に、本書で効率よく「共通テストに必要な知識」を身につけてください。

解答・ポイント

誤文（答えが×）の場合は1行目に誤りの理由を記しています。解説では超重要語を赤字で強調していますので、赤色チェックシートで消せば用語チェックもできます。

各問題には正誤判断のポイントを示す　時期　内容　のアイコンを付しています。

時期　いつの時期の出来事かを考え、判断をする問題

内容　用語の知識や歴史的な内容で正誤を判断する問題

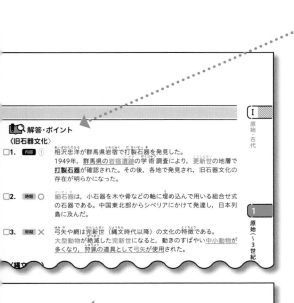

Ⅰ

原始・古代

1

原始〜3世紀

🔍 解答・ポイント

〈旧石器文化〉

□**1.** 内容 ⓘ 相沢忠洋が群馬県岩宿で打製石器を発見した。
1949年，群馬県の岩宿遺跡の学術調査により，更新世の地層で**打製石器**が確認された。その後，各地で発見され，旧石器文化の存在が明らかになった。

□**2.** 時期 ○ 細石器は，小石器を木や骨などの軸に埋め込んで用いる組合せ式の石器である。中国東北部からシベリアにかけて発達し，日本列島に及んだ。

□**3.** 時期 × 弓矢や網は完新世（縄文時代以降）の文化の特徴である。
大型動物が絶滅した完新世になると，動きのすばやい中小動物が多くなり，狩猟の道具として弓矢が使用された。

〈縄文

7. 権力者 Ⅲ→Ⅱ→Ⅰ
Ⅲ　享保の改革，8代将軍吉宗，町奉行大岡忠相中心に都市政策を進めた。
Ⅱ　寛政の改革，11代将軍徳川家斉，老中松平定信は七分積金を命じた。
Ⅰ　天保の改革，12代将軍徳川家慶，老中水野忠邦が株仲間の解散を命じた。

8. 権力者 Ⅱ→Ⅰ→Ⅲ
Ⅱ　享保の改革，8代将軍徳川吉宗は米価安に対応するため，堂島の米市場を公認した。
Ⅰ　田沼時代，老中田沼意次は座を設け，流通の統制や運上徴収をはかった。
Ⅲ　天保の改革，老中水野忠邦は，株仲間の解散を命じ，物価の引き下げをはかった。

9. 時代 Ⅲ→Ⅰ→Ⅱ
Ⅲ　江戸初期，**リーフデ号**は豊後臼杵に漂着し（1600年），アダムズらが徳川家康に登用された。
Ⅰ　江戸中期，シドッチの訊問から新井白石は『采覧異言』『西洋紀聞』を著した。
Ⅱ　江戸後期，**化政時代**，フェートン号事件（1808年）。

10. 展開 Ⅰ→Ⅲ→Ⅱ

解答・ポイント

各問題には時期判断のポイントを示す　時代　権力者　展開　のアイコンを付しています。

時代　世紀・時代区分・文化区分で判断

権力者　将軍・首相など各時期の政権担当者や時期を示す政策で判断

展開　Ⅰ〜Ⅲの推移について理解が必要なもの

Ⅲ

近世

第Ⅰ章 原始・古代

1 原始（～3世紀前半）

1 旧石器時代・縄文時代

〈旧石器文化〉

□**1.** 相沢忠洋が ⬜ で赤土層から石器を発見したのをきっかけに、全国各地の更新世の地層から石器が出土した。
　① 岩宿　　② 板付

□**2.** 旧石器時代には、石を打ち欠いただけの石器を用いたが、この時代の終わりには、細石器と呼ばれる小型の石器も用いるようになった。

□**3.** 更新世では、狩猟・漁労の道具として弓矢や網が使用された。

〈縄文文化〉

□**4.** 縄文時代になると気候が温暖化し、海面が上昇したため、漁労の活動が盛んとなった。

□**5.** 縄文時代には、木の加工などが比較的容易になる磨製石器の登場によって、打製石器がつくられなくなった。

□**6.** 縄文時代には、狩猟採集の生活を送り、獲物を追って移動していたため、集落を形成することはなかった。

□**7.** 北海道の白滝や長野県の和田峠などで産する ⬜ でつくられた石鏃が、各地で出土している。
　① 黒曜石　　② サヌカイト

📖🔍 解答・ポイント

〈旧石器文化〉

□**1.** 〔内容〕① 相沢忠洋が群馬県岩宿で打製石器を発見した。
1949年，群馬県の岩宿遺跡の学術調査により，更新世の地層で**打製石器**が確認された。その後，各地で発見され，旧石器文化の存在が明らかになった。

□**2.** 〔時期〕○ 細石器は，小石器を木や骨などの軸に埋め込んで用いる組合せ式の石器である。中国東北部からシベリアにかけて発達し，日本列島に及んだ。

□**3.** 〔時期〕✕ 弓矢や網は完新世（縄文時代以降）の文化の特徴である。
大型動物が絶滅した完新世になると，動きのすばやい中小動物が多くなり，狩猟の道具として弓矢が使用された。

〈縄文文化〉

□**4.** 〔時期〕○ 温暖化による海面の上昇（海進）により，日本列島は入り江の多い島国として漁労が発達した。道具として釣針・銛などの骨角器，**石錘・土錘**が使用された。

□**5.** 〔内容〕✕ 縄文時代にも打製石器が使用されていた。
打製石器と磨製石器は使いわけられていた。矢の先端につける石鏃・皮はぎなどに使用する石匙や，**打製石斧・磨製石斧**が使用されていた。

□**6.** 〔内容〕✕ 縄文時代には生活が安定し，定住化が進んだ。
日当たりのよい水辺の台地上に集落が営まれ，数軒の竪穴住居が環状に並ぶものが多く，周囲には食べたものを捨てた跡の貝塚がみられる。

□**7.** 〔内容〕① 和田峠は黒曜石の原産地であった。
石器の材料である黒曜石や**サヌカイト**の分布状況から遠方の集団との交易が行われていたことがわかる。サヌカイトは二上山（大阪・奈良）が有名である。

□**8.** 縄文土器は薄手で赤褐色のものが多く，その名称は土器が発見された地名にちなんでつけられた。

□**9.** 縄文時代，畿内では支石墓が盛んにつくられた。

□**10.** 縄文時代の風習や儀礼には，抜歯や屈葬などがあった。

2 弥生時代

〈弥生文化〉

□**1.** 弥生時代には西日本を中心に稲作が広まったが，それが本州北端まで伝わったのは古墳時代である。

□**2.** 北海道と沖縄の両方に，弥生文化とともに稲作が定着した。

□**3.** アイヌ民族のおもな祖先は，続縄文文化や ☐☐☐☐☐☐ を担った人々だと考えられている。
　　① 擦文文化　　② 貝塚文化

□**4.** 稲作によって集落の人々の生活が安定すると，狩猟や漁労・採集などの食料採取はほとんど行われなくなった。

□**5.** 弥生時代になると，農業生産の発達にともない，貧富の差は次第に解消されていった。

□**6.** 弥生時代には，乗馬の風習や硬質の土器が朝鮮半島から伝わった。

□**8.** 内容 ✕ 「薄手で赤褐色」「名称は発見地」は弥生土器の特徴。
縄文土器は，低温で焼かれた厚手で黒褐色の土器で，縄を転がしてつけた文様をもつものが多いことからその名称となった。

□**9.** 時期 ✕ 支石墓は弥生時代の墓制で，おもに九州北部にみられる。
縄文時代は，共同墓地で，多くは屈葬されており，そこからは身分の上下や貧富の格差はみられない。

□**10.** 内容 ○ 縄文人は自然物や自然現象に霊威が存在すると考えた（アニミズム）。抜歯の風習は通過儀礼の一つとして成人式などの際に行われた。

🔍 解答・ポイント

〈弥生文化〉

□**1.** 時期 ✕ 弥生時代には，本州北端でも稲作の跡がみられる。
弥生時代の稲作に関連する遺跡として，青森県の**砂沢遺跡**などがある。

□**2.** 内容 ✕ 北海道・沖縄では弥生時代に稲作が定着しなかった。
縄文文化が日本列島全域に及んだのに対して，弥生文化は北海道や南西諸島には及ばなかった。北海道では続縄文文化，南西諸島では貝塚文化。

□**3.** 内容 ① 北海道では7世紀以降，擦文文化が成立した。
北海道では擦文文化とともにオホーツク式土器をともなうオホーツク文化が成立し，いずれも漁労・狩猟に基礎を置いた。貝塚文化は南西諸島。

□**4.** 内容 ✕ 稲作が本格化しても，狩猟や漁労・採集は行われていた。
弥生時代になり，稲作による食料生産が本格化しても，それだけでは生活できず，狩猟・漁労も盛んであった。

□**5.** 内容 ✕ 稲作の本格化により，貧富の差が現れた。
稲作が本格化したことにより，貧富・身分の差が現れた。大型の墳丘墓や多量の副葬品をもつ墓の出現は集団の中の貧富・身分の差を示す。

□**6.** 時期 ✕ 乗馬の風習や硬質の土器は古墳時代に伝わった。
5世紀には古墳に馬具が副葬されるようになり，**乗馬の風習**がうかがえる。灰色で硬質の土器（須恵器）が朝鮮から伝わったのも古墳時代のことである。

☐**7.** 弥生時代には，貯蔵用の壺，食物を盛る高杯などさまざまなかたちの土器がつくられた。

☐**8.** 弥生時代には食生活が多様化し，各地に貝塚が出現した。

☐**9.** 弥生時代の後期になると，青銅製の農工具が普及し，それを用いて水田の開発が進んだ。

☐**10.** 弥生時代になると，青銅器や鉄器が普及し，石器や木器は使われなくなった。

☐**11.** 集落の祭りには銅鐸や銅剣・銅矛・銅戈などの青銅製祭器が用いられ，共通の祭器を用いる地域的なまとまりも生まれた。

☐**12.** 埋葬は集落から離れた共同墓地で行われ，その墓には，鉄製の農具や武具が大量に副葬された。

☐**13.** 弥生時代の ＿＿＿＿＿＿ などから戦争で傷ついたと推測される人骨が見つかることもあり，武器としての弓矢の使用を裏付ける。
　　① 　群集墳　　　② 　甕棺墓

☐**14.** 弥生時代には，人物や動物をかたどった埴輪が広範に生産され，墓のまわりに並べ飾られた。

☐**15.** 弥生時代には，見はらしのよい丘陵や山頂に，戦争に備えるための朝鮮式山城が築かれた。

☐**16.** 弥生時代前期には，中国から平形銅剣・広鋒銅鉾・広鋒銅戈が伝えられ，武器として使用された。

□**7.** 内容 ○ 縄文土器から，煮炊き用の甕，貯蔵用の壺，食物を盛る鉢や高杯など赤焼きの弥生土器に変化した。

□**8.** 時期 ✕ 貝塚は縄文時代に出現した。
貝塚は，人々が食べた貝の貝殻など捨てたものが堆積して層をなしている遺跡である。明治時代，アメリカ人モースが大森貝塚（東京）を発掘調査した。

□**9.** 内容 ✕ 青銅製ではなく，鉄製の農工具が普及した。
銅鐸や銅剣，銅矛・銅戈など青銅器は祭器として用いられた。それに対し，実用具として普及したのは鉄製の農具や工具であった。

□**10.** 内容 ✕ 石器や木器も使用されていた。
石器では稲の収穫に使われていた石包丁，木器では木製の鋤や鍬，脱穀用の木臼・竪杵などが用いられていた。

□**11.** 内容 ○ 青銅器は，銅鐸が近畿地方，平形銅剣が瀬戸内中部，銅矛・銅戈が九州北部を中心にそれぞれ分布し，共通の祭器を用いる地域圏がいくつか出現していた。

□**12.** 内容 ✕ 鉄製ではなく，青銅製の武器などが副葬された。
死者は，集落近くの共同墓地に葬られた。なかには方形周溝墓や大型の墳丘墓，九州北部には多量の副葬品をもつ甕棺墓もあり，支配者層の出現を示す。

□**13.** 時期 ② 弥生時代の墓は甕棺墓で，群集墳は古墳時代の現象。
九州北部では，弥生時代の甕棺墓が発見され，なかには地上に大石を配した支石墓を営んだものが見られる。

□**14.** 時期 ✕ 埴輪は古墳時代に登場した。
埴輪は古墳の墳丘上に並べられたもので，古墳時代前期には円筒埴輪や家形埴輪，盾などの器材埴輪，中期には人物・動物埴輪が現れた。

□**15.** 時期 ✕ 朝鮮式山城は飛鳥時代（7世紀）に築かれた。
弥生時代には，農耕社会が成立するとともに，余剰生産をめぐる争いが起こり，環濠集落や高地性集落のような防御施設を備えた集落が出現した。

□**16.** 内容 ✕ 青銅器は，武器ではなく，祭器として使用された。
各地では，豊かな収穫を祈願し，収穫を感謝する祭祀がとり行われ，その際に青銅製祭器が使用された。

□**17.** 弥生時代には，男性の兵士をかたどった土偶を製作し，アニミズムにもとづく呪術によって，集落の戦勝を祈願した。

〈小国の分立〉

□**18.**『漢書』地理志によれば，紀元前 1 世紀ごろの倭は，100余の小国に分かれ，前漢が朝鮮半島に置いた ［　　　　　］ 郡に定期的に使者を派遣したという。
　① 　帯方　　② 　楽浪

□**19.**『後漢書』東夷伝には，弥生時代に，倭の奴国が中国に使いを送り，印綬を授けられたと記している。

□**20.** 卑弥呼は呪術を用い，宗教的権威によって政治を行った。

□**21.**『魏志』倭人伝は，邪馬台国が，朝鮮半島南部の高句麗と交戦したことを記している。

□**22.** 魏の皇帝は，卑弥呼に「邪馬台国王」の称号を与え，金印紫綬を授けた。

□**23.** 弥生時代後期には一部の小国が連合し，一人の女性指導者（女王）を擁立した。『魏志』倭人伝によれば，彼女は大倭や ［　　　　　］ などの役人を置いたという。
　① 　生口　　② 　一大率

☐**17.** 時期 × 土偶は女性をかたどったもので，縄文時代に製作された。
アニミズムを示す縄文時代の遺物に女性をかたどった土偶がある。
また，縄文時代には男性の生殖器を表現したと思われる石棒など
もあった。

〈小国の分立〉

☐**18.** 内容 ② 前漢が朝鮮半島に置いた楽浪郡に倭の小国が遣使した。
『漢書』によれば，倭人の社会は百余国に分かれ，**楽浪郡**に使者
を送っていた。帯方郡は楽浪郡を分割したもので，3世紀前半，
邪馬台国の卑弥呼が遣使した。

☐**19.** 内容 ○ 57年に倭の奴国王が後漢の都洛陽に使者を派遣し，**光武帝**から
印綬（「漢委奴国王」）を受けた。金印は江戸時代に志賀島（福
岡県）で発見された。

☐**20.** 内容 ○ 2世紀後半の倭国大乱をおさめるため，諸国は共同して邪馬台国
の女王**卑弥呼**を立てた。**卑弥呼**は呪術的権威（「鬼道」）を背景
に政治を行ったという。

☐**21.** 内容 × 高句麗は朝鮮半島南部ではないし，交戦していない。
高句麗は，中国東北部からおこり，朝鮮半島北部に領土を広げ，
4世紀には楽浪郡を滅ぼした。倭国と高句麗との交戦は4世紀末
の記録にある。

☐**22.** 内容 × 魏の皇帝は，卑弥呼に「親魏倭王」の称号を与えた。
邪馬台国の女王**卑弥呼**は，239年，魏の皇帝に使いを送り，「親
魏倭王」の称号と金印，多数の銅鏡などを送られた。

☐**23.** 内容 ② 『魏志』倭人伝に「一大率を置き……」とある。
生口は奴隷のこととされる。邪馬台国では**大人・下戸**などの身分
差があり，ある程度の政治組織が整っていた。一大率は役職の一
つとされる。

1 古墳時代の政治・外交

〈ヤマト政権の外交〉

□**1.** 乗馬の風習は，[   ]の好太王の碑文に記されているような，戦争を含めた朝鮮諸国との交渉を通じて日本に伝えられたと考えられる。
　　① 高句麗　　② 百済

□**2.** 倭王武は父祖以来，朝鮮半島南部を武力制圧し，中国の支配をめざした。

□**3.** 5世紀の倭王は「日出づる処の天子」と自称し，中国皇帝と対等の関係を築こうとした。

□**4.** 5世紀の倭王の名は出土した遺物の銘文によると，讃・珍・済・興・武である。

□**5.** 古墳時代中期，稲荷山古墳出土の鉄剣が高句麗王から倭王へおくられた。

□**6.** 古墳時代中期，倭国と友好関係の深い渤海が，新羅に併合された。

〈ヤマト政権の政治〉

□**7.** ヤマト政権下の豪族は，それぞれ私有地である部曲や私有民である食封を領有して，それらを経済的な基盤としていた。

🔍 解答・ポイント

〈ヤマト政権の外交〉

□**1.** 内容 ① **好太王は，高句麗の王である。**
4世紀後半，高句麗が南下策を進め，倭国と関係の深い百済や加耶諸国と争った。『高句麗好太王碑文』には，倭国が高句麗と交戦した記事がある。

□**2.** 内容 × **武は中国の支配をめざしてはいない。**
『宋書』によれば，倭王武は中国南朝の宋に朝貢して称号を求めた。それにより，朝鮮半島南部をめぐる外交・軍事上の立場を有利にしようとした。

□**3.** 内容 × **「日出づる処の天子」と自称したのは7世紀初である。**
5世紀の倭王武は「安東大将軍・倭国王」と自称し，朝貢して中国皇帝から称号を得ようとした。「日出づる処の天子」としたのは遣隋使の国書である。

□**4.** 内容 × **倭王の名は，『宋書』倭国伝による。**
倭王の名称は『宋書』による。埼玉県稲荷山古墳出土鉄剣，熊本県江田船山古墳出土大刀の銘文には，「獲加多支鹵大王」（＝雄略天皇）の名がみられる。

□**5.** 内容 × **稲荷山古墳出土の鉄剣は国内で製造された。**
埼玉県稲荷山古墳出土鉄剣の銘文は，当時の国内での漢字使用例として有名である。4世紀に百済王からおくられた七支刀が石上神宮に所蔵される。

□**6.** 時期 × **渤海は7世紀末に成立，8世紀には日本と友好関係があった。**
古墳時代中期に倭国と友好関係にあったのは百済である。渤海は8世紀には日本に使者を派遣してきた。

〈ヤマト政権の政治〉

□**7.** 内容 × **部曲は豪族私有民で，食封は律令制下の給与制度である。**
豪族は血縁などをもとに構成された氏と呼ばれる組織に編成され，それぞれ私有地である田荘や私有民である部曲を領有して経済的な基盤とした。

□**8.** ヤマト政権の豪族の氏の名称は，葛城氏のように朝廷における職掌に由来していた。

□**9.** ヤマト政権の最高首長が5世紀に天皇の称号を用いていたことは，江田船山古墳出土大刀の銘文などによって知られる。

□**10.** ヤマト政権の政治は，中央豪族の有力者である大臣・大連を中心として進められたが，大臣は蘇我氏などから，大連は大伴氏などから任用された。

□**11.** 機織の技術を伝えたのは，渡来系氏族の葛城氏である。

□**12.** ヤマト政権は，各地に直轄地である屯倉を配置し，地方豪族への支配を強めた。

□**13.** ヤマト政権はそれまでの地方豪族を没落させ，中央から国造を派遣して地方を支配した。

□**14.** ヤマト政権は，服属した地方豪族に対して忌寸や真人の姓を与え，国造に任命して地方の支配をゆだねた。

□**15.** 6世紀前半，筑紫国造磐井（筑紫君磐井）が，新羅と結んで反乱を起こしたが鎮圧された。

□**16.** 壬申の乱で，それまで大きな勢力を持っていた物部氏が没落した。

□ **8.** 内容 ✕　葛城氏は地名を氏の名としていた。
豪族は氏を単位に姓が与えられた。**葛城・蘇我**など地名を氏の名とした豪族は臣，**大伴・物部**など職掌を氏の名とした豪族は連の姓を与えられた。

□ **9.** 内容 ✕　ヤマト政権の最高首長は大王の称号を用いていた。
埼玉県**稲荷山古墳**出土の鉄剣銘と熊本県**江田船山古墳**出土の大刀銘には，ともに「**獲加多支鹵大王**」と記されている。**天皇**号は天武朝からとされる。

□ **10.** 内容 ○　中央の政治は，蘇我氏のような臣から大臣，**大伴氏・物部氏**のような連から大連がそれぞれ任じられて中枢を担い，伴造が部と呼ばれる集団を率いた。

□ **11.** 内容 ✕　葛城氏は渡来系氏族ではなく，畿内の有力豪族である。
渡来系氏族の代表例は，王仁を祖とする**西文氏**，阿知使主を祖とする**東漢氏**，弓月君を祖とする**秦氏**である。

□ **12.** 内容 ○　ヤマト政権は，地方豪族を従属させ，支配の拠点となる直轄領の屯倉，直轄民として名代・子代の部を各地に設けた。

□ **13.** 内容 ✕　地方豪族を国造に任じ，中央から派遣してはいない。
服属した地方豪族は国造に任じられ，地方支配を保障されたが，その子女を舎人などとして出仕させ，屯倉や名代・子代の管理を行った。

□ **14.** 時期 ✕　忌寸や真人の姓は7世紀後半の八色の姓による。
ヤマト政権は服属した有力地方豪族に君，地方豪族に直の姓を与えた。7世紀後半，天武天皇が**八色の姓**で真人・朝臣・宿禰・忌寸などの姓を定めた。

□ **15.** 時期 ○　大王権力の拡大に対して，527年，**新羅**と結んだ筑紫国造磐井が大規模な反乱を起こしたが，物部氏によって鎮圧された。

□ **16.** 時期 ✕　壬申の乱は7世紀後半で，物部氏没落とは関係ない。
大伴氏の没落後，**物部氏**は渡来人と結ぶ蘇我氏と対立した。**物部氏**は，6世紀（587年），大臣蘇我馬子によって滅ぼされた。

2 古墳文化

〈古墳文化〉

☐**1.** 古墳時代前期には，長大な横穴式石室に埴輪を副葬した。

☐**2.** 古墳時代には，豪族の権威を象徴するものとして，銅鐸がつくられた。

☐**3.** 古墳時代には，平形銅剣や銅矛（鉾）などの青銅製祭器を用いる祭祀が行われた。

☐**4.** 古墳時代の建物のあり方は，埴輪から知ることができる。

☐**5.** 古墳時代中期には，古墳に銅鏡や碧玉製腕飾りなどが副葬されていることから，首長が武人的性格をもっていたことが知られる。

☐**6.** 古墳時代後期には，有力農民層の古墳はつくられなくなっていった。

☐**7.** 古墳時代後期の古墳には横穴式石室が普及し，棺をおさめる玄室とそれに通じる羨道がつくられた。

〈大陸文化の受容〉

☐**8.** 天皇（大王）や首長は，秋の収穫に感謝して，御霊会をとり行った。

☐**9.** 古墳時代には，鹿の骨を焼いて吉凶を占う ☐☐☐☐☐ が行われた。
① 祓　　② 太占

〈古墳文化〉

□**1.** 内容 ✕ **古墳時代前期は竪穴式石室, 埴輪は副葬されていない。**
古墳時代前・中期の埋葬施設は竪穴式石室で, 後期には横穴式石室が多くなった。**埴輪**は古墳の墳丘上に並べられた。

□**2.** 時期 ✕ **銅鐸がつくられたのは弥生時代である。**
銅鐸は弥生時代に使用された青銅製祭器の一つである。古墳時代には**三角縁神獣鏡**をはじめとする多量の**銅鏡**などが副葬された。

□**3.** 時期 ✕ **平形銅剣や銅矛は弥生時代の青銅製祭器である。**
弥生時代には, **平形銅剣**や**銅矛**などの**青銅製祭器**が用いられ, 個人の墓に副葬されることはほとんどなかった。古墳時代は, 銅鏡などが副葬された。

□**4.** 内容 ○ 埴輪は古墳の墳丘上に並べられ前期には円筒埴輪や**家形埴輪**, 器材埴輪が用いられた。家形・器材, 中期の人物・動物などの埴輪を総称して**形象埴輪**と呼ぶ。

□**5.** 時期 ✕ **古墳時代中期には, 鉄製武器・武具の副葬が多くなる。**
古墳時代前期, 銅鏡や腕飾りなどが副葬され, 被葬者は**司祭者的性格**だったが, 中期には鉄製武器などが多くなり, 被葬者は**武人的性格**が強まった。

□**6.** 時期 ✕ **古墳時代後期には, 有力農民も古墳を築造した。**
古墳時代後期になると, 小古墳が多く集まる**群集墳**が営まれ, これは有力農民層までが古墳をつくるようになったことの現れである。

□**7.** 時期 ○ 6世紀の古墳時代後期になると, 従来の竪穴式の埋葬施設にかわって, 棺をおさめる**玄室**とそれに通じる**羨道**を備える**横穴式石室**が一般化した。

〈大陸文化の受容〉

□**8.** 内容 ✕ **御霊会は平安時代以降。秋の収穫に感謝するのは新嘗祭。**
農耕に関する祭祀では, 古墳時代, 豊作を祈る春の**祈年祭**や, 収穫を感謝する秋の**新嘗祭**が行われた。御霊会は疫病・死者の祟りを鎮める祭祀である。

□**9.** 内容 ② **吉凶を占うのは太占の法である。**
禊・祓は心身の罪・穢などを身から除き, 清める儀式である。鹿の骨を焼いて吉凶を占うのは**太占**の法である。

□**10.** 裁判に際して，熱湯に手を入れさせて，真偽を判断する ☐☐☐☐ が行われ
ていた。
① 盟神探湯 ② 禊

□**11.** 朝鮮半島からの渡来人が，文字による記録の作成にあたった。

□**12.** 6世紀には，おもに高句麗から医学や易学の知識が伝えられた。

□**13.** 百済からまねいた五経博士によって，儒教の知識が伝えられた。

□**14.** 硬質で灰色の須恵器は，朝鮮半島から伝えられた技術でつくられた。

☐**10.** 内容 ① 神判の盟神探湯が行われた。
盟神探湯は，裁判に際して，熱湯に手を入れさせ，手がただれるかどうかで真偽を判断する神判である。

☐**11.** 内容 ○ 朝鮮半島からの渡来人により文字や機織りなどの技術が伝えられ，渡来人が技術者集団である品部に編成された。そのなかで文字を扱ったのは**史部**である。

☐**12.** 内容 × 高句麗から伝わってきたのではない。
6世紀には，おもに百済から**医・易・暦**などの学術が伝わり，支配者層に受け入れられた。

☐**13.** 内容 ○ 6世紀には**百済**から五経博士が来日し，**儒教**が伝えられた。6世紀中ごろには，**百済**から欽明天皇に**仏教**も伝えられた。

☐**14.** 内容 ○ 土器は，弥生土器の系譜を引く赤焼きの土師器が用いられていたが，5世紀になると朝鮮半島から硬質で灰色の須恵器の技術が伝えられた。

1 飛鳥時代の政治・外交

〈飛鳥の朝廷〉

□**1.** 権勢をふるった蘇我馬子は，592年，甥の崇峻天皇を暗殺し，姪の □□□□□ を即位させた。
　　① 推古天皇　　② 皇極天皇

□**2.** 7世紀初には，豪族を官僚として編成するために，官位相当制が定められた。

□**3.** 7世紀初には，官僚としての心構えなどを説いた憲法十七条が制定された。

□**4.** 5世紀以来とだえていた中国との交渉が，遣唐使の派遣により再開された。

□**5.** 「日出づる処の天子」で始まる倭国の国書を，隋の煬帝は無礼と断じた。

〈大化改新〉

□**6.** 7世紀中ごろに起こった政変では，王権を強化するため直轄民として名代・子代が設置された。

□**7.** 7世紀中ごろに起こった政変では，評が廃止され，屯倉が設置された。

□**8.** 7世紀中ごろに起こった政変では，皇極天皇にかわって孝徳天皇が即位し，難波に都を移した。

解答・ポイント

〈飛鳥の朝廷〉

□**1.** 内容 ① 崇峻天皇暗殺後，女帝として推古天皇が即位した。
蘇我馬子は，587年に物部守屋を滅ぼし，592年には**崇峻天皇**を暗殺して権力を握った。そして姪である推古天皇を即位させた。

□**2.** 時期 × 7世紀初には冠位十二階の制が定められた。
冠位十二階の制（603年）により，氏族ではなく，個人の才能・功績に対し冠位を与えることで組織の再編をはかろうとした。**官位相当制**は律令制下である。

□**3.** 内容 ○ 憲法十七条（604年）は，豪族たちに国家の官僚としての心構えを説くとともに，仏教を新しい政治理念として重んじた。

□**4.** 時期 × 遣唐使ではなく，遣隋使により再開された。
5世紀後半に倭王武が中国南朝に朝貢して以来，中国との交渉はとだえていたが，隋が南北朝を統一すると，6世紀末遣隋使を派遣して交渉を再開した。

□**5.** 内容 ○ 607年，大使小野妹子が隋に渡った時の国書には「日出づる処の天子，書を日没する処の天子に致す」とあり，皇帝煬帝に無礼とされた。

〈大化改新〉

□**6.** 内容 × 大化改新では，名代・子代などの廃止をめざした。
646年の「**改新の詔**」では，公地公民制への移行をめざす方針が示されており，「天皇等の立てたまへる子代の民…を罷めよ」とある。

□**7.** 内容 × 屯倉は廃止された。
7世紀中ごろの**大化改新**では，地方行政組織の「評」が各地に設置された。**屯倉**はヤマト政権における地方支配の拠点であった。

□**8.** 内容 ○ 蘇我氏が滅ぼされた後，**皇極天皇**（中大兄皇子の母）の譲位を受けて孝徳天皇が即位した。この時代の諸改革は，**大化改新**といわれる。

□**9.** 7世紀中ごろに起こった政変では，唐から帰国した吉備真備と玄昉が国博士に登用された。

□**10.** 7世紀半ば，蝦夷に対する前線基地として，太平洋側に淳足・磐舟の2柵が設けられた。

〈律令国家への道〉

□**11.** 百済救援のために朝鮮半島に出兵した倭国の軍隊が，唐と高句麗との連合軍に白村江の戦いで敗れた。

□**12.** 白村江の戦い以後の朝鮮半島情勢を意識した防衛策として，奈良盆地に水城が築かれた。

□**13.** 白村江の戦いののち，中大兄皇子は即位し，中国の都城にならった藤原京を造営して遷都した。

□**14.** 672年の壬申の乱ののち，都が近江から ［　　　　　　　］ へ移され，天武天皇が即位した。
　　① 飛鳥　　② 難波

□**15.** 壬申の乱後，天武天皇は蘇我氏・阿倍氏から大臣を任じて体制を強化した。

□**16.** 大宝律令の施行にともない，地方行政単位が「評」から「郡」に変更されていたことが，［　　　　　　］ 跡出土木簡で確認された。
　　① 藤原京　　② 長岡京

□**17.** 天武・持統天皇の時代，律令法典の編纂と官僚制の整備が進められた。

□**9.** 内容 ✕　大化改新で高向玄理と僧旻が国博士に任じられた。
遣隋使で中国に渡り，遣唐使で帰国した高向玄理と僧旻は，国博士として政府に登用された。**吉備真備・玄昉**は奈良時代，橘諸兄政権で活躍した。

□**10.** 内容 ✕　2柵は太平洋側ではなく，日本海側に設けられた。
7世紀半ばに，日本海側の越後国に淳足柵・磐舟柵が設けられ，蝦夷支配の根拠地とし，斉明天皇の時代には，阿倍比羅夫が秋田・津軽方面に進出した。

〈律令国家への道〉

□**11.** 内容 ✕　倭国の軍隊は，唐と新羅の連合軍に敗れた。
倭は滅亡した百済復興のため，出兵して白村江の戦い（663年）で**唐・新羅**連合軍に大敗した。その後高句麗も滅亡し，**新羅**が朝鮮半島を統一した（676年）。

□**12.** 内容 ✕　水城は北九州に設置された。
白村江の敗戦を受け，対馬・壱岐などに**防人・烽**が置かれ，九州の**大宰府**を守る**水城**などが築かれ，対馬から大和にかけて朝鮮式山城が築かれた。

□**13.** 内容 ✕　中大兄皇子が遷都したのは藤原京ではない。
中大兄皇子は667年に都を近江大津宮に移し，翌年即位して天智天皇となり，670年には最初の戸籍である庚午年籍を作成した。

□**14.** 内容 ①　壬申の乱後，大海人皇子は飛鳥浄御原宮に移り即位した。
大友皇子（天智子）との皇位継承をめぐる戦い（**壬申の乱**）に勝利した大海人皇子（天智弟）は，近江から飛鳥浄御原宮に移り，即位した（**天武天皇**）。

□**15.** 内容 ✕　蘇我氏は滅亡しており，天武天皇は大臣を置かなかった。
壬申の乱後，近江朝廷の没落とともに有力豪族が勢力を失い，**天武天皇**は一人も大臣を置かず，皇族を中心とする政治を行った（**皇親政治**）。

□**16.** 内容 ①　藤原京出土の木簡で「評」の表記が確認された。
「**改新の詔**」（646年）における「**郡**」の記述は『**日本書紀**』による潤色であることが，藤原京跡より出土した木簡（荷札）により確認された。

□**17.** 内容 ○　**天武天皇**は，官僚制の形成を進め，684年には八色の姓を定めて身分秩序を再編した。天武天皇を継いだ皇后の**持統天皇**は飛鳥浄御原令を施行した。

2 飛鳥時代の文化

〈飛鳥文化〉

□**1.** 氏寺が豪族の権威の象徴となった。

□**2.** 若草伽藍跡の発掘により，現存の法隆寺の伽藍は創建時のものであると判明した。

□**3.** 法隆寺金堂の釈迦三尊像は，百済の聖明王から送られたものである。

□**4.** 飛鳥文化では，唐の文化や朝鮮文化の影響を強く受け，乾漆像や塑像が作られた。

□**5.** 百済僧の曇徴によって，紙・墨・絵の具の製法が日本に伝えられた。

〈白鳳文化〉

□**6.** 大官大寺は，7世紀後半に建立された代表的な官立の寺院である。

□**7.** 天武天皇は四天王寺を建立するなど，国家仏教の政策をとり始めた。

📖🔍 解答・ポイント

〈飛鳥文化〉

☐**1.** 内容 ○　蘇我氏による飛鳥寺（法興寺）や，厩戸王（聖徳太子）創建とされる法隆寺（斑鳩寺）などが建立され，寺院は古墳にかわる豪族の権威の象徴となった。

☐**2.** 内容 ×　伽藍発掘により，法隆寺は再建されたことが判明した。
『日本書紀』の670年法隆寺焼失の記事をめぐって論争があったが，創建当初の建物である若草伽藍跡の発掘により，法隆寺再建が判明した。

☐**3.** 内容 ×　釈迦三尊像は，聖明王から送られたものではない。
法隆寺金堂の釈迦三尊像は，鞍作鳥作とされる金銅像で，中国南北朝の影響を受ける。百済の聖明王は6世紀前半，欽明天皇に仏像・経論などを伝えた。

☐**4.** 時期 ×　飛鳥文化は，中国南北朝の影響を受けている。
飛鳥文化は，百済や高句麗，中国の南北朝時代の影響を強く受けた。乾漆像や塑像は天平文化の仏像に用いられた技法である。

☐**5.** 内容 ×　曇徴は高句麗僧である。
百済僧の観勒が暦法を，高句麗僧の曇徴が彩色・紙・墨の技法を伝えたという。

〈白鳳文化〉

☐**6.** 時期 ○　7世紀後半（白鳳文化）には，天武天皇によって大官大寺や薬師寺がつくり始められるなど仏教興隆が国家的に推進され，地方豪族も寺院を建立した。

☐**7.** 内容 ×　四天王寺は，厩戸王（聖徳太子）の創建と伝えられる。
天武天皇は，大官大寺・薬師寺といった官立寺院を創建し，護国の経典（金光明経・仁王経など）を重視するなど仏教による国家の護持をめざした。

1 律令制度

〈律令の官僚制〉

☐**1.** 令は，犯罪とそれに対する刑罰について定めた法典である。

☐**2.** 律令制のもとでは，法はすべて太政官の合議を経ずに，天皇だけで制定した。

☐**3.** 太政官のもとに内務省などの八省が置かれて，政務を分担した。

☐**4.** 治部省は，刑罰に関する政務を担当した。

☐**5.** 七道の諸国には，交易を管理するために東西の市司を設けた。

☐**6.** 東国への入口である近江国は，東海道に編入された。

☐**7.** 国司は無任期制であり，中央の貴族が派遣された。

☐**8.** 郡司は，もとの国造など地方豪族のなかから選ばれた。

🔖🔍 解答・ポイント

〈律令の官僚制〉

☐**1.** **内容** ✕　刑罰について定めたのは律である。
持統天皇の時代に飛鳥浄御原令が施行（689年）され，文武天皇の時代には大宝律令が完成（701年）した。律は刑法，令は行政一般の規定である。

☐**2.** **内容** ✕　太政官の合議により制定された。
行政の運営は，有力諸氏から任命された**太政大臣・左大臣・右大臣・大納言**の太政官の公卿による合議によって進められ，天皇が決裁した。

☐**3.** **内容** ✕　内務省は，明治時代以降の組織である。
律令制下の八省は，中務省・式部省・治部省・民部省・**兵部省・刑部省・大蔵省・宮内省**である。

☐**4.** **内容** ✕　刑罰に関する政務は刑部省が担当した。
中務省は詔書など，式部省は文官人事，治部省は仏事・外交，民部省は民政・財政，兵部省は軍事，刑部省は刑罰，大蔵省は出納，宮内省は宮中諸事を扱った。

☐**5.** **内容** ✕　東西の市司は諸国に設けられたのではない。
全国は**畿内・七道**に行政区分されていた。**平城京には東市・西市**が置かれ，左・右京職のもとにある市司の管理で各地の産物が取引された。

☐**6.** **内容** ✕　近江国は，東山道に編入されていた。
諸国は**畿内・七道**に分けられた。**畿内**は大和・山城・摂津・河内・和泉の五か国，**七道**は東海・東山・北陸・山陰・山陽・南海・西海道であった。

☐**7.** **内容** ✕　国司には任期があった。
全国を**国・郡・里**に区分して，国には**国司**を置いた。**国司**には中央から貴族・官人が交替（任期有）で派遣され，国府（国衙）を拠点に国内を統治した。

☐**8.** **内容** ○　**郡司**には，かつての国造など伝統的な地域支配力をもつ地方豪族が任じられ，国司の指揮で，郡家（郡衙）を拠点に戸籍作成・徴税などの実務を担当した。

☐**9.** 100戸を1里に編成し，里ごとに里司を置いた。

☐**10.** 大宰府には，西海道諸国を統轄する機能があった。

☐**11.** 難波には特別行政機関として鎮守府が置かれた。

☐**12.** 貴族の子や孫には，蔭位の制によって一定の位階の授与が保証されていた。

☐**13.** 大宝律令で，八色の姓が，はじめて規定された。

☐**14.** 官人の給与のなかには，その位階・官職に応じて支給される禄があった。

☐**15.** 位田は，軍事的功績に応じて支給された。

☐**16.** 貴族には，朝廷から封戸を得るなどの特権が与えられた。

☐**17.** 調・庸・雑徭は，良民の一員である官人にも賦課された。

☐**18.** 律では，国家や天皇に対する犯罪は，八虐という重罪の一つであった。

□**9.** 内容 ✕ 　1里は100戸ではなく，50戸。
民衆は，戸主を代表者とする戸に編成され，戸籍に登録された。平均的な戸は25人程度であった。**50戸**で**1里**とされた。

□**10.** 内容 ◯ 　軍事・外交上の要地である九州北部には大宰府が置かれた。律令政府の出先機関として九州（西海道）を統轄し，外交使節の接待などを行った。

□**11.** 内容 ✕ 　鎮守府は東北地方の軍事拠点であり，難波ではない。
摂津国には難波宮があり，外交上の要地でもあったため，摂津職が置かれた。のち難波宮の廃止とともに摂津職は廃止され，国司が置かれた。

□**12.** 内容 ◯ 　律令制下，五位以上の官人は貴族として優遇された。五位以上の子，三位以上の子・孫には，父祖の位階に応じた位階が与えられる蔭位の制があった。

□**13.** 時期 ✕ 　八色の姓は天武天皇の時代に制定された。
天武天皇は，真人・朝臣・宿禰・忌寸など**八色の姓**を定め，豪族を天皇中心の新たな身分秩序に編成した。

□**14.** 内容 ◯ 　官人は官位相当制により位階に応じた官職に任じられた。**禄**は律令制下の官人に与えられた給与の一つ。位階・官職に応じ，**位禄・季禄**が支給された。

□**15.** 内容 ✕ 　位田は位階に応じて給付される。
位田は五位以上の官人に与えられた田地のことであり，輸租田であった。その他，官職に応じて与えられた職田があった。

□**16.** 内容 ◯ 　皇族・貴族には一定数の戸（封戸）が支給され，戸が納める調・庸全部と租の半分を受け取ることができた。位階・官職に応じた**位封・職封**などがある。

□**17.** 内容 ✕ 　税の免除も官人の特権であった。
官人には，位階・官職に応じて給与が与えられたほか，**調・庸・雑徭**などの税が免除された。

□**18.** 内容 ◯ 　刑罰には笞・杖・徒・流・死の五刑があり，貴族には減刑の特権があった。国家・天皇や尊属への罪など重罪を八虐といい，貴族でも減刑されなかった。

〈公地公民と税制〉

□**19.** 律令国家では，民衆を _____ 作成する計帳に登録し，人頭税である調庸などを徴収した。

　　① 　6年ごとに　　② 　毎年

□**20.** 律令国家は民衆に対し，戸籍にもとづいて口分田を班給した。

□**21.** 租は地方の農民自らが，都へ運ぶことをたてまえとしていた。

□**22.** 調とは，麻布などの各地の特産物を，地方の役所に納めるものである。

□**23.** 国司は，任地における土木工事や雑用に奉仕させるために，庸を徴収した。

□**24.** 奈良時代の兵士は，成年男子3～4人に1人の割合で徴発され，軍団で訓練を受けた。

□**25.** 大宰府に属して，九州の防備にあたる衛士が置かれた。

□**26.** 宮城の警備にあたった衛門府などの五衛府も令外の官である。

2　奈良時代の外交・社会

〈奈良時代の対外関係と辺境〉

□**1.** 遣唐使は，南路をとった場合には，中国江南の明州などに到着した。

19. 内容 ② 計帳は毎年作成された。
律令国家では民衆を戸に所属する形で戸籍・計帳に登録した。班田台帳となる戸籍は6年ごとに，調庸賦課の台帳である計帳は毎年作成された。

20. 内容 ○ 戸籍にもとづいて，6年ごとに，戸を単位として6歳以上の男女に一定の口分田が班給された（班田収授法）。

21. 内容 × 地方で国府（国衙）に納められた。
租は，口分田など田地の収穫から3％程度の稲を国府（国衙）に納めるもの（土地税）で，おもに諸国で貯蔵された。

22. 内容 × 地方の役所ではなく，中央政府に納められた。
調・庸は，絹・布や各地の特産物を中央政府に納めるもので，おもに成人男性に課された（人頭税）。公民の負担による運脚で都に運ばれた。

23. 内容 × 地方における土木工事や雑用は庸ではない。
雑徭は，国司の命令によって水利工事や国衙の雑用に年間60日を限度に奉仕する労役で，おもに成人男性が負担した。

24. 内容 ○ 兵役は，成人男性3〜4人に1人（1戸に1人）の割合で徴発され，諸国の軍団で訓練を受け，国司のもとで治安にあたった。

25. 内容 × 九州の防備にあたったのは衛士ではなく，防人である。
軍団で訓練を受けた兵士の一部は，宮城の警備にあたる衛士となったり，九州の沿岸を守る防人となった。防人には東国の兵士があてられた。

26. 内容 × 五衛府は令外官ではない。
五衛府は，京内宮中の警備を任務とする組織である。衛門府・左右衛士府・左右兵衛府からなる。のちに**令外官**である検非違使に権限を吸収される。

🔍 解答・ポイント

〈奈良時代の対外関係と辺境〉

1. 内容 ○ 7世紀前半，犬上御田鍬の派遣（630年）から遣唐使は始まり，当初は北路をとっていた。8世紀には定期的に派遣され，中国の明州に着く南路をとった。

□**2.** 8世紀には，新羅との関係が改善されたので南路をとった。

□**3.** 奈良時代，渤海からの使者は越前など日本海側に来着した。

□**4.** 奈良時代，蝦夷支配の拠点となった多賀城に鎮守府が置かれた。

□**5.** 8世紀初めに，律令国家は九州南部の隼人の居住地に大隅国を置いた。

〈平城京と地方社会〉

□**6.** 古代国家が中国の都城をまねて造営した都は，平城京が最初であった。

□**7.** 碁盤の目状に土地を区画する条里制によって，都城や農村の土地を把握した。

□**8.** 平城宮内の南北に市が置かれ，貴族や官人，民衆がさまざまな物品を自由に売買した。

□**9.** 中央と地方を結ぶ幹線道路である七道は，行政区画の名称でもあった。

□**10.** 律令制では，庶民に利用させるため，主要道路に置かれた駅家に馬が用意されていた。

□**2.** 内容 ✕ 8世紀には新羅との関係が悪化した。
8世紀（奈良時代）には，唐との関係を安定させた上に国力を充実させた新羅を，日本が従属国として扱おうとしたため，ときには両国の関係に緊張が生じた。

□**3.** 内容 ○ 7世紀末に建国された渤海は，唐・新羅との対抗関係から8世紀前半に日本に国交を求め，日本と通交した。その使者は越前国の松原客院などに来航した。

□**4.** 内容 ○ 奈良時代になると蝦夷支配を進めた。712年，日本海側に出羽国が置かれ，724年には太平洋側に多賀城が築かれ，陸奥国府と鎮守府が置かれた。

□**5.** 内容 ○ 南九州の隼人と呼ばれた人々の地域には，抵抗を抑えて8世紀初めに薩摩国ついで大隅国が置かれた。種子島・屋久島などの島々も律令国家に帰属した。

〈平城京と地方社会〉

□**6.** 内容 ✕ 中国の都城を模倣したのは平城京が最初ではない。
710年，元明天皇は藤原京から平城京に遷都し，唐の長安にならって都城を整備した。北部中央の平城宮には内裏（皇居）や官庁が置かれた。

□**7.** 内容 ✕ 都城の区画は条里制ではない。
平城京は中国の都城にならい，東西・南北に走る道路で区画される条坊制をもっていた。一方で口分田などを把握するために条里制が施行された。

□**8.** 内容 ✕ 平城京内の東西に市が置かれた。平城宮内でもない。
平城京は，中央を南北に走る朱雀大路で東の左京と西の右京とに分けられた。左右京には官営の東市・西市が設けられ，市司が管理した。

□**9.** 内容 ○ 中央と地方を結ぶため，都をかこむ畿内を中心に東海道など七道の諸国府へのびる官道（駅路）が整備された。七道は行政区画でもあった。

□**10.** 内容 ✕ 駅家は庶民ではなく，官吏が利用した。
中央と地方を結ぶ官道には，一定距離ごとに駅家を設ける駅制がしかれ，官吏が公用で利用した。

□**11.** 和同開珎が発行され，政府の流通促進策により，銭貨は全国各地で流通する
ようになった。

3 奈良時代の政治・社会・文化
〈奈良時代の政治〉

□**1.** 長屋王は親王（天皇の子や兄弟）と記されているが，天武天皇の孫である。

□**2.** 長屋王は，藤原不比等によって自殺させられた。

□**3.** 藤原四子はいずれも，当時大流行した疫病で，あいついで世を去った。

□**4.** 隋で先進的な文化を学んだ吉備真備や玄昉は，橘逸勢に重用された。

□**5.** 藤原広嗣が，吉備真備らの追放をめざして九州で挙兵した。

□**6.** 称徳天皇は，社会不安を鎮めるため大仏造立の詔を出した。

□**7.** 大仏造立の詔にもとづき，東大寺に阿弥陀如来像がつくられた。

□**8.** 藤原仲麻呂の政治に不満をもつ貴族が，橘諸兄を中心に反乱を起こした。

□ **11.** 内容 ✕　銭貨は京・畿内を中心とした地域で流通した。
708年，律令政府は銭貨である和同開珎を鋳造し，711年，蓄銭叙位令を出して流通を促進した。しかし，京・畿内以外では稲・布などが使用された。

📖🔍 解答・ポイント

〈奈良時代の政治〉

□ **1.** 内容 ○　長屋王は，天武天皇の孫で高市皇子の子である。
平城京から出土した木簡（荷札）の記載から平城京の左京三条二坊に長屋王の邸宅があったことが判明した。

□ **2.** 内容 ✕　長屋王を自殺させたのは藤原不比等ではない。
藤原不比等の子，武智麻呂ら4兄弟（藤原四子）は，729年，左大臣の長屋王を自殺に追い込み，兄弟の光明子を聖武天皇の皇后に立てた。

□ **3.** 内容 ○　藤原四子とは，不比等の子である武智麻呂（南家），房前（北家），宇合（式家），麻呂（京家）の4兄弟のこと。藤原四子は737年に流行した天然痘で死んだ。

□ **4.** 内容 ✕　真備・玄昉は唐で学び，橘諸兄政権で活躍した。
遣唐使で留学した地方豪族の吉備真備と僧の玄昉は聖武天皇に信任され，橘諸兄政権で活躍した。

□ **5.** 内容 ○　藤原宇合（式家）の子，広嗣は，740年，吉備真備・玄昉の排除を求めて大宰府で挙兵し，九州で大規模な反乱を起こした。

□ **6.** 時期 ✕　詔を出したのは称徳天皇ではなく，聖武天皇である。
聖武天皇は社会不安のもと，鎮護国家の思想で国家の安定をはかろうとし，741年には国分寺建立の詔，743年には大仏造立の詔を出した。

□ **7.** 内容 ✕　東大寺につくられたのは阿弥陀如来像ではない。
聖武天皇は藤原広嗣の乱以降，都を転々とし，743年，紫香楽宮で大仏造立の詔を出し，華厳経の思想にもとづき盧舎那仏を造立した。

□ **8.** 内容 ✕　藤原仲麻呂の政治に不満をもったのは橘諸兄ではない。
孝謙天皇のもと，藤原仲麻呂が光明皇太后の信任で政界で勢力を伸ばすと，橘奈良麻呂らは仲麻呂を倒そうとしたが失敗した（橘奈良麻呂の変・757年）。

☐ **9.** 藤原仲麻呂は，淳仁天皇を擁立して権勢をふるったが，光明皇太后が没すると孝謙上皇と道鏡の勢力に追いつめられた。

☐ **10.** 藤原不比等の娘である光明子は，恵美押勝の乱後，皇族以外で初めての皇后になった。

☐ **11.** ＿＿＿＿＿＿天皇の信任を得ていた道鏡が権勢をふるい，ついには天皇が道鏡を皇位につけようとした。
　① 元明　　② 称徳

☐ **12.** 勢力を強めた道鏡に対して和気清麻呂が挙兵したが，敗死した。

☐ **13.** 道鏡失脚後，藤原百川らは，称徳天皇まで続いた天武天皇系の天皇にかわって，天智天皇の孫である光仁天皇を即位させた。

〈奈良時代の社会〉

☐ **14.** 三世一身法では，新しく池や溝をつくって開墾した土地については，開発した本人1代に限って所有を認めた。

☐ **15.** 墾田永年私財法で開墾を認められた面積には，身分により制限が設けられた。

☐ **16.** 墾田永年私財法により，開墾された田地は租を納めるものとされた。

☐ **17.** 墾田永年私財法により，有力な貴族や大寺院は，付近の一般農民や浮浪人を使って開墾を行った。

☐ **18.** 墾田永年私財法をきっかけとして，貴族や大寺社の荘園が広がった。

□**9.** 内容 ○ 淳仁天皇を擁立した藤原仲麻呂は，光明皇太后死後，孝謙上皇が道鏡を寵愛して淳仁天皇と対立すると，挙兵して敗死した（恵美押勝**の乱**・764年）。

□**10.** 時期 × 光明子が皇后になったのは恵美押勝の乱の後ではない。
藤原不比等の娘光明子は長屋王の変後，聖武天皇の皇后となった（皇族以外では初めて）。娘の**孝謙天皇**のもと，皇太后として藤原仲麻呂を支えた。

□**11.** 内容 ② 道鏡を皇位につけようとしたのは称徳天皇である。
道鏡を寵愛した**孝謙上皇**は恵美押勝の乱（764）後，重祚した（称徳天皇）。その下で道鏡は，太政大臣禅師，さらに法王となり権力を握った。

□**12.** 内容 × 和気清麻呂は挙兵していない。
称徳天皇は宇佐八幡宮の神託によって道鏡を皇位につけようとしたが，**和気清麻呂**が偽託と報告したため，失敗した（**宇佐八幡神託事件**・769年）。

□**13.** 内容 ○ **称徳天皇**の死後，**道鏡**は失脚し，式家の**藤原百川**らがはかって，天武天皇系の皇統にかわって，天智天皇の孫である**光仁天皇**を迎えた。

〈奈良時代の社会〉

□**14.** 内容 × 新規の開墾は3代にわたる所有が認められた。
民間の開墾促進をねらった政府は三世一身法を出し（723年），開墾にあたり灌漑設備新設の場合は3代，旧施設利用は本人1代の墾田の保有を認めた。

□**15.** 内容 ○ 743年，**墾田永年私財法**が出されて，開墾地の永久所有が認められ，貴族や寺社による開墾が進んだ。しかし，開墾面積には身分による制限があった。

□**16.** 内容 ○ 墾田永年私財法により，開墾された墾田は，**租**を納めるべき輸租田であった。

□**17.** 内容 ○ 墾田永年私財法により，貴族・寺社や地方豪族は私有地の拡大を進めた。開墾の労働力は付近の農民や浮浪人らであった。

□**18.** 内容 ○ 貴族や寺社は広大な原野を独占し，国司や郡司のもとで開墾を進めた。東大寺の北陸荘園に代表されるものを初期荘園という。

□**19.** 墾田を集積した初期荘園の多くは，賃租によって経営された。

□**20.** 墾田を集積した初期荘園の経営には，国司や郡司の協力があった。

〈天平文化〉

□**21.** 中央に大学，地方に国学が，官人の養成機関としてそれぞれ置かれた。

□**22.**『古事記』は舎人親王らによって編纂され，中国の歴史書にならって，正式の漢文で編年体で記述されている。

□**23.**『万葉集』は奈良時代後半に編集された最初の勅撰和歌集である。

□**24.** 官営の大寺院や国分寺では，鎮護国家のための法会が行われた。

□**25.** 平城京では南都・北嶺と呼ばれた学派が形成された。

□**26.** 行基は民衆への布教とともに，道や橋の整備を行った。

□**27.** 8世紀には仏教と在来の神々に対する信仰が厳格に区別され，そのための施設も別々の場所に設けられた。

□**28.** 正倉院宝庫は，唐招提寺に建てられた倉庫群の一つである。

☐**19.** 内容 ○ 農民は口分田以外に，乗田（口分田以外の公田）や貴族・寺社の土地を借り，収穫の一部を地子として納めた（賃租）。**初期荘園**も同様に経営された。

☐**20.** 内容 ○ **初期荘園**は，経営拠点である荘所を中心に，国司・郡司の地方支配に依存して経営され，独自の荘民をもたなかった。

〈天平文化〉

☐**21.** 内容 ○ 官吏の養成機関として大学・国学が置かれた。中央の大学ではおもに貴族の子弟，地方の国学ではおもに郡司の子弟が学んだ。

☐**22.** 内容 × 『古事記』ではなく，『日本書紀』である。
『日本書紀』は舎人親王らによって編纂され，中国の史書にならった編年体で記述される。『古事記』は稗田阿礼が暗誦し，太安万侶が筆録した物語である。

☐**23.** 内容 × 『万葉集』は勅撰和歌集ではない。
『万葉集』は最古の和歌集である。天皇または上皇の命により撰集された勅撰和歌集ではない。漢字の音訓を利用した万葉仮名で表記される。

☐**24.** 内容 ○ 仏教によって国家の安定をはかる鎮護国家の思想により，盛んに国家的な法会や写経事業などが行われた。

☐**25.** 内容 × 南都・北嶺は興福寺・延暦寺のことで，学派ではない。
三論・成実・法相・俱舎・華厳・律の南都六宗は，政府に公認された仏教理論の研究を進める学派であった。

☐**26.** 内容 ○ 僧侶は僧尼令により統制されていた。そのなかで，禁じられている民間布教とともに社会事業を行った僧として行基がいた。のちには大仏造立に協力した。

☐**27.** 内容 × 仏教と神々の信仰は区別されなかった。
奈良時代には，中国の影響などもあり，神祇信仰と仏教信仰が融合する神仏習合がおこった。神宮寺や神前読経などはその例である。

☐**28.** 内容 × 唐招提寺ではなく，東大寺に建てられた。
正倉院は東大寺に建てられた倉庫群で，聖武太上天皇の死後，光明皇太后がその遺品を東大寺に寄進したものを中心におさめている。

□**29.** 正倉院に伝わる鳥毛立女屏風は，宋の文化の影響をうけている。

□**30.** 薬師寺吉祥天像は，奈良時代を代表する仏教彫刻である。

COLUMN

① 年代順配列問題の攻略

　高得点をとるためには，多くの受験生が間違える難問で正解を出さなければなりません。その難問の一つが，本書でも時代ごとに対策問題を入れた「年代順配列問題」です。

　年代順配列問題は，歴史用語を知っていても解けるとは限りません。年代順配列問題ができない受験生は，「いつの時期の出来事か」を判断する時期判定問題もできません。結果的に多くの点を落とすことになります。

　これらの問題を解くためには準備が必要です。歴史事項をインプットする際に，時期区分を意識しておく必要があります。とはいっても，「743年墾田永年私財法」のような年代暗記をする必要はありません。時期区分には，**世紀・時代区分・文化区分，年代**(1890年代など)があります。例えば，「8世紀＝奈良時代＝天平文化」というのはつながっているでしょうか？右の表を参考にしてください。インプットの際には，常に意識しておく必要があります。これに権力者（天皇・将軍・首相など）ごとの出来事が頭に入っていればよいのです。

　知識の定着➡問題の攻略には，本書の問題を活用してください。必ずできるようになるはずです。

□**29.** 時期 ✕ 宋ではなく，遣唐使がもたらした唐文化の影響がある。
正倉院に所蔵される**鳥毛立女屏風**の樹下美人図や**薬師寺**に所蔵
される吉祥天像などは，唐の影響を受けた絵画である。

□**30.** 内容 ✕ 薬師寺吉祥天像は絵画である。
吉祥天像は絵画である。仏像では，**乾漆像の東大寺法華堂不空
羂索観音像・興福寺阿修羅像，塑像の東大寺法華堂執金剛神像**
などが有名である。

時期区分の表

	世紀	時代区分	文化区分
原始		旧石器時代	旧石器文化
	1万年前	縄文時代	縄文文化
	前4世紀	弥生時代	弥生文化
古代	4世紀	古墳時代	古墳文化
	5世紀		
	6世紀		
	7世紀	飛鳥時代	飛鳥文化
			白鳳文化
	8世紀	奈良時代	天平文化
	9世紀	平安時代	弘仁・貞観文化
	10世紀		国風文化
	11世紀		
	12世紀		院政期の文化
中世	13世紀	鎌倉時代	鎌倉文化
	14世紀		
	15世紀	室町時代	南北朝文化
			北山文化
			東山文化
	16世紀		戦国文化
近世		安土・桃山時代	桃山文化
	17世紀	江戸時代	寛永期の文化
	18世紀		元禄文化
			宝暦・天明期の文化
	19世紀		化政文化
近代		明治時代	明治文化
	20世紀	大正時代	大正文化
		昭和時代	昭和文化
現代			現代の文化

1 平安前期の政治・社会

〈平安初期の政治〉

□**1.** 桓武天皇のとき，征夷大将軍となった坂上田村麻呂は胆沢城を築いた。

□**2.** 桓武天皇は，京内の治安維持をつかさどる検非違使を設置した。

□**3.** 勘解由使という令外官が置かれ，国司の交替を監督した。

□**4.** 嵯峨天皇のときに置かれた蔵人頭の主要な職務は，朝廷の蔵の管理であった。

□**5.** 嵯峨天皇の時代には，律令制定後に出された法令を分類・編集して最初の ［　　　　　］ が編まれたが，律令と ［　　　　　］ をあわせもつこともまた，中国にならったことであった。
　　① 国史　　② 格式

〈藤原氏北家の発展〉

□**6.** 藤原冬嗣は，承和の変に際して初めて設けられた蔵人頭となり，天皇の側近として信任され，皇室と姻戚関係を結んだ。

□**7.** 橘氏は，皇族の出身で，奈良時代には藤原氏と拮抗する勢力を持っていたが，橘逸勢が薬子の変で失脚して以後，ふるわなくなった。

□**8.** 貞観8年，［　　　　　］ が応天門に放火したとして，伊豆に流罪になった。
　　① 伴善男　　② 源信

解答・ポイント

〈平安初期の政治〉

□**1.** 内容 ○ **桓武天皇**は蝦夷征討と平安京造営に力を入れた。征夷大将軍となり蝦夷征討を進めた**坂上田村麻呂**は胆沢城を築き，多賀城から鎮守府を移した。

□**2.** 時期 × 検非違使を設置したのは桓武天皇ではなく，嵯峨天皇。
令に規定のない新設された官職を令外官という。その一つ，京内の治安維持をつかさどる検非違使は嵯峨天皇によって設置された。

□**3.** 内容 ○ **桓武天皇**は地方政治の改革を進め，**令外官**である勘解由使を設置し，国司の交替における事務の引継ぎを厳しく監督させた。

□**4.** 内容 × 蔵人頭の職務は蔵の管理ではない。
810年の**平城太上天皇の変**（薬子の変）に際し，天皇の命令をすみやかに太政官組織に伝えるために蔵人頭が設置され，藤原冬嗣らが任じられた。

□**5.** 内容 ② 法典の整備が進められ，格式が編纂された。
格は律令の補足・修正法，式は施行細則。嵯峨天皇のもとで弘仁格式が編纂された。清和天皇の貞観格式，醍醐天皇の延喜格式とあわせて**三代格式**という。

〈藤原氏北家の発展〉

□**6.** 時期 × 蔵人頭が初めて設けられたのは承和の変ではない。
藤原冬嗣は，810年の平城太上天皇の変（薬子の変）に際し，嵯峨天皇の秘書官長である蔵人頭となり，藤原北家が台頭する基礎をつくった。

□**7.** 時期 × 橘逸勢が失脚したのは薬子の変ではない。
藤原冬嗣の子の藤原良房は，842年，承和の変で伴健岑，橘逸勢ら他氏族の勢力を排除し，858年に幼少の清和天皇を即位させ，初めて摂政となった。

□**8.** 内容 ① 応天門に放火したとされたのは伴善男である。
藤原良房の時代，大納言伴善男が応天門に放火し，その罪を左大臣源信に負わせようとしたことが発覚して，流罪に処せられた（**応天門の変**・866年）。

〈弘仁・貞観文化〉

□**9.** 『懐風藻』などの勅撰漢詩文集が盛んに編纂された。

□**10.** 『性霊集』は，最澄の詩や書簡などを編集したものである。

□**11.** 平安時代に入ると，有力な貴族は 　　　　　 を設け，一族の子弟を寄宿させて，勉学の便宜をはかった。
　　① 　大学別曹　　② 　芸亭

□**12.** 藤原氏が設けた大学別曹として奨学院がある。

□**13.** 加持祈禱を重視する密教は，現世利益を求める皇室や貴族に受容された。

□**14.** 最澄の弟子円珍は，唐から帰国後，真言宗の密教化を進めた。

□**15.** 絵画では，諸仏の世界を図像で描いた曼荼羅が発達した。

□**16.** 仏像では，翻波式の衣文などにも特色をもつ一木造が発達した。

〈弘仁・貞観文化〉

□**9.** 時期 × 『懐風藻』は奈良時代（天平文化），勅撰ではない。
『懐風藻』は奈良時代に編まれた漢詩集である。平安時代初期には，**文章経国の思想**が広がり，嵯峨天皇のもとで『凌雲集』など勅撰漢詩集が編まれた。

□**10.** 内容 × 『性霊集』は最澄の詩や書簡を編集したものではない。
『性霊集』は空海の漢詩などを編集したものである。また，空海は漢詩文作成についての評論である『文鏡秘府論』を著した。

□**11.** 内容 ① 貴族は子弟のために大学別曹を設けた。
大学では中国の歴史・文学を学ぶ紀伝道が重視され，貴族は一族の子弟教育のため，寄宿舎にあたる大学別曹を設けた。

□**12.** 内容 × 藤原氏の大学別曹は奨学院ではない。
大学別曹で代表的なものは，藤原氏の勧学院，和気氏の弘文院，橘氏の学館院，在原氏や皇族の奨学院である。

□**13.** 内容 ○ 空海は唐で密教を学び，帰国してから高野山金剛峰寺を建てて真言宗を開いた。加持祈禱を重視する**密教**は現世利益の面から皇室・貴族に支持された。

□**14.** 内容 × 円珍は真言宗ではない。
天台宗では最澄の死後，円仁・円珍らにより密教化が進められた。真言密教を東密というのに対し，天台密教を台密という。

□**15.** 内容 ○ 密教美術が発達するなか，密教の世界観を表した曼荼羅が発達した。**神護寺**や教王護国寺（東寺）の**両界**曼荼羅がある。その他，**園城寺**の黄不動など。

□**16.** 内容 ○ 彫刻では，一木造の仏像がつくられた。密教とかかわりのある観心寺如意輪観音像や，神仏習合を反映した薬師寺僧形八幡神像などがある。

1 平安時代中期の政治・外交・文化

〈平安中期の政治 （摂関政治の時代）〉

□**1.** 中央政界で失脚した菅原道真は，大宰府に左遷された。

□**2.** 安和2年， [   ] が為平親王の即位を企てたとして，大宰府に左遷された。
① 源高明 ② 菅原道真

□**3.** 平安時代中期以降，天皇が幼少の時には関白が，成人後には摂政が置かれた。

□**4.** 平安時代の貴族の子どもは，母方よりも父方で育つことが多かった。

□**5.** 法成寺は，宇治の別荘を寺院に改めたものである。

〈平安中期の国際関係〉

□**6.** 遣唐使の派遣がとだえたため，大陸との貿易や人々の往来も行われなくなった。

□**7.** 遣唐使が停止され，また新羅や渤海がほろびても，大宰府は外国との貿易の窓口となり，依然として重要な役割を果たした。

□**8.** 沿海州の刀伊（女真族）が来襲し，大宰府軍に撃退された。

🔖🔍 解答・ポイント

〈平安中期の政治 （摂関政治の時代）〉

☐**1.** 内容 ○ **宇多天皇**に登用された**菅原道真**は、**醍醐天皇**のもと右大臣となった。しかし、左大臣**藤原時平**の策謀により、901年、大宰府へ左遷された。

☐**2.** 内容 ① **安和の変**で左遷されたのは **源高明**である。
関白**藤原実頼**は左大臣**源高明**が謀反をおこそうとしているとの密告を受け、高明を大宰府に左遷した（**安和の変・969年**）。以降、摂関はほぼ常置となる。

☐**3.** 内容 ✕ 天皇が幼少の時に摂政、成人後は関白が置かれた。
朱雀天皇の摂政・関白となった**藤原忠平**の子孫が摂関に就くのが例となり、天皇が幼少の際は**摂政**、成人後は**関白**として、権限を握った。

☐**4.** 内容 ✕ 貴族の子どもは母方で育つことが多かった。
貴族社会では夫が妻の父の庇護を受け、子は母方で養育されるなど、母方の縁（**外戚関係**）が重視された。摂政・関白は天皇の**外戚**として天皇権威を利用した。

☐**5.** 内容 ✕ 宇治にあるのは**法成寺**ではなく、**平等院**である。
法成寺は**藤原道長**が阿弥陀堂を中心に建立した寺院である。**藤原頼通**が宇治の別荘を寺院としたのが**平等院**である。その阿弥陀堂が**鳳凰堂**である。

〈平安中期の国際関係〉

☐**6.** 内容 ✕ 遣唐使の派遣がとだえても、大陸から商船は来航した。
9世紀末の**遣唐使中止**、10世紀初の**唐滅亡**後も、大陸から商船は大宰府に来航し、唐物（中国の文物）を入手するとともに僧侶の往来もあった。

☐**7.** 内容 ○ 10世紀になると、**唐・新羅・渤海**が滅亡し、中国では**宋**、朝鮮半島では**高麗**が統一した。正式な国交はもたなかったが、交易のため、宋の商船は**大宰府**に来航していた。

☐**8.** 内容 ○ 1019年、九州北部を**刀伊**と呼ばれた女真族（女真人）が襲った。この際には、大宰権帥の**藤原隆家**の指揮のもと九州の武士たちが撃退した。

〈国風文化〉

☐9. 10世紀には，国交がとだえたことから貴族たちの中国文化への関心は減り，男性貴族も平仮名で日記を書くことが一般化した。

☐10. 平安時代になると平仮名がつくられ，『懐風藻』のような仮名で書かれた作品が現れた。

☐11. 和歌が社交の手段としてもてはやされ，『古今和歌集』が編纂された。

☐12. 受領の娘であった紫式部は，父の任地から都にのぼる旅や，宮仕えのことなどを書いた『蜻蛉日記』を著した。

☐13. 往生を遂げたと信じられた人々の伝記をもとに，往生伝が編纂されるようになった。

☐14. 末法思想が流行し，貴族のあいだに浄土教が広まると，室生寺金堂などの阿弥陀堂が盛んにつくられた。

☐15. 平安時代には，神は仏の仮の姿であるとする本地垂迹説が広まった。

☐16. 寝殿造が発達し，建物内部の屏風や襖には当時流行した濃絵が描かれるようになった。

☐17. 貴族の女子は20歳前後で元服の儀をあげた。

〈国風文化〉

□9. 内容 ✕　中国文化への関心は減らず，男性貴族は漢文で日記を書いた。国交断絶後も「**唐物**」は珍重されていた。貴族社会では政務の記録として漢文体日記が書かれた。**藤原道長**『御堂関白記』，**藤原実資**『小右記』など。

□10. 時期 ✕　『**懐風藻**』は奈良時代（**天平**文化）の漢詩集である。
10世紀になると，文化の国風化を象徴するものとして，漢字から生まれたかな文字が発達した。その結果，多くの文学作品が著された。

□11. 内容 ◯　かな文字の発明により和歌が盛んになった。**醍醐天皇**の命により勅撰和歌集である『古今和歌集』が紀貫之らにより編集された。

□12. 内容 ✕　『**蜻蛉日記**』の作者は紫式部ではなく，藤原道綱の母である。
かな日記は紀貫之『土佐日記』を最初とするが，宮廷の女性の作品が中心である。**藤原道綱の母**『蜻蛉日記』，**菅原孝標の女**『更級日記』などがある。

□13. 内容 ◯　平安時代中期（国風文化）には**浄土教**が流行し，空也や源信（『往生要集』）らが説いた。貴族社会では『日本往生極楽記』（**慶滋保胤**）などの往生伝が読まれた。

□14. 時期 ✕　室生寺金堂は平安時代前期（弘仁・貞観文化）に建立された。
阿弥陀堂の代表例は**藤原頼通**が建立した平等院鳳凰堂である。その他，浄土教美術として，定朝による**寄木造**の平等院鳳凰堂**阿弥陀如来像**がある。

□15. 内容 ◯　平安時代，**神仏習合**が進み，仏と日本の神々を結びつけ，神は仏の仮の姿とする**本地垂迹説**が生まれた。怨霊や疫神をまつる御霊会も盛んに行われた。

□16. 時期 ✕　濃絵は桃山文化以降に出てきた絵画である。
貴族の邸宅である寝殿造の建物内部を仕切る屏風や襖には，日本の風物を題材とした大和絵が描かれた。初期の画家として**巨勢金岡**が知られる。

□17. 内容 ✕　貴族の女子は裳着の式をあげた。
男性は元服，女性は裳着の式をあげて，成人として扱われ，男性は官職を得て朝廷に仕えた。

□**18.** 唐風の服装にかわる正装として，男子の束帯，女子の十二単が用いられた。

□**19.** 貴族は陰陽道を重んじたため，その日常生活には方違や物忌などの慣習が広まった。

2 平安時代中期の社会
〈受領と負名〉

□**1.** 浮浪・逃亡・偽籍などのため，戸籍・計帳による人民の把握が困難になった。

□**2.** 醍醐天皇は，荘園の増加をおさえるため，延喜の荘園整理令を出した。

□**3.** 10世紀初めを最後に，全国的な班田収授は命じられなくなった。

□**4.** 10世紀以降，国司に一定額の租税の納入を請け負わせ，地方支配を一任した。

□**5.** 任国におもむいた最上級の国司は受領と呼ばれ，巨額な私産を蓄える者も現れた。

□**6.** 受領の圧政を訴えるため，「尾張国郡司百姓等解文」が朝廷に提出された。

□**7.** 平安時代には，在京したまま任国に下向しない国司のことを在庁官人とよんだ。

□**8.** 平安時代には，在京の国司は目代を任国に派遣し，政務を担当させるようになった。

□18. 内容 ○ 　貴族男性の正装は**束帯**や簡略化した**衣冠**，女性の正装は唐衣や裳をつけた**女房装束（十二単）**で，唐風の服装を日本人向けにつくりかえたものであった。

□19. 内容 ○ 　貴族は中国から伝来した**陰陽道**の影響を受け，日柄によって行動が制限された。**物忌**と称して引きこもったり，**方違**といって凶の方角を避けた。

🔍 解答・ポイント

〈受領と負名〉

□1. 内容 ○ 　平安時代中期には，浮浪・逃亡や年齢・性別を偽る偽籍などが横行し，**戸籍・計帳**の制度は崩れ，調・庸の徴収で国家財政を支えるのは困難となった。

□2. 内容 ○ 　**醍醐天皇**は，律令体制を維持するため，902年，**延喜の荘園整理令**を出し，**勅旨田**を禁止するとともに，違法な土地所有を禁じた。

□3. 時期 ○ 　**醍醐天皇**は，902年，班田を命じたが最後となった。914年，三善清行が醍醐天皇に「**意見封事十二箇条**」を提出し，財政窮乏と地方の混乱を指摘した。

□4. 内容 ○ 　9世紀末から10世紀前半，政府は国司の交替制度を整備し，任国に赴任する国司の最上級者である**受領**（ふつうは守）に大きな権限を与えるようにした。

□5. 内容 ○ 　国司の最上級者（ふつうは守）は交替の際に一国の財産などを前任者から引き継ぐことから，やがて**受領**と呼ばれた。

□6. 内容 ○ 　受領のなかには，巨利を得ようとする強欲な者もおり，郡司や有力農民から暴政を訴えられた。尾張守**藤原元命**はその一例である。

□7. 内容 ✕ 　**在庁官人は国司ではない。**
　受領以外の国司（介・掾・目）は実務から排除され，在京したまま任国に赴任せず，収入のみを受け取った。これを**遥任**という。

□8. 内容 ○ 　11世紀後半には，**受領**も任国におもむかなくなり，かわりに**目代**を留守所に派遣し，その国の有力者である**在庁官人**を指揮して政務を行わせた。

□**9.** 朝廷の行事や造営の費用を負担して国司の地位を得る成功が行われた。

□**10.** 10世紀以降，耕地を名という単位に編成し，有力農民に耕作を請け負わせた。

□**11.** 太政官符・民部省符によって税の免除が認められた荘園を，国免荘という。

□**12.** 地方の豪族は，受領の徴税に対抗するため，所領を荘園とし，自ら荘園領主となった。

〈武士の台頭〉

□**13.** 受領は押領使・追捕使などとともに，国内の治安維持に当たるようになった。

□**14.** 10世紀には，東国と西国で，同時期に平将門と藤原純友による大規模な乱が起こった。

□**15.** 平安時代，海賊を率いて藤原秀郷らが反乱を起こし，大宰府などを襲撃した。

□**16.** 陸奥国に赴任した源頼義は，東国の軍勢を率いて清原氏と戦い，これを滅亡させた。

□**17.** 藤原清衡は，当時奥羽地方の要衝とされていた ［　　　　　］ に館を置き本拠地とした。
　　① 平泉　　② 福原

□**9.** 内容 ○ **受領**は**成功**や**重任**で任じられることが多くなった。成功は私財で朝廷の儀式や寺社造営用を負担して官職を得ること，重任は再任されることをいう。

□**10.** 内容 ○ **受領**は，田地を**名**という徴税単位にわけ，**田堵**（有力農民）に請け負わせた。請け負う**田堵**を負名といい，官物・臨時雑役を納入した。

□**11.** 内容 ✕ 国免荘ではなく，官省符荘という。
税の免除（**不輸の権**）を認められた荘園には，太政官符や民部省符によって認められた**官省符荘**と，受領が朝廷の許可を得ずに認めた**国免荘**があった。

□**12.** 内容 ✕ 地方の豪族は荘園領主ではなく，荘官となった。
大名田堵など**開発領主**（地方の豪族）は，中央の貴族や寺社に所領を寄進して荘園領主（本家・領家）とし，自らは荘官（公文・下司）として現地を支配した。

〈武士の台頭〉

□**13.** 内容 ○ 地方の紛争鎮圧のため，中・下級貴族が地方に派遣され，武士となった。受領も地方で武士を組織し，押領使・追捕使を任じて治安維持を分担させた。

□**14.** 時期 ○ 10世紀，東国では平将門，西国では藤原純友が反乱を起こした（**天慶の乱**）。以降，鎮圧した**平貞盛**や**源経基**の子孫が朝廷から重視された。

□**15.** 内容 ✕ 海賊を率いて反乱を起こしたのは藤原純友である。
藤原秀郷は，**平貞盛**とともに**平将門の乱**を鎮圧した下野国の押領使である。この乱以降，秀郷の子孫も武士として朝廷から重視された。

□**16.** 内容 ✕ 源頼義が戦ったのは清原氏ではなく，安倍氏である。
源頼義は陸奥守として任地に下り，子の義家とともに出羽の豪族**清原氏**の助けを得て，陸奥の豪族安倍氏を滅ぼした（**前九年合戦**・11世紀半ば）。

□**17.** 内容 ① 藤原清衡は陸奥国の平泉に拠点を置いた。
陸奥守源義家が藤原清衡を助け，**清原氏**の内紛をおさめた（後三年合戦・11世紀後半）。以降，陸奥の**平泉**を拠点に清衡と子孫（**奥州藤原氏**）の支配が続いた。

1〜22の文Ⅰ〜Ⅲについて，それぞれ古いものから年代順に正しく配列しなさい。

1．原始・古墳の文化
　Ⅰ　周囲に濠をめぐらせた豪族の居館が，一般の人々の住む集落から離れてつくられるようになった。
　Ⅱ　戦いのための金属製の武器が出現した。
　Ⅲ　石器の材料として黒曜石が遠隔地から運搬されるようになった。

2．ヤマト政権
　Ⅰ　大王の墓とみられる誉田山（誉田御廟山）古墳がつくられた。
　Ⅱ　物部守屋を滅ぼした人物が，さらに在位中の大王を暗殺した。
　Ⅲ　大伴金村らが，継体を大王に擁立した。

3．ヤマト政権の外交
　Ⅰ　倭王武が中国南朝に朝貢して，称号を与えられた。
　Ⅱ　対朝鮮政策の失敗により，大伴氏が失脚した。
　Ⅲ　倭が海を渡り，高句麗好太王（広開土王）の軍と戦った。

4．朝鮮文化の伝来
　Ⅰ　朝鮮半島から伝わった技法により，日本列島で須恵器がつくられ始めた。
　Ⅱ　百済の観勒によって暦法が伝えられた。
　Ⅲ　百済の聖明王から倭国に仏像などがおくられ，仏教が公式に伝えられた。

5．朝鮮半島との関係
　Ⅰ　倭国の朝鮮半島出兵の動きに対して，筑紫の磐井が反乱を起こした。
　Ⅱ　倭国は百済を救援するために出兵したが，唐・新羅の連合軍に敗北した。
　Ⅲ　倭国の王が中国の南朝に朝貢して，朝鮮半島諸国に対し優位な立場に立とうとした。

6．6〜7世紀の政治的事件
　Ⅰ　蘇我入鹿らが，厩戸皇子（厩戸王）の子の山背大兄王を自殺に追い込んだ。
　Ⅱ　大連の大伴金村が，対朝鮮諸国外交の失敗を糾弾されて失脚した。
　Ⅲ　大臣の蘇我馬子を中心とする勢力が，物部守屋らを攻め滅ぼした。

解答・ポイント

1. 時代　Ⅲ → Ⅱ → Ⅰ
   - Ⅲ　縄文時代，黒曜石は縄文時代における遠隔地との交易の一例。
   - Ⅱ　弥生時代，日本で金属器の使用が始まるのは弥生時代から。
   - Ⅰ　古墳時代，豪族の居館が集落から離れて見つかるのは古墳時代の遺跡。

2. 時代　Ⅰ → Ⅲ → Ⅱ
   - Ⅰ　誉田山古墳は古墳中期（5世紀ごろ）。
   - Ⅲ　6世紀前半には大伴氏が台頭した。
   - Ⅱ　6世紀後半に蘇我馬子が物部守屋を滅ぼして権力掌握（587年）。

3. 時代　Ⅲ → Ⅰ → Ⅱ
   - Ⅲ　「高句麗好太王碑文」によれば，高句麗と交戦したのは4世紀末。
   - Ⅰ　『宋書』は，倭の五王の遣使の記録。倭王武の遣使は5世紀後半。
   - Ⅱ　大伴氏（大伴金村）の失脚は6世紀。

4. 時代　Ⅰ → Ⅲ → Ⅱ
   - Ⅰ　須恵器がつくられ始めたのは古墳中期（5世紀ごろ）。
   - Ⅲ　仏教の伝来は6世紀ごろの欽明天皇の時代。
   - Ⅱ　百済の観勒により暦法が伝えられたのは7世紀前半（飛鳥文化）。

5. 時代　Ⅲ → Ⅰ → Ⅱ
   - Ⅲ　倭の五王が中国南朝（宋）に朝貢したのは5世紀ごろ。
   - Ⅰ　磐井の乱（527年）は大伴金村が中心の時代で6世紀前半。
   - Ⅱ　白村江の戦い（663年）の記述で7世紀後半。

6. 時代　Ⅱ → Ⅲ → Ⅰ
   - Ⅱ　6世紀前半，百済が加耶西部の支配権を確立したことが問題となった。
   - Ⅲ　6世紀後半，蘇我馬子は物部氏を滅ぼし（587年），崇峻天皇を擁立した。
   - Ⅰ　7世紀前半，蘇我氏が山背大兄王を滅ぼし（643年），権力集中をはかった。

7. 律令国家の形成
I 飛鳥浄御原令が施行された。
II 庚午年籍がつくられた。
III 冠位十二階の制が定められた。

8. 律令国家の形成
I 唐の高句麗遠征による緊張のなかで，蘇我蝦夷・入鹿父子が滅ぼされた。
II 唐・新羅により滅ぼされた百済を復興するため，朝鮮半島に出兵した。
III 中国の都城にならった宮都として，藤原京が造営された。

9. 律令国家の組織
I 坂上田村麻呂が征夷大将軍に任じられた。
II 仏教を重んじた称徳天皇は，太政大臣禅師の地位を設けた。
III 薬子の変に先立ち，勅命の伝達にかかわる蔵人頭が任じられた。

10. 律令国家の地方支配
I 東北地方の蝦夷との戦争のなかで，北上川の上流に志波城を築いた。
II 諸国に国分寺・国分尼寺の建立を命ずる詔が出された。
III 官道（駅路）に沿って駅家を設けることが律令に定められた。

11. 古代の蝦夷支配
I 日本海側の蝦夷支配の拠点として，淳足柵・磐舟柵が設けられた。
II 蝦夷の本拠地の一つである北上川中流域に胆沢城が設けられた。
III 太平洋側の蝦夷支配の拠点として，多賀城が設けられた。

12. 遣唐使
I 能書家としても知られたこの人物は伴健岑とともに流罪に処せられた。
II この人物は「楚取る　五十戸良が声は寝屋処まで　来立ち呼ばひぬ」と描写した。
III この人物は「初めて戸籍・計帳・班田収授の法を造れ」と宣言した政権で国博士となった。

13. 藤原北家の発展
I 光孝天皇の即位に際し，藤原基経が初めて関白に任じられた。
II 藤原時平らの策謀によって，右大臣菅原道真が大宰権帥に左遷された。
III 幼少の清和天皇が即位したのち，藤原良房が臣下としてはじめて摂政をつとめた。

7. 権力者 Ⅲ → Ⅱ → Ⅰ

Ⅲ **冠位十二階の制**は，推古天皇の時代に制定された（603 年）。

Ⅱ 初の全国的戸籍である**庚午年籍**は天智天皇の時代に作成された（670 年）。

Ⅰ **飛鳥浄御原令**は，持統天皇の時代に施行された（689 年）。

8. 権力者 Ⅰ → Ⅱ → Ⅲ

Ⅰ 蘇我本宗家が滅亡し，孝徳天皇が即位して**大化改新**が始まった（645 年）。

Ⅱ **中大兄皇子**のもと，百済復興のために出兵した**白村江の戦い**（663 年）。

Ⅲ **天武天皇**より**藤原京**の造営が始まり，持統天皇が遷都した（694 年）。

9. 権力者 Ⅱ → Ⅰ → Ⅲ

Ⅱ 称徳天皇は**道鏡**を重視し，太政大臣禅師，さらに法王とした。

Ⅰ **桓武天皇**は**坂上田村麻呂**を令外官である**征夷大将軍**に任じ，蝦夷征討を進めた。

Ⅲ **嵯峨天皇**は**平城太上天皇の変**（薬子の変・810 年）の際に藤原北家の**藤原冬嗣**を蔵人頭に任命した。

10. 権力者 Ⅲ → Ⅱ → Ⅰ

Ⅲ **駅制**の説明。「律令に定められた」から**大宝律令**制定（文武天皇）のとき（8 世紀初め）。

Ⅱ **国分寺建立の詔**（741 年）は**聖武天皇**が出した（8 世紀半ば）。

Ⅰ **志波城**は桓武天皇のとき，征夷大将軍の**坂上田村麻呂**が築いた（9 世紀初）。

11. 時代 Ⅰ → Ⅲ → Ⅱ

Ⅰ 日本海側に**渟足柵・磐舟柵**を設けたのは**飛鳥時代**（7 世紀半ば）。

Ⅲ **奈良時代**に設置された**多賀城**（724 年）には陸奥国府と**鎮守府**が置かれた。

Ⅱ **平安時代**初期，桓武天皇のとき，**坂上田村麻呂**が胆沢城に鎮守府を移した（802 年）。

12. 時代 Ⅲ → Ⅱ → Ⅰ

Ⅲ 「この人物」は旻。**大化改新**（7 世紀半ば・飛鳥時代）で**国博士**となった。

Ⅱ 「この人物」は「貧窮問答歌」をよんだ**山上憶良**（8 世紀・奈良時代）。

Ⅰ 「この人物」は三筆の**橘逸勢**。**承和の変**（842 年）で**藤原良房**により配流された（9 世紀半ば・平安時代前期）。

13. 権力者 Ⅲ → Ⅰ → Ⅱ

Ⅲ 太政大臣の**藤原良房**は，孫の**清和天皇**が即位すると**摂政**となった。

Ⅰ 良房の養子となった基経は**光孝天皇**のときに**関白**に任じられた。

Ⅱ **醍醐天皇**の時代，右大臣菅原道真は左大臣**藤原時平**の策謀により失脚。

14. 国司について
　Ⅰ　国司の中には収入を増やそうとした者もおり，尾張国では郡司や農民から非法を政府に訴えられた。
　Ⅱ　国司交替の際に解由状授受を審査する官職が置かれた。
　Ⅲ　中央貴族の中から国司が，地方豪族の中から郡司が任じられる制度が整えられた。

15. 武士の台頭
　Ⅰ　源頼信が，関東地方で起こった平忠常の乱を鎮圧した。
　Ⅱ　源義朝が，京都での兵乱に東国の武士を動員した。
　Ⅲ　源頼義が，前九年合戦に関東地方の武士を動員した。

16. 平安時代の政治構造の変化
　Ⅰ　天皇が幼少のときには摂政，成人したのちには関白を置くことが通例となった。
　Ⅱ　院の命令を伝える文書や院庁が出す文書が，荘園の認可などの国政に効力をもつようになった。
　Ⅲ　天皇の側近として，天皇の命令をすみやかに太政官に伝える蔵人頭が設けられた。

17. 有力寺院の荘園支配
　Ⅰ　開発領主の中に，国司の圧迫を逃れようとして有力寺院などに田地を寄進する者が現れた。
　Ⅱ　有力寺院が僧兵を組織し，自分たちの要求を通すため朝廷に強訴するようになった。
　Ⅲ　有力寺院の初期荘園が，律令制的支配の衰えとともに衰退していった。

18. 平安仏教
　Ⅰ　京中で空也が極楽往生の教えを説き，市聖と称された。
　Ⅱ　最澄によって，比叡山に新たな寺院が開かれた。
　Ⅲ　奥州藤原氏によって，平泉に阿弥陀堂を中心とする寺院が建立された。

19. 平安時代の情報
　Ⅰ　藤原道長の栄華を中心として歴史を描き出す，『栄華物語』が編まれた。
　Ⅱ　令の解釈を統一し，政府による公式解釈を示すために，『令義解』が編纂された。
　Ⅲ　源信が『往生要集』を著し，慶滋保胤が『日本往生極楽記』を編纂した。

14. 時代 Ⅲ → Ⅱ → Ⅰ

Ⅲ 律令制度ができた奈良時代の国司の説明。

Ⅱ 平安初期の桓武天皇のとき，令外官で国司交替を監督する勘解由使が設置された。

Ⅰ 国司に一国支配を任せ，受領に権限が集中した平安中期のこと。「尾張国郡司百姓等解文」は，尾張守藤原元命が訴えられたもの。

15. 権力者 Ⅰ → Ⅲ → Ⅱ

Ⅰ 平忠常の乱（1028～31年）を平定したのは源満仲の子頼信。

Ⅲ 前九年合戦（1051～62年）は，頼信の子で陸奥守頼義とその子義家が鎮圧した。

Ⅱ 為義（義家の孫）の子義朝は保元の乱（1156年）で活躍し，平治の乱（1159年）で敗死した。

16. 時代 Ⅲ → Ⅰ → Ⅱ

Ⅲ 平安初期，平城太上天皇の変（薬子の変・810年）の際，嵯峨天皇によって藤原冬嗣が蔵人頭に任じられた。

Ⅰ 平安中期，藤原忠平の時代に摂政・関白の制度が確立した（摂関政治の時代）。

Ⅱ 平安末期には院政が始まり，上皇は法や慣例によらず，国政に関与した。

17. 時代 Ⅲ → Ⅰ → Ⅱ

Ⅲ 8世紀半ば以降，初期荘園が形成された。

Ⅰ 11世紀以降，寄進地系荘園が拡大する。

Ⅱ 院政期（11世紀末）以降，延暦寺や興福寺の僧兵強訴が行われるようになった。

18. 時代 Ⅱ → Ⅰ → Ⅲ

Ⅱ 弘仁・貞観文化。遣唐使で留学した最澄は天台宗を開いた。

Ⅰ 国風文化。社会不安が広がるなか，浄土教が流行した。

Ⅲ 院政期文化。浄土教文化が地方にも波及した。

19. 時代 Ⅱ → Ⅲ → Ⅰ

Ⅱ 『令義解』は平安時代初期に編集された。

Ⅲ 『往生要集』『日本往生極楽記』は平安時代中期に書かれた。

Ⅰ 『栄華物語』は平安時代後期に書かれた。

20. 平安時代の文化
  I 浄土教が流行し，阿弥陀浄土を表現した平等院鳳凰堂が造られた。
  II 『源氏物語絵巻』や『信貴山縁起絵巻』などの絵巻物が作られた。
  III 紀貫之らにより，勅撰の和歌集である『古今和歌集』が編まれた。

21. 東山道を通過した人々
  I 信濃国知行国主となった藤原定家の日記には，東山道が改修された
    という使者の報告が記されている。
  II 信濃守藤原陳忠は，「受領は倒るるところに土をつかめ」と言い
    放った受領として知られる。
  III 信濃国郡の防人は，神坂峠において，故郷の父母をしのぶ歌をよん
    だ。

22. 古代の教育
  I 官人を養成するために，諸国に国学が設けられた。
  II 一族子弟の教育のために，藤原氏により勧学院が設けられた。
  III 子孫に先例を学ばせるために，『小右記』などの日記が書かれた。

② 文化史の攻略

　入試問題では，**4分の1程度（25点前後）が文化史の出題**と考えておけば
よいでしょう。しかし，文化史を苦手としている受験生は多いのが実情で
す。「文化史は作品などを覚えるもの」と思い込んでいる（あるいは，そう
いう勉強をしている）ことが一つの原因でしょう。文化史を苦手としている
受験生の多くは，一問一答的な暗記はできても，共通テストに見合った知識
の整理ができていません。政治史や外交史と同様，**文化史にも時代背景や展
開があり，それを理解する必要があります**。まずは，教科書や学校の授業な
どでしっかり理解を深めましょう。

20. 権力者 Ⅲ → Ⅰ → Ⅱ

Ⅲ 『古今和歌集』は醍醐天皇の命で編集された。

Ⅰ 平等院鳳凰堂は藤原頼通が建立した阿弥陀堂である。

Ⅱ 『源氏物語絵巻』などの絵巻物は院政期に描かれた。

21. 時代 Ⅲ → Ⅱ → Ⅰ

Ⅲ 防人の歌は奈良時代（天平文化）に編集された『万葉集』にある。

Ⅱ 「受領は倒るるところに土をつかめ」は『今昔物語集』の説話の一つ。受領は平安中期以降。

Ⅰ 藤原定家は鎌倉時代の歌人で『新古今和歌集』の編者の一人。日記は『明月記』。

22. 時代 Ⅰ → Ⅱ → Ⅲ

Ⅰ 郡司の子弟のための国学は，貴族の子弟のための大学とともに律令制下（天平文化）の官僚養成機関。

Ⅱ 藤原氏の勧学院などの大学別曹は平安時代初期（弘仁・貞観文化）に設けられる。

Ⅲ 平安時代中期（国風文化）以降，貴族の漢文体日記が書かれる。『小右記』は藤原実資の日記。

　　学習の際に注意しておきたいのは，「**何文化の動向**（あるいは**作品・人物）か**」です。「本書の特長と使い方」や「共通テストこそ，一問一答が重要！」でも述べたように，時期区分ができていないと，覚えた歴史用語が問題を解く際に有効利用できません。文化史は，「何時代，何文化」という時代区分を念頭におきながら学習しましょう。

1 院政期の政治・社会経済

〈院政の開始〉

□**1.** 後三条天皇は大江匡房らを登用し，国政の改革を行った。

□**2.** 後三条天皇によって荘園整理令が出されたため，藤原氏の勢力は衰え，摂政・関白の制度は廃止された。

□**3.** 後三条天皇は荘園整理令を発布し，記録荘園券契所を設置し，整理の対象か否かを審査させた。

□**4.** 延久の荘園整理令は，売買・質入れされた荘園を無償でもとの荘園領主に返還させようとした法令である。

□**5.** 後三条天皇は，宣旨枡という統一的な枡を定めた。

□**6.** 後三条天皇は，源頼信に命じて，平忠常の乱を鎮圧させた。

□**7.** 後三条天皇は，大輪田泊を修築して，海運の便をはかった。

□**8.** 1073年，後三条は死去した。彼の長男が，8歳の 　　　　　 天皇に譲位して院政を始めたのは，その13年後のことである。
① 堀河　　② 後一条

解答・ポイント

〈院政の開始〉

□**1.** 内容 ○ 関白の**藤原頼通**の娘には皇子が生まれず，外戚関係のない**後三条天皇**が即位した。天皇は大江匡房らを登用し，**延久の荘園整理令**などの国政改革を断行した。

□**2.** 内容 × 摂政・関白の制度は廃止されていない。
後三条天皇は当時の関白と外戚関係はなかったが，以降も摂政・関白は設置されていた。

□**3.** 内容 ○ **後三条天皇**は，1069年，延久の荘園整理令を出した。太政官に記録荘園券契所を設置し荘園領主から提出させた証拠書類などをあわせて審査した。

□**4.** 内容 × 荘園整理令は売買・質入れ地の返還を命じていない。
延久の荘園整理令では，証拠書類を審査し，新しい年代の荘園や書類不備の荘園など，基準に合わないものを停止した。

□**5.** 内容 ○ **後三条天皇**は荘園整理令を出すとともに枡の大きさを一定にした。これは宣旨枡と称され，枡の基準として太閤検地まで用いられた。

□**6.** 時期 × 忠常の乱は摂関政治期で，後三条天皇の時ではない。
11世紀後半**藤原道長**の死後，上総で平忠常の乱が起こると，源頼信が鎮圧し，源氏の東国進出のきっかけをつくった。

□**7.** 内容 × 大輪田泊を修築したのは後三条天皇ではない。
平清盛は摂津国の大輪田泊を修築し，**日宋貿易**を盛んに行い，**平氏政権**の経済基盤とした。

□**8.** 内容 ① 堀河天皇に譲位し，白河上皇が院政を始めた。
後三条天皇の長男白河天皇は，1086年に子の堀河天皇に位を譲って上皇となり，天皇家の家長として天皇を後見しながら政治の実権を握る**院政**を始めた。

□**9.** 院政をはじめた白河上皇は菅原道真をはじめ，優れた人材を院司に登用した。

□**10.** 院政期には，上皇の命令を伝える院宣や院庁下文が強い権威をもつようになった。

□**11.** 白河天皇は，内裏に北面の武士を置いた。

□**12.** 院政時代，上皇は造寺・造仏を行うとともに，たびたび熊野へ参詣した。

□**13.** 白河天皇（上皇）は，のちに六勝寺と総称される寺院の一つである法勝寺を建立した。

〈院政期の社会〉

□**14.** 院政期には成功や重任を禁止し，摂関家の経済的基盤であった知行国制を廃止した。

□**15.** 院政期には，荘園の寄進が院に集中するようになり，摂関家をしのぐ勢いを示した。

□**16.** 南都・北嶺とは，高野山金剛峰寺と比叡山延暦寺のことである。

□**17.** 延暦寺の僧兵は，春日社の神輿をかついで強訴した。

〈平氏政権〉

□**18.** 藤原通憲（信西）は，弟の頼長と対立，保元の乱では後白河天皇側について崇徳上皇側と戦った。

□**9.** 時期 ✕　道真は平安時代中期の人物で，白河上皇には登用されていない。
中・下級貴族は上皇が開いた院庁の職員である院司として仕えた。
院司のうち，富裕な受領や乳母の一族などから院近臣と呼ばれる
上皇の側近が形成された。

□**10.** 内容 ○　院政では，院庁から下される院庁下文や，院の命令を伝える院
宣が国政一般に影響力をもち，法や慣例にこだわらずに上皇が政
治の実権を握った。

□**11.** 内容 ✕　北面の武士は内裏ではなく，院の御所に置かれた。
白河上皇は，**院の御所**に**北面の武士**を置き，源氏・平氏の武士を
側近にするなど，院の権力を強化した。

□**12.** 内容 ○　上皇は仏教を厚く信仰し，出家して**法皇**となり，六勝寺など寺院
を造営して，法会を行い，熊野詣や高野詣を繰り返した。

□**13.** 内容 ○　**白河天皇**の造営した法勝寺をはじめ，院政期には天皇家によって
「勝」のつく寺が6種類造営された。総称して**六勝寺**という。

〈院政期の社会〉

□**14.** 内容 ✕　成功が盛んになり，知行国制が経済基盤となった。
院政期には，造寺造仏などの費用を調達するため，成功が盛んに
なった。また，知行国制は上皇や摂関家などの貴族や寺社の経済
基盤となった。

□**15.** 内容 ○　院政期には，院（上皇）に荘園の寄進が集中し，摂関家や大寺院
も荘園を経済基盤とした。その結果，一国が荘園と公領で構成さ
れる荘園公領体制となった。

□**16.** 内容 ✕　高野山金剛峰寺は南都・北嶺ではない。
大寺院も多くの荘園を所有し，下級僧侶を僧兵として組織し国司
と争って強訴した。**南都**は興福寺，**北嶺**は延暦寺のことである。

□**17.** 内容 ✕　延暦寺の僧兵がかついだのは，春日社の神輿ではない。
興福寺の僧兵は**奈良法師**とよばれ，**春日神社**の神木の榊をささげ，
延暦寺の僧兵は**山法師**とよばれ，**日吉神社**の神輿をかついで強訴
した。

〈平氏政権〉

□**18.** 内容 ✕　藤原通憲は後白河院の近臣で，頼長は弟ではない。
後白河**天皇**（弟）と崇徳**上皇**（兄）の争いが，摂関家の内部対
立と結びつき，平清盛・源義朝を動員した天皇方が勝利した
（保元の乱・1156年）。

□**19.** 平清盛は太政大臣に任命され，その一族も高位高官にのぼった。

□**20.** 平氏政権は，貨幣経済の浸透により困窮する西国武士のため，日宋貿易を制限した。

□**21.** 平氏が取り組んだ日宋貿易により，宋銭や陶磁器が輸入された。

□**22.** 平清盛は，奥州の藤原泰衡を攻め滅ぼした。

□**23.** 源頼朝のいとこであった 　　　　　　　 は，いち早く上洛し，清盛の死去もあって弱体化していた平氏を京から追い出した。
　　① 　源義仲　　② 　源義朝

□**24.** 安徳天皇を奉じて都落ちした平家一門は，源頼朝の派遣した軍勢に攻められ，讃岐の屋島で滅亡した。

〈院政期の文化〉
□**25.** 中尊寺金色堂は，地方に伝わった浄土教の影響を強く受けた建築である。

□**26.** 平安時代後期に，摂関家を中心とする歴史を和文体で描いた『　　　　　　　』が著された。
　　① 　大鏡　　② 　枕草子

□**27.** 『陸奥話記』は，最初の軍記物語であり，11世紀中ごろに起きた後三年の役を主題としている。

□**28.** 絵と詞書からなる絵巻物が描かれ，応天門の変を題材にした『伴大納言絵巻』や，庶民の生活・風俗を描いた『信貴山縁起絵巻』などが作成された。

□**19.** 内容 ○ 平治の乱（1159年）で，敵対した**藤原信頼・源義朝**を倒した**平清盛**は，その後，出世して1167年には太政大臣となり，一族も高位高官にのぼった。

□**20.** 内容 × 平氏政権は日宋貿易を盛んに行った。
平清盛は瀬戸内海航路を掌握し，**摂津国**の大輪田泊を修築して，大宰府に来航していた宋の商船を畿内までまねき，交易を行った。

□**21.** 内容 ○ 日宋貿易では，**宋銭・陶磁器・書籍**などが輸入され，金・水銀・硫黄・刀剣などが輸出された。宋銭は大量に輸入され，日本で貨幣経済が浸透した。

□**22.** 内容 × 奥州藤原氏を滅ぼしたのは源頼朝である。
鎌倉幕府を創設した**源頼朝**が，平氏滅亡後，**奥州藤原氏**を脅威と感じ，1189年に藤原泰衡を滅ぼした。

□**23.** 内容 ① 頼朝のいとこは源義仲で，源義朝は頼朝の父。
1180年，以仁王の令旨により，治承・寿永の内乱が始まり，木曽の源義仲，伊豆の源頼朝らは平氏打倒のため挙兵した。

□**24.** 内容 × 平家一門が滅亡したのは屋島ではない。
源頼朝は鎌倉に入り，そこから動かず，弟の**義経**らに平氏を追討させた。1185年，義経は平氏を長門の壇の浦に追い詰めて滅亡させた（壇の浦の戦い）。

〈院政期の文化〉

□**25.** 内容 ○ **中尊寺金色堂**は，陸奥の平泉に**藤原清衡**が建立した阿弥陀堂である。その他，陸奥の白水阿弥陀堂，豊後の富貴寺大堂などがあり，浄土教の地方波及を示す。

□**26.** 内容 ① 『**大鏡**』は，平安時代後期の歴史物語の代表作である。
藤原道長の時代を中心に摂関政治の全盛期を批判的に描いたのが『大鏡』で，道長の栄華を好意的に描いたのが『栄華物語』である。

□**27.** 内容 × 『**陸奥話記**』は後三年合戦を主題としていない。
『**陸奥話記**』は，11世紀中ごろの**前九年合戦**を主題とする軍記物である。最初の軍記物は『将門記』である。

□**28.** 内容 ○ 平安末期には，**絵巻物**が発展した。『**源氏物語絵巻**』，『**信貴山縁起絵巻**』，動物を擬人化した『**鳥獣戯画**』，応天門の変を題材とした『**伴大納言絵巻**』がある。

□**29.** 平清盛ら平家一門は，厳島神社を信仰し，華麗な装飾をほどこした経巻を奉納した。

□**30.** 人々の間に流行していた歌謡である今様が，後白河法皇により『梁塵秘抄』にまとめられた。

□**31.** 本来は宮中の芸能であった田楽が，都から地方に伝わり，村の祭礼に取り入れられた。

COLUMN

③ 地図問題の攻略

日中戦争以後の日本軍の作戦行動にかかわる都市について述べた次の文 X・Y と，その都市の所在地を示した下の地図上の位置 a～d との組合せとして正しいものを，下の①～④のうちから一つ選べ。

X 中国の国民政府が首都を移したこの都市には，日本軍により繰り返し爆撃が行われた。

Y イギリスの植民地であったこの都市とその周辺地域では，反日活動の疑いをかけられた中国系住民（華僑・華人）が，日本軍により殺害された。

① X－a　　Y－c　　　② X－a　　Y－d
③ X－b　　Y－c　　　④ X－b　　Y－d

(2013年　本試験)

□**29.** 内容 ○　平清盛は安芸の厳島神社を平家の氏神とし，一門の繁栄のために装飾経を奉納した（『平家納経』）。その他，同時期の作品として四天王寺の『扇面古写経』がある。

□**30.** 内容 ○　後白河法皇は，民間の流行歌謡である今様を学んで『梁塵秘抄』を編集した。この他に古代の歌謡から発達した催馬楽や和漢の名句を吟じる朗詠も流行した。

□**31.** 内容 ✕　田楽は地方から都に伝わった。
庶民の芸能であった田楽や猿楽は，庶民のみならず，貴族の間でも流行し，祇園祭などの御霊会や大寺院の法会などで演じられた。

解答④

　センター試験の過去問を利用して解説します。この問題は，多くの受験生ができなかった問題です。文章Xは重慶のことで，地図中のbになります。ちなみにaは北京です。Yは難しいですね。文章Yはシンガポール華僑虐殺事件の説明で，シンガポールは地図中のdになります。しかし，シンガポール華僑虐殺事件を知っている受験生は少ないでしょう。そこで，cを考えてみましょう。cが仏印とわかるでしょうか？　仏印はフランス領なので，cはイギリスの植民地ではないと判断でき，必然的にdを選ぶことになります。この問題で正解を出すためには，少なくともbの**重慶**と，cの**仏印を地図上で知っておく必要があります**。

　地図問題は全体的に正答率が低いのですが，特に東アジア全体や東南アジアの地理的知識が求められると，さらに正答率は下がるでしょう。**普段から図説資料を使って丁寧に地図を確認しておきましょう**。

1 鎌倉幕府の成立

〈治承・寿永の内乱と鎌倉幕府の成立〉

□**1.** 源平の争乱（治承・寿永の内乱）の際に，平氏により延暦寺が焼打ちされた。

□**2.** 源頼朝は，平氏が西国へ敗走したのち，後白河法皇と交渉し，東国支配の権限を認められた。

□**3.** 平泉に中尊寺金色堂を建立した奥州藤原氏は，秀衡が源頼朝に討たれ，滅亡した。

□**4.** 源頼朝は，御家人を統率する侍所を設置し，和田義盛を長官に任じた。

□**5.** 草創期の幕府は都の下級貴族層を官僚として迎え入れており，公文所（政所）の初代長官となった ［　　　　　］ もその一人であった。
　① 三善康信　② 大江広元

□**6.** 鎌倉幕府で財政事務を担当したのは，引付衆であった。

□**7.** 源頼朝は，朝廷を監視するために，京都に六波羅探題を置いた。

□**8.** 鎌倉幕府における御恩とは，俸禄の米を支給することが主である。

解答・ポイント

〈治承・寿永の内乱と鎌倉幕府の成立〉

□**1.** 内容 ✕ 　焼打ちされたのは延暦寺ではなく，東大寺・興福寺である。
1180年，反平氏勢力として蜂起した南都の寺院勢力に対し，平清盛の命を受けた平重衡軍は焼打ちをした。東大寺や興福寺の堂塔はことごとく焼失した。

□**2.** 内容 ◯ 　源頼朝は平氏の都落ちのあと，京都の後白河法皇と交渉して，東海道・東山道の東国支配の承認を得た（**寿永二年十月の宣旨**・1183年）。

□**3.** 内容 ✕ 　頼朝に討たれたのは泰衡である。
藤原秀衡の死後，源頼朝は，1189年，子の泰衡を討った。そして，陸奥国・出羽国を支配下に置き，奥州総奉行を設置した。

□**4.** 内容 ◯ 　源頼朝は，1180年，鎌倉に入り，御家人を組織して統制する侍所を設置した。初代の別当（長官）となったのは和田義盛である。

□**5.** 内容 ② 　公文所（政所）の初代長官は大江広元である。
1184年，公文所と問注所が設置され，一般政務などを担当する公文所の初代別当は大江広元，裁判事務を担当する問注所の初代執事は三善康信であった。

□**6.** 内容 ✕ 　財政事務を担当したのは引付衆ではない。
一般政務や財政事務を担当した公文所は，源頼朝の右近衛大将就任のあと，政所と改められた。引付衆は執権北条時頼が設置した裁判を担当する役職である。

□**7.** 内容 ✕ 　源頼朝は六波羅探題を置いていない。
源頼朝のもと，1185年，在京御家人の統率などを任務とする京都守護が置かれ，承久の乱後，六波羅探題となった。九州には鎮西奉行が設置された。

□**8.** 内容 ✕ 　御恩とは，所領の保障・給与などがおもな内容である。
将軍と御家人は主従関係を結んでいた。将軍は御家人に対し本領安堵・新恩給与などの御恩を与え，御家人は軍役，平時には京都大番役・鎌倉番役などの奉公をした。

□**9.** 鎌倉時代における守護の権限は，原則として 　　　　　 に限定されていた。
　　① 　新恩給与　　② 　大犯三カ条

□**10.** 地頭は全国の公領のみに置かれた。

□**11.** 天皇家や貴族・大寺社と異なり，鎌倉幕府（将軍家）は荘園を領有しなかった。

〈北条氏の台頭と承久の乱〉

□**12.** 武家政権の長である鎌倉殿（将軍）が侍所・政所などを統轄して，専制的な権力をふるった。初代将軍頼朝の妻政子も，3代将軍 　　　　　 の暗殺後は事実上の鎌倉殿であったといわれる。
　　① 　頼家　　② 　実朝

□**13.** 北条義時は，政所別当に加えて侍所別当を兼任した。

□**14.** 後鳥羽上皇は，新たに北面の武士を置いて軍事力の増強をはかった。

□**15.** 1221年に後鳥羽上皇が 　　　　　 の追討を諸国に命じたことにより，承久の乱が勃発した。
　　① 　北条義時　　② 　北条時政

□**16.** 承久の乱の結果，後鳥羽・土御門・順徳の3上皇が配流され，仲恭天皇が廃された。

□**17.** 白河上皇以来続いてきた院政という政治形態は，承久の乱によって終わりを告げた。

□**9.** `内容` ② 守護の権限は大犯三カ条に限定されていた。
鎌倉時代の**守護**の権限は，①大番催促②謀叛人の逮捕③殺害人の逮捕の大犯三カ条であった。大番催促とは国内の御家人に京都大番役の催促をすることである。

□**10.** `内容` × 公領だけでなく，荘園にも地頭が置かれた。
地頭は御家人が任じられ，荘園・公領の年貢徴収・納入，土地管理，治安維持を任務とした。当初，**地頭**の設置は**平家没官領**を中心とする謀叛人の所領に限られた。

□**11.** `内容` × 鎌倉幕府（将軍家）も荘園を領有した。
鎌倉幕府の経済基盤となったのは，将軍を知行国主とする関東知行国（関東御分国）や，将軍を荘園領主とする関東御領である。

〈北条氏の台頭と承久の乱〉

□**12.** `内容` ② 鎌倉幕府の3代将軍は源実朝である。
2代将軍となった源頼家は母北条政子の父である北条時政によって廃され，**実朝**が3代将軍となった。**実朝**は甥の公暁に殺害され，**源氏将軍**は断絶した。

□**13.** `内容` ○ **北条時政**は**比企能員**を滅ぼし，政所別当に就任し，初代**執権**となった。2代執権北条義時は和田義盛を滅ぼして政所と侍所の別当を兼任し，地位を固めた。

□**14.** `時期` × 後鳥羽上皇が置いたのは北面の武士ではない。
後鳥羽上皇は，新たに西面の武士を置いて軍事力の増強をはかるなど院政を強化した。北面の武士を置いたのは**白河上皇**である。

□**15.** `内容` ① 承久の乱の時の執権は北条義時で，義時追討を命じた。
1219年に将軍**源実朝**暗殺後，朝幕関係が不安定になり，1221年，後鳥羽上皇は畿内・西国の武士などを動員し，北条義時追討の兵を挙げた（承久の乱）。

□**16.** `内容` ○ 承久の乱では幕府が勝利し，後鳥羽上皇の隠岐をはじめ，土御門・順徳の三上皇が配流され，**仲恭天皇**が廃された。以降，幕府は皇位継承に介入した。

□**17.** `内容` × 承久の乱後も院政は維持された。
朝廷では**承久の乱**以後も引き続き，幕府の監視下で院政が行われたが，幕府が朝廷に対して優位に立ち，朝廷の政治にも介入するようになった。

□**18.** 鎌倉幕府は承久の乱で没収した所領に新たに地頭を任命し、西国への支配を拡大した。

2 執権政治と鎌倉時代の社会

〈執権政治の確立〉

□**1.** 御成敗式目は、御家人同士や御家人と荘園領主などとの紛争解決のために定められた。

□**2.** 御成敗式目は、田畑の等級・面積を調査し、年貢収入を確保するために定められた。

□**3.** 御成敗式目は、頼朝以来の先例や、当時の武士たちの間で重視されていた道理にもとづいて制定された。

□**4.** 御成敗式目は、律令や公家法を否定すべきものとして制定された。

□**5.** 北条時頼は、前将軍九条（藤原）頼経を京都へ送還した。

□**6.** 執権政治は、北条時頼が有力御家人の三浦泰村を滅ぼした〔　　　　　〕以降、しだいに変質していった。
① 宝治合戦　　② 霜月騒動

□**7.** 北条時頼は、有力御家人や政務にすぐれた人々を選んで、評定衆を創設した。

□**8.** 鎌倉幕府は、引付衆のもとに評定衆を置き、裁判の公正を図った。

□**18.** 内容 ○ 　幕府は**後鳥羽上皇方**の武士の所領を没収し，**東国御家人**を地頭に任命した（<u>新補地頭</u>）。このため畿内・西国の荘園・公領にも幕府の力が及ぶようになった。

🔍 解答・ポイント

〈執権政治の確立〉

□**1.** 内容 ○ 　3代執権**北条泰時**は御成敗式目を制定することにより，<u>所領紛争</u>の増加に対応し，<u>御家人同士や御家人と荘園領主との紛争を裁く基準を定めた</u>。

□**2.** 内容 ✕ 　御成敗式目は，検地などのために制定したのではない。
　御成敗式目は，政務や裁判の共通認識として制定された。田畑の等級・面積を調査し，年貢収入を安定させようとしたのは豊臣秀吉である。

□**3.** 内容 ○ 　**御成敗式目**は頼朝以来の<u>先例</u>や武家社会での<u>慣習・道徳（道理）</u>にもとづいて，<u>守護</u>や地頭の任務・権限，裁判の手続き，女性の財産などの諸規定を定めた。

□**4.** 内容 ✕ 　式目は律令や公家法を否定するものではない。
　幕府の勢力範囲を対象とする**式目**と並んで，<u>朝廷</u>の支配下では律令の系譜をひく<u>公家法</u>が，荘園領主のもとでは<u>本所法</u>が，それぞれ効力をもっていた。

□**5.** 内容 ○ 　3代将軍 **源 実朝**が死去して<u>源氏将軍</u>が断絶し，京都から幼少の<u>藤原（九条）頼経</u>を将軍に迎えた（摂家将軍）。

□**6.** 内容 ① 　北条時頼が三浦泰村を滅ぼした事件は宝治合戦である。
　5代執権**北条時頼**は，1247年，<u>三浦泰村</u>一族を滅ぼした（宝治合戦）。それにより<u>執権政治は北条氏の独裁の性格を強めていった</u>。

□**7.** 時期 ✕ 　評定衆の創設は北条泰時の時代である。
　3代執権**北条泰時**は，1225年，執権を補佐する<u>連署</u>を置き，有力御家人や政務にすぐれた10数名からなる<u>評定衆</u>を設けて政務や裁判の処理にあたらせた。

□**8.** 内容 ✕ 　引付衆は評定衆のもとに置かれた。
　5代執権**北条時頼**は，**評定衆**のもとに，新たに<u>引付</u>を置いて<u>引付衆</u>を任命し，所領訴訟を担当させて公正・迅速な裁判をめざした。

□**9.** 北条時頼の時代に異国警固番役が始まった。

□**10.** 北条時頼は，後嵯峨上皇の子宗尊親王を鎌倉幕府の将軍に迎えた。

〈鎌倉時代の社会〉

□**11.** 鎌倉時代の武家社会における一族の結合体制を，寄親・寄子制と呼んでいる。

□**12.** 鎌倉時代を通じて，武士の所領は，嫡子単独相続を原則としていた。

□**13.** 鎌倉時代の御家人は，幕府への軍役負担や，荘園領主・国衙への年貢・公事などの納入を，惣領と庶子がそれぞれ独自に行った。

□**14.** 鎌倉時代，武士の家では，女性も所領を相続した。

□**15.** 鎌倉時代の武士の間では，流鏑馬・犬追物などの武芸の鍛錬が盛んに行われた。

□**16.** 鎌倉時代には，荘園領主と地頭の間で土地を分割する地頭請が行われた。

□ **9.** 時期 ✕ 異国警固番役は蒙古襲来の前,北条時宗の時代に始まった。

異国警固番役は,8代執権**北条時宗**の時代,九州の御家人に命じたのが始まりで,<u>文永の役(1274年)</u>後,元の再来襲に備えて強化された。

□ **10.** 時期 ◯ 5代執権の**北条時頼**は**摂家将軍**を廃して,後嵯峨上皇の皇子の宗尊親王を将軍として迎えた(皇族将軍)。

〈鎌倉時代の社会〉

□ **11.** 内容 ✕ 鎌倉時代の武家社会の結合体制は寄親・寄子制ではない。

鎌倉時代,武家は<u>一族の長である**惣領**を中心に庶子(一族)を構成員として血縁関係で結合していた</u>(惣領制)。寄親・寄子制は戦国大名の軍事編成である。

□ **12.** 内容 ✕ 武士の所領相続は分割相続から単独相続へと変化した。

鎌倉時代前期,武士は,惣領制のもと,<u>一族の子弟や女子に所領を分け与える</u>分割相続を原則としていたが,後期には単独相続も行われるようになった。

□ **13.** 内容 ✕ 軍役負担や年貢などの納入は惣領がまとめて行った。

鎌倉時代の御家人は,幕府への軍役や,荘園領主・国衙への年貢や公事も**惣領**が責任者となって,**庶子**に割りあてて一括して奉仕・納入した。

□ **14.** 内容 ◯ 武家社会では,<u>分割相続</u>により女子にも**所領**の相続権があった。

しかし,所領の細分化が進むなか,女子は本人一代限りの相続(**一期分**)となっていった。

□ **15.** 内容 ◯ 武士は館をかまえ,周囲に堀や塀をめぐらして住んでいた。生活は簡素で,武芸を身につけるため,**流鏑馬・笠懸・犬追物**(騎射三物)などの訓練を行った。

□ **16.** 内容 ✕ 土地を分割するのは地頭請ではない。

荘園領主と地頭の所領紛争では,荘園領主に対して年貢納入だけを請け負う地頭請や,土地を分割して互いに干渉しない下地中分などの解決が行われた。

3 得宗専制政治と鎌倉幕府の滅亡

〈蒙古襲来と社会〉

□**1.** 執権北条時頼は，博多湾を襲った元軍を撃退することに成功した。

□**2.** ［　　　　　　　］を滅ぼした元は，1281（弘安4）年，軍勢を二手にわけて日本にさし向けた。
① 遼（契丹）　　② 南宋

□**3.** 鎌倉幕府は蒙古襲来をきっかけに，それまで支配の及ばなかった荘園・公領の非御家人をも動員するようになった。

□**4.** 蒙古襲来ののち，日本と元との間に正式な外交関係はなかったが，商船の往来は行われていた。

□**5.** 文永・弘安の役の恩賞で多くの所領を獲得して以後，御家人の相続方法は単独相続から分割相続へ変化した。

□**6.** 永仁の徳政令の目的は，売却された御家人領を有償で買い戻させることにあった。

□**7.** 悪党は幕府による取り締まりの強化によって消滅していった。

□**8.** 稲の裏作として木綿を栽培する二毛作が普及した。

〈蒙古襲来と社会〉

□**1.** 時期 ✕ 　**元軍を撃退した執権は北条時宗である。**
モンゴルの皇帝フビライは服属させた高麗を通じて日本に服属を強要してきた。これを拒否したため、元軍が来襲したが、執権北条時宗が撃退した。

□**2.** 内容 ② 　**文永の役の後、元は南宋を滅ぼした。**
文永の役後、鎌倉幕府は異国警固番役を強化し、防塁（石築地）を構築して元の再来襲に備えた。元は南宋を滅ぼした後、日本に再来襲した（弘安の役）。

□**3.** 内容 ○ 　幕府は蒙古襲来以降、御家人以外に、全国の荘園・公領の武士（非御家人）を動員する権利を朝廷から獲得した。北条貞時の時代には、九州には、鎮西探題を設置した。

□**4.** 内容 ○ 　元とは正式な国交はなかったが、民間での交易関係はしだいに盛んとなり、建長寺船など寺院の修造費用調達のための貿易船も派遣された。

□**5.** 内容 ✕ 　**所領の相続は分割相続から単独相続へ変化した。**
鎌倉時代後期には、所領の細分化や蒙古襲来の負担などで窮乏する御家人もいた。そのため、所領を分割相続せず、単独相続する御家人もいた。

□**6.** 内容 ✕ 　**永仁の徳政令は、御家人領を無償で取り戻させた。**
幕府は御家人を救済するため、1297年、永仁の徳政令を出し、質入れ・売却した御家人領を無償で取り戻させたが、効果は一時的であった。

□**7.** 内容 ✕ 　**悪党は各地に広がっていった。**
畿内やその周辺では、新興武士たちが武力に訴えて年貢の納入を拒否し、荘園領主に抵抗するようになった。これらの武士は悪党と呼ばれた。

□**8.** 内容 ✕ 　**稲の裏作は麦であった。**
蒙古襲来の前後から、農業の発展が広く見られた。畿内や西日本一帯では米の裏作として麦を栽培する二毛作が普及していった。また、牛馬耕なども行われた。

☐**9.** 鎌倉時代には，干鰯が肥料として広く売買された。

☐**10.** 鎌倉時代には，灯油の原料となる荏胡麻が栽培された。

☐**11.** 鎌倉時代には，中国から輸入された銭が流通したが，宋銭の永楽通宝はその代表的なものの一つである。

☐**12.** 鎌倉時代後期には，日本における銅銭流通がさらに進み，現物ではなく，その換算額を年貢として荘園領主に上納する ▭ が広まった。
① 貫高制 ② 代銭納

☐**13.** 遠隔地間の取引の安全のために，為替が用いられるようになった。

☐**14.** 交通の要所では，商品の中継ぎや運送を行う借上が現れた。

〈得宗専制政治と鎌倉幕府の滅亡〉

☐**15.** 幕府は蒙古襲来を機に全国支配を強化するとともに，北条氏の家督をつぐ ▭ へ権力を集中していった。
① 別当 ② 得宗

☐**16.** 得宗の家臣である御内人が力を増し，霜月騒動を起こして，有力御家人の三浦氏を滅ぼした。

☐**17.** 鳥羽法皇の死を契機として朝廷では持明院統と大覚寺統に分かれ，皇位を争ったが，これは幕府にとっても大きな政治的問題となった。

□**9.** 時期 ✕　肥料を売買するのは江戸時代以降のことである。
鎌倉時代には草木灰や刈敷などの自給肥料が使用された。江戸時代には，干鰯などの購入肥料（金肥）が使用されるようになった。

□**10.** 時期 ◯　鎌倉時代には，商品作物栽培も盛んとなり，灯油の原料である荏胡麻，染料の藍，和紙の原料の楮などが栽培された。

□**11.** 時期 ✕　永楽通宝は明銭の代表例である。
平安時代後期からの日宋貿易により，宋銭が大量に輸入され，貨幣経済が浸透した。国内では銭貨は鋳造されなかった。

□**12.** 内容 ②　年貢を銅銭に換算して納める代銭納が行われた。
中国から銅銭が輸入され，売買の手段としては米などの現物にかわって貨幣が用いられるようになり，荘園の一部では年貢の銭納（代銭納）も行われた。

□**13.** 内容 ◯　遠隔地間の取引では，金銭の輸送を手形で代用する為替が使用されるようになった。

□**14.** 内容 ✕　借上は金融業者である。
鎌倉時代には，金融機関として高利貸業者である借上も現れた。商品の中継ぎや運送を行なったのは問丸（問）である。

〈得宗専制政治と鎌倉幕府の滅亡〉

□**15.** 内容 ②　北条氏の嫡流の当主を得宗という。
幕府の全国支配が強化されるなかで，北条氏の家督をつぐ得宗（北条氏嫡流の当主）の勢力が強くなった。その家臣である御内人の発言力も強くなった。

□**16.** 内容 ✕　霜月騒動で滅ぼされたのは有力御家人の安達氏である。
1285年，御内人筆頭の内管領である平頼綱が御家人の安達泰盛を滅ぼした（霜月騒動）。その後，執権北条貞時は平頼綱を滅ぼし，幕府の全権を握った（平禅門の乱・1293年）。

□**17.** 時期 ✕　鳥羽法皇ではなく，後嵯峨法皇である。
後嵯峨法皇の死後，天皇家は後深草上皇の流れをくむ持明院統と，亀山天皇の流れをくむ大覚寺統に分裂した。そのため，幕府は両統迭立を提案するようになった。

□**18.** 持明院統との紛争のなかで，大覚寺統から皇位についた後醍醐天皇は，天皇親政を進めた。

□**19.** 鎌倉幕府は，正中の変ののち順徳上皇を流罪に処した。

□**20.** 後醍醐天皇は，幕府に捕らえられて隠岐に配流された。

□**21.** 後醍醐天皇は討幕の計画を進めた。後醍醐天皇の皇子 [＿＿＿＿＿＿＿] や河内の楠木正成も，討幕の兵を挙げて，幕府軍を大いに悩ませた。
　　① 宗尊親王　　② 護良親王

4 鎌倉文化
〈鎌倉仏教〉

□**1.** 浄土宗を開いた人物の著作に，『正法眼蔵』がある。

□**2.** 浄土宗では，踊念仏を布教の手段に用いた。

□**3.** 法然の弟子で，『選択本願念仏集』を著した親鸞は，朝廷により配流された。

□**4.** 南無阿弥陀仏の題目を唱えれば救われると説いた日蓮は，鎌倉幕府により迫害された。

□**18.** 内容 ○ 　大覚寺統から即位した後醍醐天皇は天皇親政を開始し，天皇の権限強化を進めた。**両統迭立**に不満をもっていた後醍醐天皇は討幕の計画を進めた。

□**19.** 内容 × 　順徳上皇（天皇）は，承久の乱で流罪になった。
得宗北条高時のもとで内管領**長崎高資**が権勢をふるい，御家人の不満が高まった。このなかで後醍醐天皇は討幕計画を進めたが失敗した（正中の変・1324年）。

□**20.** 内容 ○ 　後醍醐天皇は，1331年にも挙兵を企てて失敗し（元弘の変），隠岐へ配流となった。そのため，幕府によって持明院統の光厳天皇が即位した。

□**21.** 内容 ② 　後醍醐天皇の皇子は護良親王である。
元弘の変後，後醍醐天皇の皇子**護良親王**や楠木正成らが，幕府軍と戦い，御家人の**足利尊氏**，**新田義貞**らが挙兵して鎌倉幕府は滅亡した（1333年）。

📖🔍 解答・ポイント

〈鎌倉仏教〉

□**1.** 内容 × 　浄土宗を開いた法然の著作は『選択本願念仏集』である。
浄土宗の開祖は**法然**である。法然は専修念仏を説き，『選択本願念仏集』を著した。道元は，曹洞宗の開祖で，只管打坐を説き，『正法眼蔵』を著した。

□**2.** 内容 × 　踊念仏を布教の手段としたのは時宗の開祖一遍である。
一遍は**時宗**の開祖とされる。各地を布教して歩き，踊念仏によって教えを広めた。一遍の布教活動を描いた絵巻物に『一遍上人絵伝』がある。

□**3.** 内容 × 　『選択本願念仏集』は法然の著書である。
法然の弟子である親鸞は浄土真宗の開祖とされた。悪人正機説を説き，『教行信証』を著した。法然とともに弾圧され，越後に流される。

□**4.** 内容 × 　「南無阿弥陀仏」は念仏，題目は「南無妙法蓮華経」である。
日蓮は，題目（南無妙法蓮華経）を唱えることで救われると説き，他宗派を攻撃した。**念仏**（南無阿弥陀仏）は法然・親鸞・一遍が説いた。

☐**5.** 臨済宗の開祖栄西は，12世紀末ころ，宋に渡り本格的に禅宗を日本にもたらし，『 _____ 』を著した
　① 興禅護国論　　② 立正安国論

☐**6.** 道元は宋から曹洞宗を伝え，建仁寺を開いた。

☐**7.** 北条時頼は宋より渡来した _____ を厚く遇し，建長寺の開山とした。
　① 無住　　② 蘭渓道隆

☐**8.** 高弁（明恵）は，華厳宗を学んで旧仏教の復興に尽力した。

☐**9.** 貞慶は，『歎異抄』で仏法の衰えたこの世のありさまを嘆いた。

☐**10.** 律宗の明恵と叡尊は，戒律を重んじるとともに，貧民や病人の救済・治療に尽力した。

☐**11.** 忍性は，貧困や難病で苦しんでいる人々のために救済事業を行った。

☐**12.** 伊勢神宮の神官 _____ は，『類聚神祇本源』を著した。
　① 橘成季　　② 度会家行

〈鎌倉文化の美術など〉

☐**13.** 平家によって焼打ちにあった興福寺の再建は，重源が責任者に任命され，朝廷や鎌倉幕府の援助によってなされた。

□**5.** 内容 ① 栄西の著書は『興禅護国論』である。
栄西は宋より禅宗をもたらし，**臨済宗**の開祖とされる。『興禅護国論』を著した。『立正安国論』は日蓮の著書で，北条時頼に提出した意見書である。

□**6.** 内容 × 道元は永平寺を開いた。
曹洞宗の開祖とされる道元は，宋に留学し，越前に永平寺を開いた。建仁寺は鎌倉幕府の保護で栄西が開いた寺である。

□**7.** 内容 ② 建長寺の開山は蘭渓道隆である。
執権**北条時頼**は南宋から来日した蘭渓道隆をまねいて，鎌倉に建長寺を建立した。執権**北条時宗**は無学祖元をまねいて，鎌倉に円覚寺を建立した。

□**8.** 内容 ○ 華厳宗の高弁（明恵）は戒律の復興を唱えて，旧仏教の改革に力を注ぐ一方，『摧邪輪』を著して法然の専修念仏を批判した。

□**9.** 内容 × 『歎異抄』は貞慶の著書ではない。
法相宗の貞慶（解脱）は戒律の復興を唱え，「興福寺奏状」で法然の専修念仏を批判した。『歎異抄』は親鸞の弟子唯円の著書で，悪人正機説が書かれている。

□**10.** 内容 × 明恵は律宗ではなく，華厳宗である。
律宗の叡尊は西大寺を復興した。戒律を重んじるとともに，貧しい人々や病人の救済・治療などの社会事業にも力を尽くし，鎌倉幕府の保護を受けた。

□**11.** 内容 ○ 律宗の叡尊の弟子忍性は，奈良に病人の救済施設である北山十八間戸を建て，施薬や慈善に尽くした。

□**12.** 内容 ② 『類聚神祇本源』を著したのは度会家行である。
蒙古襲来後，**神国思想**が広がった。伊勢神宮の神官度会家行が，**神本仏迹説**を唱えて伊勢神道を大成し，『類聚神祇本源』を著した。

〈**鎌倉文化の美術など**〉
□**13.** 内容 × 重源は興福寺ではなく，東大寺復興の責任者となった。
東大寺復興にあたり，重源は勧進上人として資金を集め，宋人陳和卿の協力で再建を進めた。その際に大仏様（**東大寺南大門**）の建築様式が採用された。

□**14.** 鎌倉時代に制作された [   ] のような絵巻物。
　　① 『一遍上人絵伝』　　② 『源氏物語絵巻』

□**15.** 禅宗の高僧の肖像を描く [   ] もみられるようになった。
　　① 頂相　　② 濃絵

〈鎌倉文化の文学・学問〉

□**16.** 源平の争乱を描いた『太平記』は琵琶法師によって語られ，人々に親しまれた。

□**17.** 北条政子の様子は，鎌倉幕府の歴史を編年体で編纂した『 [   ] 』にいきいきと描かれている。
　　① 吾妻鏡　　② 愚管抄

□**18.** 慈円は，『禁秘抄』を著して道理による歴史解釈を試みた。

□**19.** 藤原家隆は，自身の和歌集『山家集』を残している。

□**20.**『新古今和歌集』は，後鳥羽上皇の命で編集された。

□**21.** 北条貞時は，和漢の書物を集めて武蔵国金沢に金沢文庫を開設し，子孫もその繁栄につとめた。

□**14.** 時期 ① 『一遍上人絵伝』が，鎌倉時代の絵巻物である。

鎌倉時代には『一遍上人絵伝』などの高僧の伝記，『春日権現験記』など寺社の縁起や，『蒙古襲来絵巻』など武士の活躍を描いた絵巻物もあった。

□**15.** 内容 ① 禅僧の肖像画は頂相である。

個人の肖像画を描く写実的な似絵では藤原隆信・信実父子が出た。禅宗の僧侶が師僧の肖像画である頂相を崇拝する風習も中国から伝わった。

〈鎌倉文化の文学・学問〉

□**16.** 内容 ✕ 源平の争乱を描いたのは，『平家物語』である。

『平家物語』は平家の興亡を描いた軍記物語で，琵琶法師により平曲として語られた。『太平記』は南北朝の内乱を描いた軍記物語である。

□**17.** 内容 ① 鎌倉幕府の歴史書は『吾妻鏡』である。

『吾妻鏡』は鎌倉幕府の歴史を編年体で記した史書である。源頼政の挙兵から1266年の宗尊親王の帰京までの諸事件を記す。

□**18.** 内容 ✕ 慈円が著したのは『愚管抄』である。

摂関家出身の慈円は道理による歴史解釈を試みて『愚管抄』を著した。『禁秘抄』は順徳天皇が著した有職故実書である。

□**19.** 内容 ✕ 『山家集』は西行が編集した。

西行は和歌集として『山家集』を残した。その他の和歌集として3代将軍源実朝の『金槐和歌集』がある。藤原家隆は『新古今和歌集』の編者の一人である。

□**20.** 内容 ○ 『新古今和歌集』は後鳥羽上皇の命で編集された勅撰和歌集で，『古今和歌集』から始まる八代集の最後である。編者は藤原定家・藤原家隆らである。

□**21.** 内容 ✕ 金沢文庫を開設したのは北条実時である。

北条実時とその子孫は金沢文庫を設け，和漢の書物を集めて学問に励んだ。一方で，鎌倉時代末期には禅僧によって宋学（朱子学）が伝えられた。

1 南北朝の動乱と室町幕府の成立

〈建武の新政から南北朝の動乱へ〉

☐**1.** 建武式目は，後醍醐天皇が新政を始めるにあたって発布したものである。

☐**2.** 建武の新政では，諸国の国衙に雑訴決断所を設置した。

☐**3.** 建武の新政では，諸国に守護と国司を併置した。

☐**4.** 足利尊氏は，持明院統の光厳天皇を立て，後醍醐天皇を吉野に退け，ここに北朝と南朝に分裂し相争う時代が始まった。

☐**5.** 室町時代の守護の職務は，御成敗式目に定められているように，大番催促，謀叛・殺害人等の追捕など，いわゆる大犯三カ条に限定されていた。

☐**6.** 室町時代の守護の領国支配においては，御成敗式目に規定されている使節遵行権や刈田狼藉の取締り権などが大きな役割を果たした。

☐**7.** 室町時代の守護は，任国内の耕作地面積や収穫高などを把握するために指出検地を行った。

☐**8.** 半済令は，荘園や国衙領に課せられた段銭の半分を，武士に与える権限を守護に認めたものである。

解答・ポイント

〈建武の新政から南北朝の動乱へ〉

☐**1.** 内容 ✕　建武式目は室町幕府の施政方針である。
鎌倉幕府が滅亡すると，**後醍醐天皇**は京都で**建武の新政**を始め
た。天皇は幕府も摂関も否定し，すべての土地所有の確認を天皇
の綸旨によって行った。

☐**2.** 内容 ✕　雑訴決断所は中央政府に置かれた。
建武の新政では，中央に重要政務を行う記録所や幕府の引付を受
け継いだ**雑訴決断所**，警備を行う**武者所**などの諸機関が設置され
た。

☐**3.** 内容 ○　**建武の新政**では，地方支配のため，諸国に国司・守護を併置し，
東北には陸奥将軍府，関東には鎌倉将軍府を置いた。

☐**4.** 内容 ✕　足利尊氏は光厳天皇ではなく，光明天皇を立てた。
尊氏は中先代の乱（1335年）を機に反旗を翻して京都を制圧し，
光明天皇を擁立して，幕府を開いた（北朝）。一方，**後醍醐天皇**
は吉野で抵抗した（南朝）。

☐**5.** 時期 ✕　南北朝の動乱で守護の権限は拡大された。
惣領制が解体され，単独相続が一般的になり，地方武士の抗争
が激化した。幕府は地方武士を動員するため，大犯三カ条に加え
て**守護**の権限を拡大した。

☐**6.** 内容 ✕　使節遵行権などは御成敗式目には規定されていない。
南北朝の動乱に際し，幕府は守護の権限を拡大し，**御成敗式目**に
規定される大犯三カ条に加え，新たに使節遵行権や刈田狼藉の取
締り権などを与えた。

☐**7.** 時期 ✕　指出検地を行ったのは守護ではなく，戦国大名である。
戦国大名は領国（分国）内の所領を把握するため，指出検地を実
施した。

☐**8.** 内容 ✕　段銭ではなく，年貢の半分を与える権限を認めた。
幕府は軍費調達のため，守護に荘園や公領の年貢の半分を徴収
する権限を認めた（半済令）。守護はこれを武士たちにわけ与えて
統制下に繰り入れていった。

□**9.** 室町時代の守護は，荘園や公領の年貢徴収を請け負うこともあった。

□**10.** 各地の武士たちは国人一揆を結んで地縁的な結びつきを強め，ときには守護と対立することもあった。

□**11.** 室町幕府の将軍足利義持は，南北朝の合体を実現し，観応の擾乱に終止符を打った。

□**12.** 足利義満は，南朝の後亀山天皇から北朝の後小松天皇に譲位する形で，南北朝の合一を行った。

〈室町幕府の成立〉

□**13.** 室町幕府は御成敗式目にかわって建武式目を基本法典としたので，その追加法は建武以来追加と呼ばれた。

□**14.** 足利義満は，京都の室町に花の御所と呼ばれる邸宅を造営し，そこで政治を行った。

□**15.** 室町幕府は朝廷が保持していた京都市中の市政権を吸収し，土倉や酒屋に対して段銭や棟別銭を賦課した。

□**16.** 室町幕府は侍所をおき，京都市中の治安維持にあたらせた。

□**17.** 足利義満は，息子の基氏を鎌倉公方として，関東に派遣した。

□**9.** 内容 ○ 　荘園や公領の領主が年貢徴収を**守護**に請け負わせる**守護請**も盛んに行われた。半済や守護請により，守護は荘園・公領の支配を進めた。

□**10.** 内容 ○ 　国人と呼ばれた地方武士は自立性が高く，自主的に地域の秩序を安定させようとして**国人一揆**を結び，守護の支配に抵抗することもあった。

□**11.** 時期 ✕ 　南北朝の合体を実現したのは，義満である。
足利尊氏と弟直義が対立する観応の擾乱により，動乱は長期化したが，しだいにおさまり，3代将軍義満は，1392年，南北朝合体を実現した。

□**12.** 内容 ○ 　足利義満は，南朝の後亀山天皇を説得し，天皇を後小松天皇一人にして，1392年，南北朝合体を実現した。

〈室町幕府の成立〉

□**13.** 内容 ✕ 　室町幕府の基本法典は御成敗式目であった。
足利尊氏は，1336年，幕府を開く目的で施政方針である建武式目を発した。室町幕府は御成敗式目を基本法典とし，追加法を建武以来追加とした。

□**14.** 内容 ○ 　3代将軍足利義満は，1378年，京都の室町に花の御所を造営した。そして京都の施政権や，諸国に課す段銭の徴収権など，朝廷の権限を吸収した。

□**15.** 内容 ✕ 　土倉・酒屋に賦課したのは土倉役・酒屋役である。
室町幕府の財政基盤は，御料所（直轄領）からの収入に加え，高利貸業者に課す土倉役・酒屋役，関銭・津料，臨時税である段銭・棟別銭などがあった。

□**16.** 内容 ○ 　室町幕府では**管領**や**侍所所司**が要職であった。**管領**は細川・斯波・畠山（三管領），**侍所所司**は山名・赤松・一色・京極（四職）から任じられた。

□**17.** 内容 ✕ 　足利基氏は尊氏の子である。
幕府は東国支配のため，鎌倉府を設置した。足利尊氏の子基氏が初代鎌倉公方となり，その子孫が世襲した。それを補佐する関東管領は上杉氏が世襲した。

☐ **18.** 足利義満は地方を統制するために，奥州を統轄する組織として，奥州総奉行を設置した。

〈室町幕府の展開〉

☐ **19.** 有力守護大名はやがて幕府の権威を脅かすようになったため，3代将軍足利義満は明徳の乱で大内氏を，嘉吉の変で赤松氏を討った。

☐ **20.** 足利義満は地方を統制するために，応永の乱で，大内義弘を滅ぼした。

☐ **21.** 専制政治を強行した将軍足利義持が，有力守護赤松満祐に暗殺されて以降，幕府の権威は大きく揺らいだ。

☐ **22.** 将軍足利義教は，幕府に対して独立性を強めていた鎌倉公方の足利持氏を，永享の乱で滅ぼした。

☐ **23.** 鎌倉は室町時代においても，鎌倉公方足利成氏が _____ に移るまで，東国支配の拠点として機能し続けた。
　① 　下総国古河　　② 　越前国一乗谷

☐ **24.** 応仁の乱は，将軍家や幕府の管領家の家督争いがからんで起こった。

☐ **25.** 応仁の乱で京都が荒廃し，地方の戦国大名のもとに身を寄せる公家が現れた。

2 室町幕府の外交
〈室町時代の日中関係〉

☐ **1.** 後醍醐天皇は，建長寺船を明に派遣して貿易を行った。

□ **18.** [時期] ✕ 奥州総奉行は鎌倉幕府の組織である。
室町幕府により，東北には奥州探題・羽州探題が設置されていたが，のちに鎌倉府の管轄下に置かれた。九州には九州探題が設置された。

〈室町幕府の展開〉

□ **19.** [内容] ✕ 明徳の乱で山名氏を討った。嘉吉の変は義教の時代。
足利義満は，11か国の守護を兼ね，六分の一衆といわれた山名一族の内紛に介入して，山名氏清らを滅ぼした（明徳の乱・1391年）。

□ **20.** [内容] ○ 周防・長門を中心に瀬戸内海をおさえていた守護の大内義弘が堺で挙兵したが，足利義満はそれを討伐した（応永の乱・1399年）。

□ **21.** [内容] ✕ 赤松満祐に暗殺されたのは，足利義教である。
6代将軍足利義教は専制的な政治を行い，守護を抑圧した。そのため，守護の赤松満祐に暗殺された（嘉吉の変・1441年）。

□ **22.** [内容] ○ 鎌倉府は自立性が高く，京都の幕府としばしば対立していた。6代将軍足利義教は，幕府に反抗的な鎌倉公方の足利持氏を滅ぼした（永享の乱）。

□ **23.** [内容] ① 足利成氏は下総国古河に移った。
永享の乱後，享徳の乱を機に鎌倉公方が足利持氏の子成氏の古河公方（下総）と8代将軍義政の兄弟政知の堀越公方（伊豆）に分裂し，鎌倉府は崩壊した。

□ **24.** [内容] ○ 畠山・斯波の管領家，将軍家でも8代将軍義政の弟義視と子義尚の家督争いが起こり，細川勝元と山名持豊が介入して対立し，応仁の乱が始まった。

□ **25.** [内容] ○ 応仁の乱により，京都が荒廃すると，京都の公家たちが戦国大名を頼り，続々と地方へくだった。大内氏の城下町山口には文化人が多く集まった。

🔍 解答・ポイント

〈室町時代の日中関係〉

□ **1.** [時期] ✕ 建長寺船は鎌倉幕府によって，元に派遣された。
元とは正式な国交はなかったが，貿易船は盛んに来航しており，鎌倉幕府が派遣した建長寺船のように寺社の修造費用調達のための貿易船が派遣された。

□**2.** 足利尊氏は，後醍醐天皇の冥福を祈るため天龍寺建立を計画し，造営費の調達のため天龍寺船を元に派遣した。

□**3.** 明は海禁政策を採って，明商人の自由な貿易を禁じた。

□**4.** 日明貿易が開始された際，明の皇帝は天皇に日本国王の称号を与えた。

□**5.** 日本国王が明の皇帝に朝貢する形式をとる勘合貿易は，幕府財政の大きな負担となった。

□**6.** 日本と明との貿易においては，日本で鋳造された銭が使用された。

□**7.** 日本から明への主要な輸出品の一つに，生糸があった。

□**8.** 日明貿易は，朝貢形式に反発した足利義教によって一時中止された。

□**9.** 守護の中には，土岐氏や大内氏のように日明貿易や日朝貿易で大きな利益を得る者もあった。

〈室町時代の日朝関係〉
□**10.** 朝鮮半島では，李成桂が高麗を滅ぼし朝鮮を建国した。

□2. 内容○ 足利尊氏・直義兄弟は夢窓疎石のすすめで，後醍醐天皇の冥福を祈って天龍寺を建立しようとして，その費用調達のため，天龍寺船を元に派遣した。

□3. 内容○ 1368年，朱元璋（太祖洪武帝）が明を建国した。明は中国商人の自由な貿易を禁じ（海禁政策），近隣の国王の朝貢のみを受け入れた。

□4. 内容× 明皇帝から日本国王の称号を受けたのは足利義満である。
15世紀初め，義満は，明に正使の祖阿（僧）と副使の肥富（博多商人）を派遣して朝貢し，皇帝から「日本国王」の称号を受けて国交を開き，貿易を始めた。

□5. 内容× 経費は明側が負担したため，日本の利益は大きかった。
貿易は朝貢形式で行われ，遣明船は明側から交付された勘合と呼ばれる証票を持参することが義務付けられた。入港地の寧波で査証を受けた。

□6. 内容× 銅銭は輸入品であり，日本国内では鋳造していなかった。
従来の宋銭に加えて，永楽通宝などの明銭も輸入され，日本の貨幣流通に大きな影響を与えた。

□7. 内容× 生糸は輸入品であった。
日明貿易では，銅銭・生糸・絹織物・陶磁器などが輸入され，銅・硫黄・刀剣などが輸出された。明からの輸入品は唐物と呼ばれて珍重された。

□8. 時期× 中断したのは足利義教ではなく義持である。
1404年に3代将軍足利義満が日明貿易を開始し，4代将軍義持が朝貢形式を嫌い，貿易を中断したが，6代将軍義教が貿易の利益を求めて再開した。

□9. 内容× 土岐氏は貿易に参加していない。
応仁の乱後，日明貿易の実権は堺商人と結んだ細川氏や，博多商人と結んだ大内氏に移った。両者が衝突した寧波の乱以降，大内氏が貿易を独占した。

〈室町時代の日朝関係〉

□10. 内容○ 朝鮮半島では倭寇を撃退した武将李成桂が高麗を滅ぼして朝鮮を建国した。朝鮮は倭寇禁圧と国交を日本に求め，足利義満がこれに応じて国交が開かれた。

☐**11.** 日朝間では対馬の領主 [   ] の管理のもとで，幕府，守護大名，国人，商人らが参加した貿易が行われた。
　　① 　宗氏　　② 　尚氏

☐**12.** 朝鮮は三つの港（三浦）を開き，ここに日本の使節の接待と貿易のための倭館を置いた。

☐**13.** [   ] は，日本と朝鮮との間で国交が開かれ公貿易が行われるようになると，朝鮮から日本へと輸出されるようになった。
　　① 　硫黄　　② 　大蔵経（一切経）

☐**14.** 15世紀前半，朝鮮は，倭寇の根拠地と考えていた対馬を攻撃した。

☐**15.** 日朝貿易は，16世紀初めの寧波の乱を契機に衰退していった。

〈室町時代の琉球・蝦夷地〉

☐**16.** 琉球では，14世紀に強力な按司を中心に北山・中山・南山の３王国が形成されたが，15世紀の前半に中山王 [   ] が統一し，琉球王国を建てた。
　　① 　尚泰　　② 　尚巴志

☐**17.** 琉球王国の首都は首里に置かれ，那覇はその外港として栄えた。

☐**18.** 13世紀ころまで北海道では，狩猟・漁労に依存し，縄文土器系の土器を用いる続縄文文化が展開していた。

☐**19.** 中世においては，津軽十三湊が本州と北海道との交易の拠点となっていた。

□**11.** 内容 ① 対馬の領主は宗氏である。
日朝貿易は，幕府だけでなく，守護・国人・商人なども参加して盛んに行われた。そのため，朝鮮側は対馬の宗氏を通じて通交の制度を定め，貿易を統制した。

□**12.** 内容 ○ **朝鮮**は，富山浦・乃而浦・塩浦の３港（三浦）を開き，日本使節の接待と貿易のための倭館を置いた。

□**13.** 内容 ② 朝鮮から日本に輸出されたのは大蔵経である。
日朝貿易では，木綿・大蔵経などが輸入され，銅・硫黄や琉球貿易で手に入れた**蘇木**（染料）や**香木**（香料）などが輸出された。

□**14.** 内容 ○ 朝鮮は倭寇の活動が活発化したため，1419年，倭寇の根拠地であった対馬を攻撃した（応永の外寇）。この事件により貿易は一時中断されたが，その後も続いた。

□**15.** 内容 × 日朝貿易は寧波の乱ではなく，三浦の乱を契機に衰退した。
16世紀初め，居留日本人の特権が縮小されたため，これを不満とした居留日本人が暴動を起こし，鎮圧された（三浦の乱）。その後，日朝貿易は衰退した。

〈室町時代の琉球・蝦夷地〉

□**16.** 内容 ② 琉球王国を建国したのは尚巴志である。
各地の按司がグスク（城）を拠点として勢力を広げ，14世紀には**北山・中山・南山**に統合されていった。15世紀前，中山王尚巴志が琉球王国を建国した。

□**17.** 内容 ○ **琉球王国**は明や日本と国交を結ぶとともに，東南アジアまで行動範囲を広げ，中継貿易で活躍した。都首里の外港である那覇は国際港となり，繁栄した。

□**18.** 時期 × 13世紀にはアイヌの文化が生まれていた。
蝦夷ヶ島では，古代には続縄文文化を経て，擦文文化や**オホーツク文化**が広がっていたが，それを経て13世紀にはアイヌの文化が生まれた。

□**19.** 内容 ○ 中世には，津軽十三湊を根拠地として安藤（安東）氏が**蝦夷ヶ島**の**アイヌ**と交易を行っていた。室町時代，和人が進出し，館を中心に居住地をつくった。

□**20.** 15世紀半ば，北海道では，勢力を伸ばし始めた和人に抗して，シャクシャインが蜂起した。

3 室町時代の社会・経済

〈室町時代の経済発達〉

□**1.** 室町時代には，二毛作が各地に広まり，畿内では三毛作も行われた。

□**2.** 室町時代には，多収穫が見込める大唐米が普及した。

□**3.** 室町時代には，肥料として，下肥が使われた。

□**4.** 中世には，定期的に開かれた _____ などにおいて麻布が取引された。
① 三斎市　　② 楽市

□**5.** 麻布は行商人である _____ らによって売買されたりした。
① 問丸　　② 連雀商人

□**6.** 土倉は，輸送業者として各地に現れ，年貢の輸送にあたった。

□**7.** 貨幣が用いられる機会も増え，室町幕府は _____ を出して貨幣の流通を円滑にしようとした。
① 徳政令　　② 撰銭令

□**20.** 内容 × シャクシャインではなく，コシャマインが蜂起した。

室町時代，**蝦夷ヶ島**に進出し，勢力を拡大する和人たちに反発したアイヌは**コシャマイン**を中心に蜂起した（1457年）が，**蠣崎氏**に制圧された。

🔍 解答・ポイント

〈室町時代の経済発達〉

□**1.** 内容 ○ 室町時代には，米の裏作で**麦**を生産する**二毛作**が，畿内・西国から関東地方へも広がった。さらに畿内では米・**麦**・そばの**三毛作**が行われるようになった。

□**2.** 内容 ○ 災害に強く多収穫な**大唐米**が，鎌倉時代に中国から輸入され，室町時代には普及した。また，稲の品種改良も進み，**早稲・中稲・晩稲**の作付けも普及した。

□**3.** 内容 ○ 自給肥料として，**刈敷・草木灰**とともに，人糞尿である**下肥**が広く使われるようになり，収穫の安定化が進んだ。

□**4.** 内容 ① 月3回の定期市である三斎市が開かれていた。

鎌倉時代には，荘園・公領の中心地や寺社の門前などで**定期市**が開かれ，月に3回の**三斎市**も珍しくなくなり，応仁の乱後は月に6回の**六斎市**が一般化した。

□**5.** 内容 ② 連雀商人が行商人である。問丸は運送などを業とする。

室町時代，**連雀商人**など行商人が増加し，京都では**大原女・桂女**などの女性が活躍した。**神人・供御人**として大寺社・天皇家に保護される商工業者もいた。

□**6.** 内容 × 土倉は高利貸業者である。

京都・奈良では**土倉・酒屋**などの金融業者が活動した。輸送業者では陸上輸送を担う**馬借・車借**。交通の要地では中継商の**問屋**が成立した。

□**7.** 内容 ② 貨幣政策として出されたのが撰銭令である。

宋銭・明銭に加え，粗悪な**私鋳銭**が流通し，悪銭を嫌う**撰銭**が横行した。そのため，幕府や戦国大名は**撰銭令**を出して貨幣流通の円滑化をはかった。

〈惣村の形成〉

□**8.** 惣村において，人々は鎮守の神社などに集まって，太占によって結束を誓った。

□**9.** 惣村では，神社の祭礼行事の組織として宮座が結成された。

□**10.** 惣村では寄合という会議が行われ，それには守護が加わることもあった。

□**11.** 村民は惣掟（村掟）を定めたり，みずから警察権を行使することもあった。

□**12.** 惣村が形成されると，村が荘園年貢の納入を請け負うことも行われた。

□**13.** 領主に対する要求が認められない場合には，村民が逃散することもあった。

〈中世の一揆〉

□**14.** 南北朝の内乱が長引くなか，近江の運送業者の蜂起をきっかけとして，正長の土一揆が起こった。

□**15.** 嘉吉の土一揆は，朝鮮軍が対馬に来襲する騒然とした社会状況に乗じて蜂起したものである。

□**16.** 徳政を要求する土一揆が頻発するようになると，幕府は分一銭を納入させる分一徳政令を発布することもあった。

〈惣村の形成〉

□**8.** 時期 ✕　一味神水によって結束を誓った。太卜は古墳時代。
<u>惣村は戦乱・飢饉からの自衛などを目的に百姓が集った自治組織</u>である。**起請文**を焼いた灰を入れた神水を飲んで結束を誓った（一味神水）。

□**9.** 内容 ○　村の鎮守社の祭礼を行ったのが宮座という祭祀組織で，惣村の結合の中心であった。宮座のメンバーが村の正式な構成員となる。

□**10.** 内容 ✕　寄合は村民の会議であり，守護などの領主層は参加しない。
惣村は寄合という村民の会議の決定にしたがって，乙名・沙汰人などと呼ばれる村の指導者により運営された。指導者には武士の身分をもつ地侍もいた。

□**11.** 内容 ○　惣村では，みずから守る規約である惣掟（村法・村掟）を定め，村内の秩序を維持するために村が警察権を行使する自検断（地下検断）も行われた。

□**12.** 内容 ○　領主へ納める年貢・公事を交渉により，惣村がひとまとめにして請け負う地下請（村請・百姓請）が行われた。

□**13.** 内容 ○　惣村は領主に年貢減免や代官罷免などを求めて一揆を結び，領主のもとに押しかけて強訴したり，耕作を放棄して逃散するなどの実力行使をしばしば行った。

〈中世の一揆〉

□**14.** 時期 ✕　南北朝の動乱中に起こったのではない。
1428年の正長の土一揆（徳政一揆）は，近江坂本の馬借の蜂起を契機に畿内一帯に波及した。<u>土倉・酒屋・寺院などを襲撃し，実力による私徳政を行った。</u>

□**15.** 時期 ✕　6代将軍足利義教暗殺（嘉吉の変）を契機に起こった。
6代将軍足利義教が暗殺され，7代将軍足利義勝の代始めに土一揆が京都を占拠した嘉吉の土一揆（徳政一揆）で，幕府は土一揆の要求を受け入れ，初めて徳政令を発布した。

□**16.** 内容 ○　債権額・債務額の10分の1ないしは5分の1の手数料（分一銭）を納入することを条件に，幕府は債務の保護または破棄を認める分一徳政令を出した。

□**17.** 応仁の乱の最中に，畠山氏の軍を退去させた山城の国一揆が起こった。

□**18.** 加賀の一向一揆の中心となった門徒たちは，結と呼ばれる信者組織をつくって信仰を深めた。

□**19.** 加賀の一向一揆では，富樫政親を自殺に追い込んだのち，一揆衆は約8年間にわたって加賀国を支配した。

4 戦国時代
〈戦国大名の領国支配〉

□**1.** 伊豆国の国人から成長した北条早雲は，相模国の堀越公方を滅ぼして，小田原に進出した。

□**2.** 越後国の守護代であった長尾景虎は，上杉氏の家督を継承して，のち上杉謙信と名乗った。

□**3.** 上杉氏は，家臣の武田信玄に関東管領の職を譲った。

□**4.** 毛利元就が，陶晴賢を滅ぼした。

□**5.** 戦国大名は，家臣の収入を，銭に換算した石高という基準で，統一的に把握した。

□**17.** 時期 ✕ 山城の国一揆は応仁の乱の終息後に起こった。
応仁の乱後，1485年，南山城で戦っていた両畠山軍を退去させた山城の国一揆は，山城住民の支持を得て，約8年間の自治的支配を行った。

□**18.** 内容 ✕ 結は村の共同作業のこと，信者組織は講である。
一向一揆の中心は浄土真宗（一向宗）の門徒である。**本願寺の蓮如**は，平易な手紙文である御文で教義を説き，信者を講に組織して勢力を拡大していった。

□**19.** 内容 ✕ 織田信長に屈服するまで，約1世紀，加賀国を支配した。
加賀国の一向宗門徒は，守護富樫政親を倒した（**加賀の一向一揆**）。その後，一向一揆は各地で大名権力と対立し，織田信長に屈服するまで，約1世紀続いた。

🔍 解答・ポイント

〈戦国大名の領国支配〉

□**1.** 内容 ✕ 堀越公方は相模国ではなく伊豆国である。
北条早雲は堀越公方を滅ぼして**伊豆**を奪い，相模に進出して小田原を本拠とした。子の氏綱，孫の氏康の代に北条氏は関東の大半を支配した。

□**2.** 内容 ◯ **越後国**では，守護上杉氏の守護代であった**長尾氏**に景虎が出て，関東管領上杉氏を継いで上杉謙信と名乗り，武田氏としばしば戦った。

□**3.** 内容 ✕ 武田信玄は上杉氏の家臣ではない。
甲斐国では**武田信玄**が出て信濃国をおさえ，北条氏・上杉氏と関東の覇権を争った。

□**4.** 内容 ◯ 守護の**大内氏**が，16世紀半ばに家臣の陶晴賢に国を奪われ，さらに安芸の国人からおこった毛利元就がこれにかわり，尼子氏と激しい戦闘を繰り返した。

□**5.** 内容 ✕ 石高ではなく，貫高であった。
戦国大名は，国人や地侍を家臣に組み入れ，家臣の収入額を**銭**に換算した**貫高**という基準で統一的に把握し，それに見合った**軍役**を負担させた（貫高制）。

□**6.** 戦国大名は，領国内の国人や地侍を寄親とし，それぞれの所領の農民を寄子として編成させた。

□**7.** 戦国大名は，百姓支配の強化につながる自検断を実施した。

□**8.** 戦国大名の多くは，商工業や商品経済の発展によって生み出される利益を独占するために，関所などを設けたり，楽市令を廃止したりした。

□**9.** 戦国時代の大名のなかには，領国支配の基本法である 　　　　　 を制定する者もいた。
　① 　分国法　　② 　一国一城令

□**10.** 戦国大名の政策について，喧嘩両成敗の方針によって，私的な武力の行使を禁じた。

〈都市の発達〉
□**11.** 山口は，大友氏の城下町であり，京都の文化が移植されて栄えた。

□**12.** 小田原は，北条氏が城下町として整備して栄えた。

□**13.** 信濃国善光寺参りが盛んとなり，室町・戦国時代にはその門前町がにぎわった。

□**14.** 近畿地方では，高い経済力を背景として一向宗の寺内町が発達したが，東海・北陸地方ではみられなかった。

☐6. 内容 ✕ 農民は寄子として編成されていない。
戦国大名は，多数の地侍を有力家臣に預ける形で組織化し（寄親・寄子制），これにより鉄砲や長槍などを使った集団戦も可能になった。

☐7. 内容 ✕ 自検断を行ったのは惣村。戦国大名は検地を実施した。
戦国大名は検地を行い，家臣や農民から収入額などを自己申告させた（指出検地）。百姓の耕地や年貢量などが検地帳に登録され，農村支配が強化された。

☐8. 内容 ✕ 戦国大名は関所を廃止したり，楽市令を出したりした。
戦国大名は，関所を廃止したり，楽市令を出したりして市や町では自由な商業取引を原則とした。また，貨幣流通の円滑化をはかって撰銭令も出した。

☐9. 内容 ① 戦国大名は分国法を制定した。
戦国大名のなかには家臣団統制や領国支配のため，分国法（家法）を制定する者もいた。それらには<u>御成敗式目</u>の影響もみられた。

☐10. 内容 ◯ 分国法の規定として，家臣間の紛争を私闘によって解決することを禁じた喧嘩両成敗法が有名である。その他，城下集住などを規定したものもある。

〈都市の発達〉

☐11. 内容 ✕ 山口は大内氏の城下町である。
大内氏の城下町山口は，応仁の乱後，公家や僧侶がまねかれ，文化が発達した都市であった。

☐12. 内容 ◯ 戦国大名の領国の中心として発達したのが城下町である。北条氏の小田原，今川氏の府中，大友氏の府内，そして発掘された朝倉氏の一乗谷などがある。

☐13. 内容 ◯ 寺院・神社の門前市から発達したのが門前町である。伊勢神宮の宇治・山田，信濃の善光寺の長野などがある。

☐14. 内容 ✕ 北陸の加賀や東海の尾張にも寺内町がある。
浄土真宗（一向宗）の寺院・道場などを中心に形成されたのが寺内町である。摂津の石山（大坂），加賀の金沢，河内の富田林，大和の今井などがある。

□**15.** 堺は，内海航路の拠点であるとともに，清との貿易で栄えた。

□**16.** 堺では，会合衆を中心にした自治的な都市運営が行われるようになった。

□**17.** 応仁の乱で途絶えていた京都の祇園祭（祇園会）は，近郊農村の農民によって再興され，民衆の祭となった。

5 室町時代の文化

〈南北朝文化〉

□**1.** 南北朝の内乱の経過が『増鏡』にまとめられた。

□**2.** 南朝と北朝が対立する時代のなかで北畠親房は，南朝の立場から皇位継承の理想を　　　　　で述べた。
① 神皇正統記　　② 梅松論

□**3.** 鎌倉時代に武家社会に広まった臨済宗は，　　　　　が足利尊氏の帰依を受け，幕府の手厚い保護を受けた。
① 夢窓疎石　　② 一休宗純

〈北山文化〉

□**4.** 鹿苑寺金閣は，寝殿造と禅宗様を折衷している。

□**5.** 『元亨釈書』を著した義堂周信は，幕府の政治・外交の顧問となった。

□**15.** 時期 ✕　堺は明との貿易で栄えた。
　　　<u>堺</u>や<u>博多</u>は日明貿易の根拠地として栄えた<u>港町</u>である。港町には
　　　摂津の<u>兵庫</u>，越前の<u>敦賀</u>，そして発掘調査が進められた備後の<u>草
　　　戸千軒町</u>がある。

□**16.** 内容 ◯　<u>富裕な商工業者が自治を行う都市もあった。</u>堺は36人の<u>会合衆</u>，
　　　博多は12人の<u>年行司</u>と呼ばれる豪商の合議によって市政が運営
　　　された。

□**17.** 内容 ✕　祇園祭は京都の町衆によって再興された。
　　　<u>京都</u>では商工業者である<u>町衆</u>を中心とした自治的団体である<u>町</u>が
　　　<u>形成された。</u><u>町衆</u>は応仁の乱で焼けた京都を復興し，<u>祇園祭</u>を町
　　　衆の祭として再興した。

📖🔍 解答・ポイント

〈南北朝文化〉

□**1.** 内容 ✕　『増鏡』は鎌倉時代の歴史を描いた。
　　　『増鏡』は治承・寿永の内乱以後の鎌倉時代の歴史を公家の立
　　　場から記した歴史物語である。南北朝の内乱を描いた軍記物語に
　　　は『太平記』がある。

□**2.** 内容 ①　北畠親房の著作は『神皇正統記』である。
　　　『神皇正統記』は北畠親房が著した歴史書で，南朝の正統性を主
　　　張している。一方で『梅松論』は足利氏の立場から政権獲得ま
　　　での過程を記す。

□**3.** 内容 ①　臨済宗の僧侶である夢窓疎石は足利尊氏に保護された。
　　　鎌倉時代から幕府の保護を受けていた**臨済宗**は，夢窓疎石が将軍
　　　足利尊氏の帰依を受けて以降，さらに発展した。

〈北山文化〉

□**4.** 内容 ◯　3代将軍**足利義満**は京都の北山に山荘をつくった（のちの鹿苑
　　　寺）。そこに建てられた**金閣**は**寝殿造**と禅宗様を折衷したもので，
　　　北山文化の特徴を示す。

□**5.** 内容 ✕　『元亨釈書』は鎌倉時代の禅僧虎関師錬が著した。
　　　室町幕府は五山・十刹の制により**臨済宗**寺院を統制した。そのも
　　　とで義堂周信ら五山の僧は幕府の政治・外交顧問などとして活躍
　　　し，中国文化の普及に貢献した。

□**6.** 禅僧の間で流行した漢詩文が『菟玖波集』にまとめられた。

□**7.** 『瓢鮎図』は，禅宗の思想を表現した水墨画である。

□**8.** 今川了俊は『菟玖波集』を編集した [＿＿＿] とも親交があった。
　　① 一条兼良　　② 二条良基

□**9.** 世阿弥は猿楽能の脚本を集成して，謡曲集の『風姿花伝』をまとめた。

□**10.** 能の合間に演じられる [＿＿＿] は風刺性のある喜劇である。
　　① 催馬楽　　② 狂言

〈**東山文化**〉

□**11.** 東求堂の同仁斎のように，床・棚・明障子・襖を用いた書院造という建築様式ができた。

□**12.** 大徳寺大仙院や龍安寺の庭園のように，岩や石・白砂の組合せを主として，大自然を表現した枯山水がつくられた。

□**13.** 明から帰国した [＿＿＿] は『四季山水図巻（山水長巻）』や『天橋立図』などを描いた。
　　① 如拙　　② 雪舟

□**14.** 茶寄合は，はじめ遊興的な闘茶が盛んであったが，村田珠光が禅の精神を取り入れた侘び茶を創出し，茶寄合の性格も変わっていった。

□**6.** 内容 × 『菟玖波集』は漢詩文ではなく，連歌集である。
五山僧の間では，宋学（朱子学）の研究や漢詩文の創作が盛んであり，五山文学が発展した。義堂周信・絶海中津らが出て最盛期を迎えた。

□**7.** 内容 ○ 五山の僧により，禅の精神を具体化した水墨画が描かれた。明兆・如拙・周文らによって日本の水墨画の基礎が築かれた。『瓢鮎図』は如拙の作品である。

□**8.** 内容 ② 『菟玖波集』を編集したのは二条良基である。
連歌は和歌を上の句と下の句に分け，一座で句を継いでいく。南北朝期に出た二条良基は『菟玖波集』を撰し，規則書として『応安新式』を制定した。

□**9.** 内容 × 『風姿花伝』は謡曲集ではない。
猿楽の観世座から出た観阿弥・世阿弥父子は足利義満の保護で猿楽能を大成した。世阿弥の著書『風姿花伝（花伝書）』は理論書で，謡曲は能の脚本である。

□**10.** 内容 ② 能の合間に演じられたのは狂言である。
能の合間に上演された風刺性の強い喜劇である狂言は，その題材を庶民生活に求めたものが多かった。

〈東山文化〉

□**11.** 内容 ○ 足利義政は京都の東山に山荘（のちの慈照寺）をつくり，そこに建てた銀閣は禅宗様と書院造を折衷している。東求堂の同仁斎は書院造の代表である。

□**12.** 内容 ○ 書院造の住宅や禅宗寺院には庭園がつくられた。その代表が岩石と砂利を組合せて自然を表現した枯山水で，龍安寺・大徳寺大仙院の庭園が有名である。

□**13.** 内容 ② 『四季山水図巻（山水長巻）』などを著したのは雪舟である。
水墨画では雪舟が『四季山水図巻』などを描いた。大和絵では土佐光信が出た。狩野正信・元信は水墨画に大和絵の手法を入れた狩野派をおこした。

□**14.** 内容 ○ 南北朝期には各地で茶寄合が行われ，茶の異同を飲み分ける闘茶が流行した。東山期には村田珠光が出て，茶と禅の精神の統一を主張し，侘茶を創始した。

☐**15.** 一条兼良は，連歌の規則書を著し，『新撰菟玖波集』を撰し，連歌を和歌と対等の地位にたかめた。

☐**16.** 宗祇が編纂した『菟玖波集』は，勅撰に準ぜられた。

☐**17.** 15世紀中ごろ，関東管領の上杉氏が ＿＿＿＿＿ を再興した。
　　① 足利学校　　② 閑谷学校

☐**18.** 桂庵玄樹は，肥後の菊池氏にまねかれ海南学派をおこした。

☐**19.** 祭礼などの時に，さまざまな趣向を凝らした風体をして踊る ＿＿＿＿＿ が，庶民のあいだで盛んになった。
　　① 隆達節　　② 風流踊

☐**20.**『節用集』は，鎌倉時代の民間伝説を編集した作品である。

☐**21.** 禅宗諸派（林下）が，地方の武士や庶民の支持を受けるようになった。

☐**22.** 戦国時代の京都では，日蓮宗の信者によって法華一揆が結ばれた。

☐**23.** 親鸞は吉崎道場において講を組織し，本願寺の勢力を広げた。

□**15.** 内容 ✕ 　一条兼良は連歌の規則書や『新撰菟玖波集』を撰じていない。
東山期に出た一条兼良は有職故実書である『公事根源』，足利義尚に提出した政治意見書である『樵談治要』，源氏物語の注釈書『花鳥余情』などを著した。

□**16.** 内容 ✕ 　宗祇が編纂したのは『新撰菟玖波集』である。
連歌では，応仁の乱のころ宗祇が出て，正風連歌を確立し，『新撰菟玖波集』を撰じた。戦国期には宗鑑が出て，俳諧連歌を創始し，『犬筑波集』を撰じた。

□**17.** 内容 ① 　上杉氏が再興したのは足利学校である。
関東では，15世紀中ごろ，関東管領の上杉憲実が足利学校を再興した。ここでは全国から集まった禅僧・武士に対して高度な教育がほどこされ，書籍の収集も行われた。

□**18.** 内容 ✕ 　桂庵玄樹がおこしたのは南海学派ではなく，薩南学派である。
肥後の菊池氏や薩摩の島津氏は，桂庵玄樹をまねいて朱子学の講義をきき，この地方に薩南学派が興隆した。

□**19.** 内容 ② 　趣向を凝らした風体をして踊るのは風流踊である。
風流（風流踊）は，華やかな姿をした人々が踊るものである。民間で歌われた小歌を集めた『閑吟集』も編集された。

□**20.** 内容 ✕ 　『節用集』は辞書である。
『節用集』は「いろは」順に分けた辞書である。その他，寺院で武士の子弟を教育する習慣ができており，『庭訓往来』や『御成敗式目』が教科書に使われた。

□**21.** 内容 ○ 　五山は幕府とともに衰え，民間布教をした禅宗諸派（林下）は各地に広がった。その代表は臨済宗の大徳寺（一休宗純）・妙心寺，曹洞宗の永平寺である。

□**22.** 内容 ○ 　日蓮宗は日親の布教で京都の町衆に広がった。1532年，法華一揆を結んで一向一揆と対立し，1536年には延暦寺による焼打ち（天文法華の乱）で衰退した。

□**23.** 時期 ✕ 　本願寺の勢力を拡大したのは親鸞ではなく，蓮如である。
浄土真宗本願寺の蓮如は，応仁の乱のころ，越前に吉崎道場を置き，平易な文章である御文で教義を説き，講を組織して惣村に広めていった。

□**24.** 室町時代には，仏教や儒教を取り込んだ唯一神道が唱えられた。

COLUMN

④ 教科書の使い方

　共通テスト対策の学習においても，やはり高校で使用している**教科書が重要です。教科書の内容を理解したうえに，教科書に出てくる歴史用語を覚えておく必要があります。**しかし，いざ教科書を使って勉強をしようと思うとなかなかうまくいかないものです。

　原始時代から順番に読んでいっても，だらだらと読んでいるだけで，どこが重要な点かがよくわからず，ただマーカーでなんとなく線を引いてみたり，太字で表記されている歴史用語をとりあえず覚えてみようとしたり…とどれも効果的な使い方だとは思えません。

　それでは，どうしたらよいのでしょうか？

　まず，**教科書を復習で使ってみましょう。**特に学校や塾・予備校の授業を聞いた後で教科書を読んでみましょう。授業を聞いた後なら重要な点がわか

□**24.** 内容 ○ 　8代将軍**足利義政**の保護を受けた吉田兼倶は，神本仏迹説にもとづき，神道を中心に儒学・仏教を統合しようとする唯一神道を完成した。

り，理解が深まるはずです。その際，歴史用語の暗記に重点を置くのではなく，あくまで授業で聞いた内容の理解を深めることを目的にします。歴史用語を覚えるなら，用語問題集を使う方が効率がいいです。

　次に**問題演習をやった後の確認に使いましょう**。おもに間違った問題の内容を確認したり，知識が足りない部分を補ったりと，さまざまな状況で教科書が役に立ちます。特に共通テストは教科書の内容から出題されるので最終的には教科書の内容を消化する必要があります。問題を解いて間違った後は，自分がわからないところがはっきりしているので，教科書で確認したい内容がはっきりします。

　教科書はうまく使えば，最高の参考書になるのです。

1〜12の文Ⅰ〜Ⅲについて，それぞれ古いものから年代順に正しく配列しなさい。

1．中世荘園の展開
　Ⅰ　領主は荘園の管理を地頭にまかせ，年貢納入を請け負わせる契約を結んだ。
　Ⅱ　鳥羽上皇のもとに荘園の寄進が集中し，膨大な天皇家領荘園群ができた。
　Ⅲ　朝廷は，延久の荘園整理令を発布し，荘園の所有者から証拠文書を提出させた。

2．鎌倉幕府と京都
　Ⅰ　『新古今和歌集』が編纂され，鎌倉の将軍のもとに届けられた。
　Ⅱ　御成敗式目が制定され，京都の幕府出先機関に送られた。
　Ⅲ　鎌倉で平頼綱が滅ぼされ，その知らせが数日のうちに京都に伝わった。

3．鎌倉時代の政治
　Ⅰ　後鳥羽上皇を隠岐に，順徳上皇を佐渡に配流した。
　Ⅱ　後嵯峨上皇の皇子宗尊親王を，都から迎えて将軍とした。
　Ⅲ　有力御家人の安達泰盛が，御内人代表の平頼綱に滅ぼされた。

4．鎌倉を訪れた人々
　Ⅰ　再度の蒙古襲来に備えて幕府が防衛態勢を固めていたころ，阿仏尼は訴訟のため鎌倉におもむいた。
　Ⅱ　諸国を遍歴した西行は，奥州藤原氏のもとにおもむく途中に鎌倉に立ち寄り，源頼朝と会見した。
　Ⅲ　律宗の僧叡尊は，北条時頼にまねかれて鎌倉におもむき，律宗を広めた。

5．蒙古襲来について
　Ⅰ　朝鮮半島で，元の支配に抵抗した三別抄が鎮圧された。
　Ⅱ　元は日本に二度目の軍勢を派遣した。
　Ⅲ　中国大陸南部を支配していた南宋が滅亡した。

解答・ポイント

1. 時代 Ⅲ → Ⅱ → Ⅰ

Ⅲ 平安後期（11世紀後半），**延久の荘園整理令**は**後三条天皇**の政策。

Ⅱ 平安末期（12世紀前半），**鳥羽上皇**の時代に荘園は拡大。

Ⅰ 鎌倉時代（13世紀以降），**地頭請**が行われたのは鎌倉時代以降。

2. 権力者 Ⅰ → Ⅱ → Ⅲ

Ⅰ 2代執権**北条義時**の時代，『**新古今和歌集**』編集を命じた**後鳥羽上皇**は義時追討を命じた（**承久の乱**・1221年）。

Ⅱ 3代執権**北条泰時**の時代，**御成敗式目**は泰時が制定した。

Ⅲ 9代執権**北条貞時**の時代，内管領**平頼綱**は貞時に滅ぼされる（**平禅門の乱**・1293年）。

3. 権力者 Ⅰ → Ⅱ → Ⅲ

Ⅰ 2代執権**北条義時**の時代，**後鳥羽上皇**が配流されたのは**承久の乱**（1221年）のとき。

Ⅱ 5代執権**北条時頼**の時代，**皇族将軍**を迎えたのは時頼のとき。

Ⅲ 9代執権**北条貞時**の時代，**霜月騒動**（1285年）は貞時のとき。

4. 権力者 Ⅱ → Ⅲ → Ⅰ

時期を判断する語句を間違えないこと。

Ⅱ **源頼朝**から鎌倉初期。**西行**は『**山家集**』（和歌）を編集。

Ⅲ **北条時頼**は5代執権。**律宗**の**叡尊**は西大寺を復興。

Ⅰ **蒙古襲来**から8代執権の**北条時宗**。**阿仏尼**は『**十六夜日記**』の作者。

5. 展開 Ⅰ → Ⅲ → Ⅱ

元を建国した**フビライ**は，たびたび日本に朝貢を要求し，8代執権**北条時宗**が拒否すると，高麗の[Ⅰ]**三別抄**の乱を平定した後，日本に来襲した（**文永の役**・1274年）。その後，[Ⅲ]**南宋**を滅ぼした元は[Ⅱ]再び来襲した（**弘安の役**・1281年）。

6．室町時代の戦乱
 Ⅰ 細川勝元と山名持豊の対立が，大きな戦乱に発展した。
 Ⅱ 周防国など6か国の守護を兼任していた大内義弘が，討たれた。
 Ⅲ 将軍による守護への弾圧に危機感を抱いた赤松満祐が，将軍を殺害した。

7．日明貿易
 Ⅰ 足利義持によって，明との貿易が一時中断された。
 Ⅱ 九州の懐良親王に，明が倭寇の取締りを要求した。
 Ⅲ 明皇帝が，「源道義」を「日本国王」とした。

8．中世の対外関係
 Ⅰ 明との間で，朝貢形式による貿易が始まった。
 Ⅱ 朝鮮の三浦に居留する日本人(倭人)が，暴動を起こし鎮圧された。
 Ⅲ 建長寺の造営費用を得るため，貿易船が派遣された。

9．室町時代の対外関係
 Ⅰ 九州にいた懐良親王は，明の皇帝と外交関係を持った。
 Ⅱ 大内氏の滅亡により，勘合貿易が断絶した。
 Ⅲ 尚巴志が琉球王国を建国し，室町幕府と通交関係を結んだ。

10．中世の流通
 Ⅰ 平氏が取り組んだ日宋貿易により，宋銭や陶磁器が輸入された。
 Ⅱ 建長寺の修造費を調達するため，貿易船が元に派遣された。
 Ⅲ 明銭が流入するとともに，粗悪な私鋳銭が広くみられるようになった。

11．列島各地の城や館
 Ⅰ ザビエルが，大内氏の城下町で布教を認められた。
 Ⅱ 沖縄本島で，グスクを築くような按司とよばれる有力者が現われた。
 Ⅲ コシャマインの蜂起により，蝦夷地南部の館が陥落した。

12．遠隔地の往来
 Ⅰ 義堂周信が足利基氏にまねかれ，禅の指導のために京都から鎌倉へおもむいた。
 Ⅱ 将軍足利義尚に連歌を指導した宗祇は，九州から東北までの諸国を遍歴し，旅の生涯を送った。
 Ⅲ 挙兵した反幕勢力鎮圧のために，北条時房が軍勢を率いて京都へ向かった。

6. [権力者] Ⅱ → Ⅲ → Ⅰ

Ⅱ 足利義満（1399 年）の時代，義満が**大内義弘**を討伐した**応永の乱**。

Ⅲ 足利義教の時代，義教が殺害された**嘉吉の変**（1441 年）。

Ⅰ 足利義政の時代，**細川勝元**と**山名持豊**の勢力争いが将軍の後継者問題など
と結びついて起こった**応仁の乱**（1467 〜 77 年）。

7. [展開] Ⅱ → Ⅲ → Ⅰ

明は建国（1368 年）後，南朝懐良親王に [Ⅱ] **倭寇**の禁圧と朝貢を要求し，そ
の後，**南北朝を合体**（1392 年）した [Ⅲ] **足利義満**（源道義）が朝貢し，「**日本
国王**」に任命されて**日明勘合貿易**を開始した（1404 年）。義満の死後，[Ⅰ]4
代将軍**義持**は朝貢形式を嫌い，貿易を一時中断した（1411 年）。

8. [時代] Ⅲ → Ⅰ → Ⅱ

Ⅲ 14 世紀，**建長寺船**は鎌倉幕府が**元**に派遣した貿易船である。

Ⅰ 15 世紀，**足利義満**が**明**に朝貢し，**勘合貿易**を開始した（1404 年）。

Ⅱ 16 世紀，朝鮮で起こった**三浦の乱**（1510 年）以降，**日朝貿易**は衰退した。

9. [時代] Ⅰ → Ⅲ → Ⅱ

Ⅰ 14 世紀，**南北朝の動乱**のなか，南朝方で九州の懐良親王が明から冊封を
受けていた。

Ⅲ 15 世紀，中山王の**尚巴志**が三山を統一して**琉球王国**を建国（1429 年）した。

Ⅱ 16 世紀，**寧波の乱**（1523 年）後，大内氏が貿易を独占していた。

10. [時代] Ⅰ → Ⅱ → Ⅲ

Ⅰ 12 世紀，**日宋貿易**，平氏政権。

Ⅱ 14 世紀，**日元貿易**，建長寺船を派遣したのは鎌倉幕府。

Ⅲ 15 世紀，**日明貿易**，日明勘合貿易は室町幕府。

11. [時代] Ⅱ → Ⅲ → Ⅰ

Ⅱ 12 〜 13 世紀，**按司**が割拠した。**グスク**は琉球の城のこと。

Ⅲ 15 世紀，**安藤（安東）**氏配下の蝦夷地へ渡った和人にアイヌが蜂起（1457 年）。

Ⅰ 16 世紀，**フランシスコ＝ザビエル**が鹿児島に来航し，キリスト教が伝来
（1549 年）。

12. [時代] Ⅲ → Ⅰ → Ⅱ

Ⅲ 13 世紀，鎌倉時代，**北条時房**は 2 代目執権北条義時の弟。**承久の乱**（1221
年）のこと。

Ⅰ 14 世紀，**南北朝の動乱**，**足利基氏**は初代の**鎌倉公方**である。

Ⅱ 15 世紀，足利義尚は**応仁の乱**の際に 9 代将軍となった。**宗祇**は連歌師。

年代順配列問題

第Ⅲ章　近世

1 ┃ 安土・桃山時代（16世紀半ば～後半）

1 織豊政権

〈ヨーロッパ人の来航〉

□**1.** 16世紀半ば，中国船に乗船した 　　　　 人が種子島に漂着した。
　　① ポルトガル　　② スペイン

□**2.** 種子島に伝来した鉄砲は，おもに近江国友や尾張有松の鍛冶により大量に製造された結果，国内に普及していった。

□**3.** 1549年イエズス会の宣教師フランシスコ＝ザビエルが 　　　　 に来航し，日本にキリスト教を伝えた。
　　① 鹿児島　　② 平戸

□**4.** 16世紀に来日したイエズス会宣教師らは，セミナリオなどの神学校を建てて教育活動を行った。

〈織豊政権〉

□**5.** 織田信長は，京都に聚楽第を建てた。

□**6.** 織田信長は各地の一向一揆を討ち滅ぼし，その本山である石山本願寺を屈服させた。

□**7.** 織田信長は，関所を撤廃し，城下町の商業活動が円滑にいくようにした。

解答・ポイント

〈ヨーロッパ人の来航〉

1. 内容① 漂着したのはポルトガル人である。
1543年、ポルトガル人を乗せた中国人倭寇の船が種子島に漂着し、鉄砲が伝わった。その後、肥前の平戸などを中心に南蛮貿易が行われた。

2. 内容× 尾張有松は江戸時代の綿織物の産地である。
種子島に伝わった鉄砲はまもなく、和泉の堺、紀伊の根来・雑賀、近江の国友などで大量生産された。鉄砲は戦法をかえ、城の構造を変化させた。

3. 内容① ザビエルが来航したのは鹿児島である。
1549年、イエズス会の宣教師フランシスコ゠ザビエルが鹿児島に来航し、キリスト教が伝わった。戦国大名は南蛮貿易のため、キリスト教を保護した。

4. 内容○ ルイス゠フロイス（『日本史』）らの宣教師が来日し、南蛮寺やコレジオ（宣教師養成学校）・セミナリオ（神学校）などをつくって布教につとめた。

〈織豊政権〉

5. 内容× 聚楽第を建てたのは豊臣秀吉である。
織田信長は1576年から近江に安土城を築き始めた。豊臣秀吉は京都に聚楽第を新築し、後陽成天皇を迎えて、その機会に諸大名に秀吉への忠誠を誓わせた。

6. 内容○ 織田信長は1571年に比叡山延暦寺を焼打ちし、1580年には各地で信長に抵抗する一向一揆の頂点である石山本願寺（大坂）を屈服させた。

7. 内容○ 織田信長は指出検地や関所の撤廃を征服地に広く実施し、自治都市の堺を直轄領とした。安土の城下町には楽市令を出して、商工業者に自由な活動を認めた。

III 近世

1 安土・桃山時代（16世紀半ば〜後半）

131

□**8.** 秀吉は，惣無事令を受け入れなかった小田原の北条氏を征討し，奥羽の大名を服属させて全国統一を実現した。

□**9.** 太閤検地では，土地測量の基準が統一され，360歩＝1反と定められた。

□**10.** 石高制は，土地の生産力を米の収穫量で表示するという点では，戦国大名の採用した貫高制と共通している。

□**11.** 太閤検地により決められた石高は，年貢の基準となったが，知行や軍役の基準とはならなかった。

□**12.** 豊臣秀吉は，バテレン（宣教師）追放令を出し，長崎の教会領を没収した。

□**13.** 諸大名たちは，バテレン追放令の趣旨を守り，拷問や踏絵などで日本人教徒たちの改宗を強制した。

□**14.** バテレン追放令により，宣教師は追放されることとなったが，貿易が奨励されていたため，趣旨は徹底しなかった。

□**15.** 豊臣秀吉は倭寇（後期倭寇）などの海賊行為を取締まった。

□**16.** 豊臣秀吉はルソンのポルトガル政庁や台湾などに対して入貢を要求した。

□**17.** 朝鮮に出兵していた諸大名とその軍勢は，豊臣秀吉の死の直前に全軍撤退した。

□8. **内容** ○ **豊臣秀吉**は停戦を命じ（惣無事令），その違反を理由に九州の島津氏を征討し，小田原の北条氏を滅ぼした。伊達氏ら東北の諸大名は服属した。

□9. **内容** × 300歩＝1反と定められた。
豊臣秀吉は征服地に検地を施行した（太閤検地）。土地の面積を町・反・畝・歩に統一し，**1反＝300歩**とし，まちまちであった枡の容量を京枡に統一した。

□10. **内容** × 貫高制は銭の量で表示するので，石高とは違う。
太閤検地では田畑の面積・等級（石盛）を調査して石高を定め，村ごとに検地帳に登録した。これにより全国の生産力を米の量で換算する石高制が確立した。

□11. **内容** × 石高は大名が軍役を奉仕する際の基準にもなった。
百姓は村高（村の総石高）を基準に年貢・諸役を負担した。大名は秀吉に御前帳と国絵図を提出し，知行高（領地の石高）に応じて軍役を負担した。

□12. **内容** ○ **秀吉**はキリスト教の布教を認めていたが，大村純忠が長崎をイエズス会の教会に寄付していたため，バテレン追放令を出し，宣教師の国外退去を命じた。

□13. **内容** × バテレン追放令では，踏絵や改宗までは命じていない。
バテレン追放令では，宣教師の20日以内の国外退去などを命じているが，大名のキリスト教入信は許可制，一般人の信仰は自由としていた。

□14. **内容** ○ **バテレン追放令**では，南蛮貿易を奨励していたため，貿易活動と一体化して行われていたキリスト教の取締りは不徹底に終わった。

□15. **内容** ○ **豊臣秀吉**は，1588年に海賊取締令を出して，**倭寇**などの海賊行為を禁止し，海上支配を強化しようとした。

□16. **内容** × ルソンはスペインの拠点である。
全国を統一した秀吉は，日本を中心とする新たな国際秩序をつくることをめざし，ゴアの**ポルトガル政庁**や高山国（台湾）などに服属と入貢を求めた。

□17. **時期** × 秀吉の死後，撤退した。
秀吉は朝鮮に対し入貢と明出兵の先導を求めたが拒否された。そのため，2回（文禄の役・慶長の役）にわたり朝鮮侵略を断行したが，秀吉の死後，撤退した。

〈桃山文化〉

□**18.** 豊臣秀吉は，石山本願寺の跡地に，城郭風邸宅である聚楽第を造営した。

□**19.** 城郭には，尾形光琳の『紅白梅図屏風』などの桃山文化の作品が飾られた。

□**20.** 千利休は，中国から茶の湯を移入し，城下町の町人に広めた。

□**21.** 薩摩焼・平戸焼・瀬戸焼などは，諸大名によって連れてこられた朝鮮人陶工の手によって始められた。

□**22.** フロイスのもたらした活字印刷機を用いて，ローマ字によるキリスト教文学・宗教書の翻訳などが出版された。

□**23.** 西洋人画家が南蛮人の風俗を南蛮屏風に描いた。

〈桃山文化〉

□**18.** 内容 ✕ 　秀吉は京都に聚楽第を造営した。
秀吉は，京都に**聚楽第**を造営する一方で，石山本願寺の跡地には
大坂城を建てた。その他，同時代の建築として，城郭建築の**姫路城**，茶室の**妙喜庵茶室（待庵）**などがある。

□**19.** 時期 ✕ 　尾形光琳は元禄期の人である。
城郭建築などの内部には，**濃絵**が飾られた。**狩野永徳**（『**唐獅子図屏風**』）・山楽（『**松鷹図**』）や，**長谷川等伯**（『**智積院襖絵（楓図）**』）などの作品が有名である。

□**20.** 内容 ✕ 　千利休は侘茶を大成した。
室町時代に発展した**茶の湯**は，信長・秀吉らの武将や堺・博多の商人らに愛好された。<u>堺の豪商である**千利休**は信長・秀吉に仕え，侘茶を大成した</u>。

□**21.** 時期 ✕ 　瀬戸焼は鎌倉時代からあった。
朝鮮侵略の際，諸大名が陶工をつれ帰り，日本国内で陶磁器生産が始められた。**有田焼（鍋島氏），薩摩焼（島津氏），萩焼（毛利氏）**などが有名である。

□**22.** 内容 ✕ 　活字印刷機をもたらしたのは宣教師のヴァリニャーニ。
ヴァリニャーニはキリシタン大名に**天正遣欧使節**の派遣をすすめて引率し，活字印刷機を伝えた。それにより**キリシタン版（天草版）**が出版された。

□**23.** 内容 ✕ 　『南蛮屏風』は日本人の手によって描かれた。
南蛮貿易が盛んになり，**南蛮文化**が発達した。宣教師たちはさまざまな実学や，油絵や銅版画の技法をもたらした。日本人により**南蛮屏風**も描かれた。

1 幕藩体制の形成

〈江戸幕府の成立と組織〉

□**1.** 　　　　　　で豊臣氏が滅亡した。
　　① 　関ヶ原の戦い　　② 　大坂夏の陣

□**2.** 大老は，京都の近くに領地をもつ外様大名の中から選任された。

□**3.** 老中は，幕府政務総括の職で，御三家から選任された。

□**4.** 若年寄は，若年の旗本が勤める役職で，ある年齢になると老中に昇任した。

□**5.** 京都所司代は，朝廷・西国大名などを監督し，譜代大名から選任された。

□**6.** 幕領（天領）の年貢徴収は，大目付により行われた。

□**7.** 寺社奉行・勘定奉行・遠国奉行を三奉行と称した。

□**8.** 幕府評定所は，将軍・三奉行などで構成された。

解答・ポイント

〈江戸幕府の成立と組織〉

□**1.** 内容② 大坂の役で豊臣氏は滅亡した。

1600年に関ヶ原の戦いで勝利した**徳川家康**は，1603年に征夷大将軍に就任した。その後，1614〜15年の<u>大坂の役（大坂冬の陣・夏の陣）</u>で豊臣氏を滅ぼした。

□**2.** 内容✕ 大老は譜代大名が就任する。

幕府の職制は3代将軍**徳川家光**のころに整備された。<u>大老は最高職であったが，常置ではなかった</u>。譜代大名1名が就任し，重要事項のみ合議に加わった。

□**3.** 内容✕ 老中は御三家など親藩ではなく，譜代大名から選任。

通常は<u>譜代大名から選任される3〜5名の老中</u>が幕政を統轄した。中央の職制は**大老**を除き，複数で構成され，<u>月番交代</u>で政務を扱った。

□**4.** 内容✕ 若年寄は譜代大名が就任する。

<u>譜代大名から選任される若年寄</u>は，**老中**を補佐して旗本を監督した。下部組織には，旗本・御家人を監察する<u>目付</u>などがおかれていた。

□**5.** 内容○ <u>京都所司代は，譜代大名から選任され，朝廷統制や西国大名の監視を行った</u>。**大坂**などには<u>城代</u>と<u>町奉行</u>が，伏見・長崎などには<u>遠国奉行</u>がおかれた。

□**6.** 内容✕ 大目付は大名監察，幕領管理は勘定奉行が行う。

<u>大目付と勘定奉行はいずれも老中の下におかれ，旗本から選任された</u>。大目付は大名の監察，勘定奉行は幕領を管理し，財政を担当した。

□**7.** 内容✕ 遠国奉行ではなく，町奉行である。

三奉行とは，<u>寺社奉行・勘定奉行・町奉行で要職とされた</u>。寺社奉行は譜代大名で寺社の監察を行う。町奉行は旗本で江戸の行政・司法を担当した。

□**8.** 内容✕ 評定所は将軍ではなく，老中・三奉行などで構成される。

簡略な訴訟は各役職で専決したが，役職をまたぐ重要事項などは，<u>評定所で老中・三奉行など</u>が合議して裁決した。

〈大名の支配〉

□**9.** 徳川氏の一族の大名は関東地方のみに配置され，江戸の防衛をはかった。

□**10.** 徳川家康のときに大名の配置を決めたのちは，大名の領地替えはなかった。

□**11.** 武家諸法度には，新たな築城の禁止など大名を統制する規定があった。

□**12.** 幕府は改易・減封・転封を行って，大名を統制した。

□**13.** 大名は領民の数に応じて，将軍への軍役をつとめた。

□**14.** 江戸時代の大名は，将軍の命によって，戦時には出陣し，平時には江戸城修築や河川工事などの普請を負担することになっていた。

□**15.** 大名の参勤交代は，徳川家康によって制度化された。

□**16.** 大名の正妻は，夫の参勤交代に従って，国元と江戸を往復していた。

□**17.** 参勤交代の経費はすべて幕府が負担した。

〈朝廷・寺社の支配〉

□**18.** 江戸幕府は，禁中並公家諸法度を定め，天皇の職務や行動に規制を加えた。

□**9.** 内容 ✕ 　徳川氏一族の大名は関東以外にも配置された。
知行高1万石以上の領主を**大名**という。そのうち，親藩は徳川氏
一門で御三家（**紀伊・永戸・尾張**），御三卿（一橋・田安・清
水）などがあった。

□**10.** 内容 ✕ 　大名の領地替えは行われていた。
関ヶ原の戦い以前からの徳川家の家臣は譜代，関ヶ原の戦い以降
徳川に従った大名が外様である。親藩・譜代は要所に，外様は遠
隔地に配置し，配置換えは行われた。

□**11.** 内容 ○ 　大坂の役後幕府は，武家諸法度を制定して大名を統制した。崇伝
が起草し，徳川秀忠の名で公布され，その後，将軍の代替わりに
発令された。

□**12.** 内容 ○ 　武家諸法度違反などを理由に，幕府は改易（領地没収）・減封
（領地削減）などの厳しい処分を大名に与えた。

□**13.** 内容 ✕ 　大名は知行高（領地の石高）に応じて軍役を負担した。
将軍は大名に領地の支配を認め，大名は**知行高**（領地の石高）
に応じて軍役を負担して主従関係を結んでいた。

□**14.** 内容 ○ 　大名は領地の石高に応じて一定数の兵馬を常備し，戦時には将軍
の命令で出陣し，平時には江戸城の修築や河川の工事など普請役
を負担した。

□**15.** 時期 ✕ 　参勤交代が制度化されたのは，3代将軍徳川家光の時。
徳川家光の時に発令された武家諸法度で参勤交代が制度化され
た。これは平時の軍役で将軍への忠誠を示す儀礼として行われた。

□**16.** 内容 ✕ 　大名の妻子は江戸に住んだ。
参勤交代では，大名が江戸と国元を1年交代で往復する。しかし，
大名の妻子は江戸に住むことを強制された。

□**17.** 内容 ✕ 　参勤交代の経費は藩が負担した。
参勤交代は大名にとっては江戸に屋敷をかまえ，多くの家臣をつ
れて往復するなど，多額の出費をともなうものであり，財政難の
一因であった。

〈朝廷・寺社の支配〉

□**18.** 内容 ○ 　1615年，幕府は禁中並公家諸法度を制定して，天皇・公家が
守るべき心得や朝廷機構のあり方を定めた。一方，京都所司代を
置いて朝廷を監視した。

☐**19.** 江戸幕府は，天皇家の経済基盤として禁裏御料を設定した。

☐**20.** 武家伝奏に任命された公家を，朝廷との間の連絡役とした。

☐**21.** 僧侶の紫衣着用は，寺院法度で定められた。

☐**22.** 紫衣事件では，天皇に届け出なく，幕府が僧に紫衣の着用を許可し，問題となった。

☐**23.** 江戸幕府は，全国の寺院を本山・末寺に組織する寺請制度を完成させた。

☐**24.** 寺請制度にもとづく宗門改めは，女性・子供も対象としていた。

〈民衆の支配〉

☐**25.** 江戸時代の村の運営は，豪農・組頭・百姓代の村方三役によって行われた。

☐**26.** 村では，村掟が作られ，違反者には村八分などの制裁が加えられた。

☐**27.** 江戸時代の村では，年貢や諸役は，領主から個々の百姓に対して直接賦課された。

□**19.** 内容 ○ 経済基盤となる<u>禁裏御料（天皇領）・公家領などは最小限にとどめられた。朝廷の官位制度・改元・改暦などの権限行使も幕府の承諾が必要となった。</u>

□**20.** 内容 ○ <u>武家伝奏は公家から2名選ばれ、京都所司代と連絡を取りながら、朝廷に幕府側の指示を与えた。</u>幕府の指示を受け、**摂家**が朝廷を統制した。

□**21.** 内容 × 僧侶の紫衣着用は、寺院法度ではなく、禁中並公家諸法度で定められた。
禁中並公家諸法度の16条に、「紫衣の寺、住持職、先規稀有の事也。近年猥りに勅許の事、……甚だ然るべからず。」とある。

□**22.** 内容 × 天皇が紫衣着用を勅許したのが問題となった。
後水尾天皇が勅許した紫衣着用を幕府が取り消し、大徳寺の沢庵らを処罰した（紫衣事件）。この時、天皇が譲位し、秀忠の孫娘である明正天皇が即位した。

□**23.** 内容 × 寺請制度は民衆支配の制度である。
幕府は宗派ごとに寺院法度を定め、**本山**に末寺を統制させた（本末制度）。のち宗派共通の諸宗寺院法度を出した。神社にも諸社禰宜神主法度を制定した。

□**24.** 内容 ○ 幕府はキリスト教禁止を徹底するため、寺院が檀家であることを証明する寺請制度を設けて宗門改めを実施し、仏教への転宗を強制した。

〈民衆の支配〉

□**25.** 内容 × 豪農ではなく、名主である。
村は名主・組頭・百姓代からなる村役人（**村方三役**）を中心とする本百姓によって運営され、入会地の利用、治安維持などを自主的に担った。

□**26.** 内容 ○ 村法（村掟）の違反者には**村八分**などの制裁が加えられた。村民は結・もやいと呼ばれる共同作業で助け合い、**五人組**に編成されて連帯責任を負った。

□**27.** 内容 × 年貢・諸役は村単位に領主から賦課された。
領主は村の自治に依存して支配を行った。村を行政の末端組織として年貢・諸役の賦課や命令の伝達などを村単位で行った。これを村請制という。

□**28.** 江戸時代の村では、村に住む人々はすべて本百姓として把握された。

□**29.** 百姓身分のなかには，農業のほか，林業・漁業に従事する者もいた。

□**30.** 田畑や屋敷地に賦課された本年貢（本途物成）はすべて貨幣で納められた。

□**31.** 工事のための夫役を負担する小物成が，一国単位で課された。

□**32.** 幕府は，田畑永代売買の禁令や分地制限令を出して，武士が農民から土地を買うことを禁止した。

□**33.** 江戸城下における町人地について，地主・家持・地借・店借が，町の構成員として自治に参加した。

2 鎖国体制の形成と寛永文化
〈江戸初期の外交〉

□**1.** 家康政権は，ポルトガル貿易を統制するために，京都・堺・長崎の特定の商人に糸割符仲間をつくらせた。

□**2.** 日本からアジア地域以外への渡航も行われ，　　　　　　は，通商を求めてノビスパン（メキシコ）へ渡っている。
①　高山右近　　②　田中勝介

□28. 内容 ✕　本百姓以外に水呑，名子・被官なども存在した。
田畑・屋敷地を所持し，**検地帳**に登録されて年貢・諸役を負担し，村政に参加する本百姓，田畑をもたない水呑，名子・被官など，村内には階層があった。

□29. 内容 ◯　「百姓」とは村や領主に公認された身分を表す呼称で，「農民」とは同義ではない。百姓身分には農業以外に林業・漁業などの職業に従事する者がいた。

□30. 内容 ✕　本年貢は米穀や貨幣で領主に納めた。
本百姓の負担は，田畑・屋敷地を基準にかけられる本年貢（本途物成）が中心で，石高の40〜50％を米穀や貨幣で納めた。

□31. 内容 ✕　小物成は農業以外の副業にかかる税である。
本年貢以外に，農業以外の副業にかかる小物成，土木工事などの夫役にあたる国役，街道近辺の村々では人足や馬を差し出す伝馬役などがあった。

□32. 内容 ✕　法令の目的が違う。武士が土地を買うことはない。
寛永の大飢饉を契機に幕府は小農経営の維持につとめた。1643年に田畑永代売買の禁止令を出し，1673年には分割相続の弊害を防ぐため分地制限令を出した。

□33. 内容 ✕　地借・店借は自治に参加しない。
町では地主・家持の町人が自治に参加し，名主などを中心に町法（町掟）にもとづいて運営された。地借・店借などは町の運営に参加できなかった。

🔍 解答・ポイント

〈江戸初期の外交〉

□1. 内容 ◯　幕府は糸割符制度を設け，糸割符仲間（**京都・堺・長崎**）と呼ばれる特定商人に生糸を一括購入させ，ポルトガルの生糸貿易の利益独占を排除した。

□2. 内容 ②　ノビスパンに渡ったのは田中勝介である。
貿易奨励策をとっていた**徳川家康**は，ノビスパン（スペイン領メキシコ）との通商を求め，1610年，京都の商人田中勝介を派遣した。

☐**3.** 伊達政宗は通商を求めて支倉常長をロシアへ派遣した。

☐**4.** 豊後に漂着したオランダ船リーフデ号の乗組員ヤン゠ヨーステンは，外交顧問として徳川家康に重用され，のち三浦按針と称した。

☐**5.** 京都の茶屋四郎次郎などの豪商は，幕府から海外渡航の許可を得て朱印船貿易に従事し，東南アジアにまで商圏を拡大した。

☐**6.** 各地に日本町がつくられ，☐☐☐☐☐☐ 王室に重用された山田長政のような人物も現れた。
　　① 　シャム　　② 　カンボジア

〈鎖国体制へ〉

☐**7.** 徳川家康は禁教令を発し，宣教師を長崎出島に拘束した。

☐**8.** 秀忠政権は，貿易の制限などを目的として，すべての外国船の来航を平戸と長崎の2港に制限した。

☐**9.** 家光政権は，日本人の海外渡航を禁止し，来航する外国船に対しては奉書船制度を定めた。

☐**10.** 島原の乱ののち，幕府は，スペイン（イスパニア）船の来航を禁止した。

☐**3.** 内容 ✕ ロシアではなく，スペインへ派遣した。
1613年，仙台藩主の伊達政宗は，家臣の支倉常長をスペインに派遣（慶長遣欧使節）してメキシコと直接貿易を開こうとしたが失敗した。

☐**4.** 内容 ✕ 三浦按針と称したのはウィリアム゠アダムズである。
1600年，オランダ船リーフデ号が豊後に漂着した。家康は，乗組員のヤン゠ヨーステン（蘭）とウィリアム゠アダムズ（英・三浦按針）を外交顧問とした。

☐**5.** 内容 ◯ 幕府の許可証を得た朱印船が東南アジアに進出した。島津家久・有馬晴信など大名や，京都の角倉了以や，摂津の末吉孫左衛門，京都の茶屋四郎次郎らの豪商が貿易を行った。

☐**6.** 内容 ① 山田長政はシャム王室に登用された。
朱印船貿易が盛んになると，東南アジア各地に日本人の拠点として日本町が形成された。アユタヤの日本町の長であった山田長政はシャム王室に登用された。

〈鎖国体制へ〉

☐**7.** 内容 ✕ 宣教師の拘束はしていない。
幕府はキリスト教を黙認していたが，1612年，直轄領に禁教令を出し，翌年，全国に拡大した。1614年キリシタン大名の高山右近らをマニラに追放した。

☐**8.** 内容 ✕ 中国船を除く外国船の寄港地を制限した。
中国船を除く外国船の寄港地を平戸と長崎に制限し，長崎で宣教師・信徒を処刑した（元和の大殉教）。さらにスペイン船来航を禁じた。

☐**9.** 内容 ✕ 奉書船制度は日本人の海外渡航制限である。
徳川家光の時代，幕府は1633年に奉書船以外の海外渡航を禁止し，1635年には日本人の海外渡航と帰国を全面禁止し，中国船の寄港を長崎に限った。

☐**10.** 内容 ✕ スペイン船ではなく，ポルトガル船の来航を禁止した。
1637年，領主の圧政とキリスト教の弾圧に対して島原の乱が起こった。鎮圧後，幕府はポルトガル船の来航を禁止し（1639年），キリスト教の弾圧を強化した。

☐11. 家光政権は，ポルトガル船の来航を禁止し，長崎の出島で中国船・オランダ船との貿易を許可した。

〈鎖国体制下の国際関係〉

☐12. オランダ商館が平戸から長崎に移されると，オランダ人は長崎の町を自由に歩き，町人と個別に貿易ができるようになった。

☐13. オランダ船来航のたびに提出されたオランダ国王の親書によって，幕府は海外の情報を得ることができた。

☐14. 豊臣秀吉による侵略の失敗ののち，朝鮮と江戸幕府との間で己酉約条が結ばれ，長崎において日朝貿易が行われることになった。

☐15. 対馬藩は，釜山に置かれた倭館に貿易船を派遣した。

☐16. 琉球王国は薩摩藩により武力征服されたが，一方では，中国と琉球王国との朝貢貿易は維持された。

☐17. 琉球国王は，江戸時代から，天皇の代替わりごとに慶賀使を送るなど，天皇に対しても臣従関係をもっていた。

☐18. 松前藩では，アイヌとの交易権を家臣に分与する商場知行制がとられた。

☐19. シャクシャインの戦いに敗北した松前藩は，アイヌ交易の主導権を失った。

中国船は出島ではなく，唐人屋敷で貿易を行った。
17世紀後半，明清交替の動乱がおさまると，清船の来航が増加した。そのため，貿易を制限し，長崎に清国人の居住地として唐人屋敷を設けた。

〈鎖国体制下の国際関係〉

□**12.** 内容 × オランダ人の行動は原則として，出島に限定された。
オランダはバタヴィアの東インド会社の支店として**長崎**の出島に商館を置き，貿易の利益を求めた。幕府は**長崎奉行**を通じて貿易を統制した。

□**13.** 内容 × オランダ国王の親書ではなく，オランダ風説書である。
オランダ・清とは国交はなく，貿易だけの関係であった。幕府は，オランダ船が来航した際に**オランダ商館長**が提出するオランダ風説書で海外の情報を得た。

□**14.** 内容 × 己酉約条は朝鮮と対馬の間で結ばれた。
徳川家康は**朝鮮**との講和を実現し，1609年，対馬藩主の宗氏は朝鮮との間に己酉約条を結んだ。朝鮮からは新将軍就任の慶賀などを名目に通信使が来日した。

□**15.** 内容 ○ 対馬藩主の**宗氏**は幕府許可で対朝鮮貿易を独占した。朝鮮の釜山には倭館が設置されていた。**宗氏**は貿易利潤を家臣に分与して主従関係を結んだ。

□**16.** 内容 ○ 琉球王国は薩摩の島津氏の軍に征服され，薩摩藩の支配下に入った。薩摩藩は琉球国王の尚氏を王位につかせ，独立国として中国との朝貢貿易を継続させた。

□**17.** 内容 × 琉球国王は将軍の代替わりごとに慶賀使を送った。
琉球は，国王の代替わりごとに謝恩使，将軍の代替わりごとに慶賀使を幕府に派遣した。琉球使節の行列は異民族が将軍に入貢するようにみせた。

□**18.** 内容 ○ 松前氏は幕府からアイヌとの交易権を保障された。松前氏は交易収入を家臣に与え，主従関係を結んだ（商場知行制）。

□**19.** 内容 × シャクシャインの戦いで松前藩は勝利した。
松前藩は津軽藩の協力でシャクシャインの戦いに勝利し，アイヌを服属させた。18世紀前半頃までには，商場が和人商人の請負となった（場所請負制度）。

〈寛永文化〉

□**20.** 織豊政権期の華美で豪壮な建築文化は，_____ など江戸時代初期の建造物にも引き継がれた。
　① 日光東照宮　　② 聚楽第

□**21.** 江戸時代初期には，桂離宮のように簡素な美しさをたたえた _____ の建造物も生み出されている。
　① 折衷様　　② 数寄屋造

□**22.** 住吉如慶は，幕府の御用絵師となり，代表作『風神雷神図屏風』を残した。

□**23.** 幕府は儒者の _____ に命じ，日本の通史である『本朝通鑑』の編纂という修史事業を行った。
　① 藤原惺窩　　② 林羅山

□**24.** 清元節は，出雲阿国が考案した踊りである。

□**25.** 酒井田柿右衛門は，上絵付の技法を修得し，赤絵磁器の製造に成功して，有田焼の名を高めた。

〈寛永文化〉

□**20.** 内容 ① 江戸時代初期の建築は日光東照宮である。
江戸時代初期（**寛永文化**）には，**徳川家康**をまつる日光東照宮をはじめ霊廟建築が流行し，権現造が用いられた。

□**21.** 内容 ② 江戸時代初期に生み出されたのは数寄屋造である。
書院造に草庵風の茶室を取り入れた数寄屋造の建築物がつくられ，京都の桂離宮はその代表である。

□**22.** 内容 × 『風神雷神図屏風』は俵屋達達の作品である。
京都の町人の俵屋宗達は，大和絵の画風を受け継ぎつつ，装飾画に新様式を生み出し，尾形光琳に影響を与えた。『**風神雷神図屏風**』は代表作である。

□**23.** 内容 ② 幕府の命を受けたのは林羅山である。
京都の藤原惺窩は朱子学を広め，門人の林羅山は徳川家康の侍講となった。羅山と子の鵞峰は幕府の命により国史である『**本朝通鑑**』を編纂した。

□**24.** 内容 × 出雲阿国はかぶき踊りを創始した。
17世紀初め，出雲阿国が京都で**かぶき踊り**を始めて人々にもてはやされ（阿国歌舞伎），やがてこれをもとに女歌舞伎が生まれたが，幕府に禁じられた。

□**25.** 内容 ○ 朝鮮人の陶工により始められた肥前の有田焼では，酒井田柿右衛門が出て，上絵付の技法で**赤絵**を完成させた。

1 江戸時代中期の政治

〈文治政治の時代〉

□**1.** 徳川家綱の将軍在職中には，生田万が牢人などを集めて，幕府転覆を企てた慶安事件が起きた。

□**2.** 4代将軍の時代には，異様な風体で徒党を組み，秩序におさまらない［　　　　］に対する取締りを強めた。
　　① かぶき者　　② 無宿人

□**3.** 幕府は［　　　　］を緩和して大名家の断絶を減らし，牢人（浪人）の増加を防いだ。
　　① 上米　　② 末期養子の禁

□**4.** 徳川家綱は，死んだ主君のあとを追って，家臣が殉死することを禁じた。

□**5.** 徳川光圀は彰考館で『［　　　　］』の編纂を始め，朱舜水をまねいて学事にあたらせた。
　　① 大日本史　　② 読史余論

□**6.** 徳川綱吉は，側用人として，大岡忠相を重用した。

□**7.** 林羅山は，湯島聖堂の大学頭となり5代将軍綱吉に重用された。

□**8.** 5代将軍が出した［　　　　］は，庶民を苦しめたが，殺生を避ける風潮が社会に浸透していくことにもなった。
　　① 生類憐みの令　　② 末期養子の禁

解答・ポイント

〈文治政治の時代〉

□**1.** 内容 × 　生田万ではなく，由井（由比）正雪が幕府転覆を企てた。
徳川家光の死後，子の家綱が4代将軍になり，保科正之（会津藩主）らが将軍を支えた。家光の死に乗じ，由井（由比）正雪が幕府転覆を企て失敗した（慶安事件）。

□**2.** 内容 ① 　4代将軍の時代，取締まったのはかぶき者である。
平和のなかで問題となったのは，戦乱を待望する牢人や，秩序におさまらない「かぶき者」であった。牢人とは改易などで主家を失った武士である。

□**3.** 内容 ② 　末期養子の禁を緩和した。
跡継ぎのない大名が死にのぞんで，急に養子を願い出る末期養子は認められず，大名の改易の原因であった。幕府は慶安事件後，末期養子の禁を緩和した。

□**4.** 内容 ○ 　徳川家綱は成人した後，代替わりの武家諸法度を発し，あわせて殉死の禁止を命じ，主人の死後は跡継ぎの新しい主人に奉公することを義務付けた。

□**5.** 内容 ① 　水戸藩は『大日本史』の編纂を始めた。
諸藩では儒者を登用した。徳川光圀（水戸）は朱舜水，池田光政（岡山）は熊沢蕃山，保科正之（会津）は山崎闇斎，前田綱紀（加賀）は木下順庵をまねいた。

□**6.** 内容 × 　大岡忠相は綱吉の側用人ではない。
5代将軍徳川綱吉の時代，大老の堀田正俊が暗殺されたのち，側用人の柳沢吉保が重く用いられた。

□**7.** 内容 × 　林羅山の孫の林信篤（鳳岡）が大学頭となった。
綱吉は忠孝・礼儀による秩序を求める武家諸法度を発した。さらに湯島聖堂を建て，林信篤を大学頭に任じて儒教を重視した。

□**8.** 内容 ① 　5代将軍は生類憐みの令を出した。
5代将軍徳川綱吉は，仏教に帰依し，生類憐みの令を出して，生類の殺生を禁じた。また，神道の影響で服忌令を出し，喪に服す日数などを定めた。

☐**9.** 幕府は明暦の大火で焼けた江戸城や江戸の町の復興などのため，蓄えていた金銭の多くを使った。

☐**10.** 17世紀の半ばを過ぎるころには，銀の産出量は ☐☐☐☐☐☐ した。
　　① 　増加　　② 　減少

☐**11.** 徳川綱吉は，貨幣の質を落とした改鋳を行い，物価の騰貴をまねいた。

☐**12.** 6代・7代将軍の時代には，新たに閑院宮家を創設し，朝廷との協調をはかった。

☐**13.** 6代・7代将軍の時代には，朝鮮からの国書に記す将軍の称号を，日本国大君と改めさせた。

☐**14.** 新井白石は，小判の重量は変えずに，金の成分比を下げることによって増収をはかろうとした。

☐**15.** 幕府は，18世紀初めには，金銀の流出を防ぎ，貿易の制限を強化するため海舶互市新例（長崎新令，正徳新令）を定めた。

〈享保の改革〉

☐**16.** 徳川吉宗は，足高の制を採用して，有能な人材の登用をはかった。

☐**17.** 徳川吉宗は，上米の制を実施し，かわりに諸大名の参勤交代の制をゆるめた。

□**9.** 内容 ○ 4代将軍**徳川家綱**の時代に江戸で起こった**明暦の大火**による復興費用や，5代将軍**徳川綱吉**による寺社造営の費用は支出増となり，幕府財政の破綻をまねいた。

□**10.** 内容 ② 銀の産出量は減少した。
戦国時代から江戸時代初期，石見や但馬の**銀山**では大量の**銀**が産出され，主要な輸出品として生糸の輸入に役立っていたが，江戸時代中期には産出量が減少した。

□**11.** 内容 ○ **勘定吟味役**の荻原重秀は財政再建のため貨幣改鋳を建議した。これをうけ幕府は慶長金銀より金の量を減らした元禄金銀を鋳造して増収を上げたが，物価が騰貴した。

□**12.** 内容 ○ 6代将軍家宣・7代将軍家継の時代，**正徳の政治**を進めた侍講の新井白石らは閑院宮家を創設して天皇家との結びつきを強め，将軍権威の高揚をはかった。

□**13.** 内容 × 「日本国大君」から「日本国王」に改めさせた。
新井白石は，将軍権威の高揚をはかり朝鮮国王から将軍宛の国書に「日本国大君**殿下**」と記されていたのを「日本国王」と改めさせた。

□**14.** 内容 × 小判の重量を変えず，金の含有量を増やした。
新井白石は金の含有率を下げた元禄金銀を改め，慶長金銀と同質の正徳金銀を鋳造して物価騰貴をおさえようとした。しかし，かえって経済は混乱した。

□**15.** 内容 ○ 長崎貿易では多くの金銀が流出したので，これを防ぐために**新井白石**は1715年，海舶互市新例（長崎新令・正徳新令）を発して，清・オランダとの貿易額・船数を制限した。

〈享保の改革〉

□**16.** 内容 ○ 8代将軍**徳川吉宗**は三家の紀伊藩から将軍に就任して改革を進めた。有能な旗本を登用するため，在職中のみ不足の役料を支給する足高の制を設けた。

□**17.** 内容 ○ 徳川吉宗は財政再建のため，倹約令で支出をおさえ，大名1万石につき100石を上納させる上げ米を実施し，そのかわりに参勤交代をゆるめて在府期間を半減した。

□**18.** 享保改革期に，過去数年間の平均年貢量を基準に年貢率を決める [　　　] を広く採用した。
　　① 検見法　　② 定免法

□**19.** 8代将軍徳川吉宗が進めた享保の改革では，金銀の貸し借りの訴訟を当事者の間で処理させる [　　　] が発令されている。
　　① 喧嘩両成敗法　　② 相対済し令

□**20.** 幕府は，町人請負新田などの新田開発を奨励したが，享保の改革の際には禁止した。

□**21.** 徳川吉宗は，公事方御定書などを編集して，裁判や刑罰の基準を定めた。

2　江戸時代の経済
〈農業生産の進展〉

□**1.** 箱根用水がつくられ，多くの耕地に灌漑用水を供給した。

□**2.** 都市商人の資本による新田開発は，幕府によって禁じられた。

□**3.** 家族の労働力を集約的につぎこむ農業経営が広く展開した。

□**4.** 唐箕や千石通が普及したため，脱穀が容易になった。

□**18.** 内容 ② 検見法を改め，定免法を採り入れた。
　　享保改革では，その年の収穫に応じて年貢率を決める検見法を改め，一定期間同じ年貢率を続ける定免法を採り入れて，年貢の増徴をめざした。

□**19.** 内容 ② 当事者間で処理させる相対済し令を発令した。
　　吉宗は金銭貸借の訴訟を三奉行（寺社奉行・町奉行・勘定奉行）では受け付けず，当事者間で解決させる相対済し令を出し，訴訟事務の軽減をはかった。

□**20.** 内容 × 町人請負新田を奨励した。
　　幕府は江戸日本橋に新田開発奨励の高札を立て，有力商人の協力をうながし，商人資本の力を借りて新田開発を進め（町人請負新田），米の増産を奨励した。

□**21.** 内容 ○ **徳川吉宗**は公事方御定書を編纂して裁判や刑罰の基準を定め，目安箱を設置して民意を反映させる一方，大岡忠相を町奉行に任じて町火消を組織させた。

📖🔍 解答・ポイント

〈農業生産の進展〉

□**1.** 内容 ○ 鉱山の開削技術の発達を背景に，各地では治水・灌漑工事が進められた。芦ノ湖を水源とする箱根用水や，利根川から分水する見沼代用水などがある。

□**2.** 内容 × 有力な商人が資金を投下する町人請負新田もみられた。
　　17世紀には新田開発が進み，全国の耕地面積は2倍近くに拡大した。開発主体は幕府や諸藩，村だけでなく，有力な商人による町人請負新田もみられた。

□**3.** 内容 ○ 新田開発などにより小農民の自立が進んだ。家族の労働を狭い耕地に集中的に投下し，面積当たりの収穫量を高くするという小規模な経営が発達した。

□**4.** 内容 × 唐箕・千石通は脱穀具ではなく，選別具である。
　　農業技術が発達した。鉄製の農具である深耕用の備中鍬，脱穀用の千歯扱が工夫され，選別用の唐箕・千石通，灌漑用の踏車などが考案された。

□**5.** 油粕・干鰯などの金肥が普及すると，刈敷・下肥などの自給肥料は使われなくなった。

□**6.** 『広益国産考』などの農書によって，新しい農業技術が広まった。

□**7.** 木綿や菜種は，江戸周辺で盛んに生産されて上方に送られた。

□**8.** 朱色の染料に用いる藍が，出羽最上地方で作付けされた。

〈諸産業の発達〉

□**9.** 九十九里浜では鰊漁，土佐では鰯漁が盛んに行われた。

□**10.** 瀬戸内海地方を中心に，潮の干満を利用して海水を導入する入浜式塩田が発達した。

□**11.** 都市建設の進展にともなう木材需要に刺激されて，林業が発達した。

□**12.** 江戸時代に発達した綿織物業の特産物として久留米絣や小倉織がある。

□**13.** ＿＿＿＿ の酒が広い地域に売られた結果，産地名である ＿＿＿＿ という言葉が高級酒の代名詞として知られるようになった。
　　① 伊丹　　② 野田

□**5.** 内容 ✕　自給肥料も使用されていた。
綿・菜種などの**商品作物**栽培が発達した地域では，干鰯・油粕などが金肥（購入肥料）として普及したが，刈敷・下肥などの自給肥料も使用された。

□**6.** 内容 ○　17世紀末には日本初の体系的農書として宮崎安貞の『農業全書』が著された。19世紀に入ると大蔵永常の『農具便利論』『広益国産考』が刊行された。

□**7.** 内容 ✕　木綿や菜種は上方周辺などで生産され，江戸に送られた。
綿作は畿内・瀬戸内海・東海地方などで盛んであった。灯油の原料の菜種は近江・摂津・河内などで栽培された。これらは大坂に集まり江戸に送られた。

□**8.** 内容 ✕　出羽で作付けされたのは，藍ではなく，紅花である。
重要な商品作物とされたのは，桑・茶・楮・漆の**四木**，紅花・藍・麻の**三草**である。染料である紅花は出羽，藍は阿波などで生産された。

〈諸産業の発達〉

□**9.** 内容 ✕　九十九里浜では鰯漁，土佐では鰹漁が盛んに行われた。
網漁法は摂津・和泉・紀伊などの上方漁民によって全国に広がり，九十九里浜では**鰯漁**が行われた。土佐の鰹漁，蝦夷地の鰊漁なども盛んであった。

□**10.** 内容 ○　製塩業では，中世の**揚浜塩田**から，高度な土木技術を要する入浜塩田が発達し，瀬戸内海沿岸（赤穂など）をはじめとして各地に広がった。

□**11.** 内容 ○　城下町など都市建設の木材需要により林業が盛んになった。幕府・諸藩は良質な大木のある山を直轄領とした。**木曽の檜**，吉野・秋田の杉などがある。

□**12.** 内容 ○　**綿織物**の特産物は，小倉織・久留米絣・有松絞や河内木綿などがある。麻織物では，**奈良晒・越後縮**・近江麻（蚊帳）・薩摩上布などがある。

□**13.** 内容 ①　酒の産地は伊丹で，野田は醤油の産地である。
江戸時代中期以降，伏見や灘の銘酒が生まれ，**伊丹**など各地で酒屋が発達した。播磨の龍野などで生産された醤油は，下総の野田・銚子などでも生産された。

□**14.** 高機で高級絹織物を生産する技術は，近世を通して西陣が独占していた。

〈交通・商業の発達〉

□**15.** 中山道には，品川から大津まで53の宿駅があり，五街道のうち最も宿駅が多かった。

□**16.** 東海道の碓氷などでは，関所が設けられて旅行者や荷物が厳しくあらためられた。

□**17.** 宿駅には，人馬による輸送業務をする問屋場や，庶民の宿泊施設である本陣があった。

□**18.** 江戸時代，東廻り海運の整備により敦賀・新潟・酒田などが栄えた。

□**19.** 大坂から江戸へ酒を輸送するために登場した樽廻船は，やがてその他の日常物資をも輸送するようになった。

□**20.** 北前船は，おもに上方でつくった酒を江戸へ輸送した。

□**21.** 近世の水運について，末次平蔵が新たな水路として高瀬川などを開削した。

□14. 内容 × 西陣から各地へ技術が広がった。
絹織物は京都の西陣が有名であった。17世紀後半，生糸が国産化され18世紀，**高機**が各地に伝わり，**丹後・上野桐生・下野**足利など機業地が成立した。

〈交通・商業の発達〉

□15. 内容 × 品川から大津は中山道ではなく，東海道である。
東海道・中山道・甲州道中・日光道中・奥州道中の**五街道**は江戸を起点とする幹線道路で，道中奉行が管理した。**中山道**は板橋・守山間である。

□16. 内容 × 碓氷は中山道の関所である。
関所は**東海道**の箱根・新居などがあり，関東では「入鉄砲に出女」を取締まった。その他，五街道には一里塚などの施設があり，河川には軍事上の理由から架橋しなかった。

□17. 内容 × 庶民の宿泊施設は本陣ではなく，旅籠屋・木賃宿である。
街道には宿駅が設けられ，大名らが宿泊する**本陣**，一般人が宿泊する旅籠・木賃宿に加え，公用の文書・荷物を継ぎ送りする問屋場が置かれていた。

□18. 内容 × 敦賀・新潟など日本海側は東廻り海運ではない。
西廻り・東廻り海運は，17世紀後半，河村瑞賢が整備した。西廻りは出羽酒田を起点に日本海側から大坂を経由し，東廻りは太平洋側から江戸に至った。

□19. 内容 ○ 大坂～江戸間では，17世紀前半には菱垣廻船が多様な商品を輸送した。18世紀前半には酒荷専用の樽廻船が運航し，のち酒以外の商品も運んだ。

□20. 内容 × 北前船は蝦夷地の物資を大坂に輸送した船である。
北前船は，蝦夷地や東北の物資を西廻り海運で大坂に輸送した船で，蝦夷地で産出する俵物（いりこ・ふかひれ・ほしあわび）などを運んだ。

□21. 内容 × 高瀬川を開削したのは末次平蔵ではなく，角倉了以である。
朱印船貿易家で京都の豪商であった角倉了以は鴨川・富士川を整備し，**高瀬川**を開削した。内陸部では琵琶湖や淀川・利根川などの水運が利用された。

□**22.** 大名は，農民から徴収した年貢米や特産物などの納屋物を販売して，必要な物資を購入した。

□**23.** 諸藩は大坂などに蔵屋敷を置き，蔵物の保管と売却には掛屋が，売却代金の保管と送金には蔵元があたった。

□**24.** 大坂・江戸間の物資運送を円滑にするために，大坂に十組問屋がつくられ，それに対応して江戸に二十四組問屋がつくられた。

□**25.** 江戸は商業都市として発展して「天下の台所」といわれ，京都では手工業生産が発達した。

□**26.** 主要な商品には専門の卸売市場が設けられるようになった。大坂堂島の米市場，江戸神田・大坂天満の [＿＿＿＿＿＿] など。
　　① 魚市場　　② 青物市場

□**27.** 朱印船貿易で巨大な富をつくった三井家は，大名貸しを行った。

〈貨幣と金融〉

□**28.** 江戸時代の小判は，取引の際に品位・目方を確かめて授受される秤量貨幣である。

□**29.** 幕府は江戸に銅座を設けて，秤量貨幣である寛永通宝を鋳造した。

□**22.** 内容 ✕ 大名が販売したのは納屋物ではなく，蔵物である。
幕府や大名はおもに年貢米を換金して貨幣収入を得た。大名が江
戸や大坂などの蔵屋敷に輸送した年貢米や特産物を蔵物という。
民間の商品を納屋物という。

□**23.** 内容 ✕ 蔵物の保管・売却は蔵元，売却代金の保管と送金は掛屋。
大名は蔵屋敷に蔵物を運び，それを蔵元が売却し，売却代金を掛
屋が管理した。旗本・御家人の蔵物を扱う商人は江戸の札差であ
った。

□**24.** 内容 ✕ 大坂の二十四組問屋，江戸の十組問屋である。
全国市場が確立すると，大坂の二十四組問屋，江戸の十組問屋な
ど大坂・江戸間の荷物の安全，流通の独占などをめざして，問屋
仲間の組織がつくられた。

□**25.** 内容 ✕ 「天下の台所」といわれたのは江戸ではなく，大坂である。
江戸は幕府諸施設や藩邸などがある大消費地，大坂は「天下の台
所」と呼ばれる経済都市であった。京都には天皇・公家が居住し
た。総称して三都という。

□**26.** 内容 ② 江戸神田・大坂天満は青物市場である。
三都や城下町では卸売市場が発達した。大坂では堂島の米市場，
雑喉場の魚市場，天満の青物市場，江戸では日本橋の魚市場，
神田の青物市場が有名である。

□**27.** 内容 ✕ 三井家は朱印船貿易で発展したのではない。
三井家は江戸の越後屋呉服店をはじめ，三都で両替商を営み，巨
利を得た。別子銅山（伊予）を経営した住友家も同時期に発展し
た豪商である。

〈貨幣と金融〉

□**28.** 内容 ✕ 小判は秤量貨幣ではなく，計数貨幣である。
江戸幕府は貨幣鋳造権を独占し，金・銀・銭の三貨を発行した。
小判や一分金の金貨は金座で鋳造され，1両＝4分＝16朱で通用
する計数貨幣であった。

□**29.** 内容 ✕ 寛永通宝など銭貨は計数貨幣である。
丁銀・豆板銀などの銀貨は銀座で鋳造され，秤量貨幣であった
が，大量に発行された寛永通宝などの銭貨は銭座で鋳造され，計
数貨幣であった。

□**30.** 江戸ではおもに銀貨が，上方ではおもに金貨が使われた。

□**31.** 江戸時代，藩札は主として大坂で流通した。

□**32.** 江戸や大坂では金融機関として _____ が活躍した。
　　① 　両替商　　② 　振売

3 元禄文化

〈儒学・その他の学問〉

□**1.** 幕府に仕えた木下順庵は，のちに古文辞学派を開いた。

□**2.** 朱子学者の室鳩巣は，幕府に登用され 8 代将軍吉宗の信任を得た。

□**3.** 朱子学の一派である南学（海南学派）から出た山崎闇斎は，神儒融合の垂加神道を説き，会津藩の保科正之に登用された。

□**4.** 中江藤樹は陽明学を学び，堀川学派を開いた。

□**5.** 熊沢蕃山は主著『 _____ 』のなかで行き過ぎた新田開発を戒めた。
　　① 　大学或問　　② 　広益国産考

□**6.** 『聖教要録』を著した _____ などのように，朱子学を批判する者も現れた。
　　① 　新井白石　　② 　山鹿素行

□**30.** 内容 ✕　江戸では金貨，大坂では銀貨が使用された。
　　　　　江戸を中心に東日本では金貨が（**金遣い**），**大坂**を中心とする西日本では銀貨が（**銀遣い**），それぞれ取引の中心とされ，三貨の交換率は常に変動した。

□**31.** 内容 ✕　藩札は各藩で流通した。
　　　　　17世紀後半から，各藩では，幕府の許可で藩札を発行し，城下町を中心とする領内で流通させた。

□**32.** 内容 ①　江戸時代の金融機関は両替商である。
　　　　　三貨の交換率は変動し，両替商が発達した。それは金融機関でもあり，鴻池屋など有力なもの（大坂の十人両替など）は**大名貸し**も行った。

🔍 解答・ポイント

〈儒学・その他の学問〉

□**1.** 内容 ✕　木下順庵は朱子学者で，古文辞学は古学の一派である。
　　　　　木下順庵は，藤原惺窩を祖とする朱子学派の京学の流れを引く。加賀藩主**前田綱紀**や5代将軍**徳川綱吉**に仕えた。弟子には正徳の治を進めた**新井白石**らがいる。

□**2.** 内容 ○　室鳩巣は木下順庵の弟子である。徳川吉宗に信任された。吉宗の依頼で『六諭衍義大意』を著した。

□**3.** 内容 ○　山崎闇斎は，朱子学の一派で谷時中により大成された**南学**（海南学派）から出た。神道を儒教流に解釈して神儒融合の**垂加神道**を唱えた。

□**4.** 内容 ✕　中江藤樹は陽明学者で，堀川学派（古義学派）は古学の一派。
　　　　　朱子学に対し，中江藤樹は明の時代におこった**陽明学**を学んだ。近江で藤樹書院を開き，**近江聖人**といわれた。

□**5.** 内容 ①　熊沢蕃山の主著は『大学或問』である。
　　　　　中江藤樹の弟子で陽明学者の熊沢蕃山は岡山藩主池田光政に登用され，花畠教場を設けた。主著『**大学或問**』で幕政を批判したため，下総古河に幽閉された。

□**6.** 内容 ②　『聖教要録』は山鹿素行の著書である。
　　　　　山鹿素行は，『**聖教要録**』を著して朱子学を攻撃したため，幕府によって赤穂に流された。また明清交替で，日本を中華とする立場に立ち『中朝事実』を著した。

□**7.** 伊藤仁斎は，朱子の教えを擁護し，古義堂を開いて多くの門人を育てた。

□**8.** 古学派の代表的人物荻生徂徠は，柳沢吉保に仕えて『読史余論』を著した。

□**9.** 『経済録』を著した太宰春台は，藩による商業活動の重要性を説いた。

□**10.** 新井白石は，潜入したイタリア人宣教師シドッチを尋問し，『西洋紀聞』を著した。

□**11.** 関孝和は，高等数学の理論を組み立てて和算を大きく発展させ，『塵劫記』を著した。

□**12.** 江戸時代には，中国の暦を訂正した貞享暦が作成された。

□**13.** 契沖は，『万葉集』を綿密に研究して，『古史通』を著した。

□**14.** 江戸時代には，動物や薬草などの研究を行う本草学が発達した。

□**15.** 明僧隠元が来日して，禅宗の一派である黄檗宗を伝えた。

□**16.** 人材育成のために閑谷学校など郷学が設けられたが，庶民の入学は許されなかった。

☐ **7.** 内容 ✕ 伊藤仁斎は朱子学を批判した。
朱子学を批判し，孔子・孟子に立ち返ろうとする立場が**古学派**である。そのうち，伊藤仁斎は京都堀川に**古義堂**を開き，**古義学派**（堀川学派）を形成した。

☐ **8.** 内容 ✕ 『読史余論』は新井白石の著書である。
古学派の荻生徂徠は，江戸に**蘐園塾**を開き，**古文辞学**を提唱した。8代将軍徳川吉宗に登用され，政治意見書である『**政談**』を著した。

☐ **9.** 内容 ◯ **荻生徂徠**の弟子である太宰春台は経世論を発展させた。『経済録』を著した。武士も商業を行い，専売制度で利益を上げることを主張した。

☐ **10.** 内容 ◯ 新井白石は，イタリア人の宣教師**シドッチ**を尋問して『**西洋紀聞**』『**采覧異言**』を，西川如見は『**華夷通商考**』を著して西洋の事情を伝えた。

☐ **11.** 内容 ✕ 関孝和は『発微算法』を著した。『塵劫記』は吉田光由。
測量や商売取引の必要から和算が発達し，吉田光由は『**塵劫記**』を著し，関孝和は計算法や円周率計算などの研究を進め，『**発微算法**』を著した。

☐ **12.** 内容 ◯ 渋川春海（安井算哲）は平安時代以来の宣明暦の誤差を修正し，日本独自の**貞享暦**をつくった。この功により，幕府の**天文方**となった（綱吉時代）。

☐ **13.** 内容 ✕ 『古史通』は新井白石の著書である。
元禄期には古典研究も盛んになった。『万葉集』を研究した契沖は『**万葉代匠記**』を著し，幕府の**歌学方**となった北村季吟は『**源氏物語湖月抄**』を著した。

☐ **14.** 内容 ◯ 動物や薬草などの研究を行う**本草学**では，貝原益軒が『**大和本草**』を著し，加賀の前田綱紀に保護された稲生若水は『**庶物類纂**』を著した。

☐ **15.** 内容 ◯ 17世紀半ばに明僧の隠元隆琦が禅宗の一派である**黄檗宗**を伝え，幕府に公認された。隠元が与えられて開創した万福寺は黄檗宗の本山となった。

☐ **16.** 内容 ✕ 庶民も入学できた。
郷学（郷校）は，藩営の庶民教育機関や民間の学校で，前者の代表例が**岡山藩**で設立された閑谷学校である。

〈文芸・美術〉

☐**17.**『日本永代蔵』などの浮世草子には，現世を生き抜く町人の姿が描かれた。

☐**18.** 歌舞伎や人形浄瑠璃の台本作者として著名な ☐☐☐☐☐☐ は，義理と人情の葛藤を描いて人々の心に深い感動を与えた。
　　①　近松門左衛門　　②　大田南畝

☐**19.** 江戸の坂田藤十郎は，立ち回りの勇壮な演技で荒事役者としての名声を博した。

☐**20.** 「紅白梅図屛風」などを描いた尾形光琳は，菱川師宣の画法を取り入れ，洗練された装飾的表現をとった。

☐**21.** 本阿弥光悦が，友禅染の技法を開発した。

〈文芸・美術〉

□**17.** 内容 ○ 井原西鶴は浮世草子と呼ばれる小説を著した。『好色一代男』などの好色物，『日本永代蔵』『世間胸算用』などの町人物，『武道伝来記』などの武家物がある。

□**18.** 内容 ① 人形浄瑠璃などの台本作者は近松門左衛門である。
近松門左衛門は人形浄瑠璃や歌舞伎の脚本家である。竹本義太夫（義太夫節）らに語られた。『曽根崎心中』など世話物，『国姓爺合戦』など時代物がある。

□**19.** 内容 × 坂田藤十郎は和事役者として大坂で人気を博した。
元禄期には野郎歌舞伎が民衆の演劇として発展した。江戸では荒事で好評を得た市川団十郎，上方では和事を得意とする坂田藤十郎が活躍した。

□**20.** 内容 × 尾形光琳が影響を受けたのは俵屋宗達である。
俵屋宗達の画法を取り入れた尾形光琳は『紅白梅図屏風』『燕子花図屏風』を描いた。浮世絵の版画をはじめた菱川師宣は『見返り美人図』を描いた。

□**21.** 内容 × 友禅染の技法を開発したのは宮崎友禅である。
染物では，宮崎友禅が友禅染をはじめ，縮緬（絹織物）などの生地に華やかな模様を表した。その他，野々村仁清は色絵を完成させて京焼の祖となった。

1 田沼時代から寛政の改革

〈田沼時代〉

☐**1.** 田沼意次は，株仲間を積極的に公認し，彼らから営業税として ◻◻◻◻◻ を徴収した。
　　① 高掛物　　② 運上

☐**2.** 田沼意次は，銅・鉄・真鍮・朝鮮人参などの座を設けて専売制をしいた。

☐**3.** 田沼意次は，商人に出資させた新田開発や下総印旛沼の干拓などを企てた。

〈社会の変容〉

☐**4.** 江戸時代後期，農村では田畑を手放し，小作人となる農民が増加した。

☐**5.** 天明の飢饉は，全国のなかでも東北地方にとりわけ大きな被害をもたらした。

☐**6.** 農村の飢饉は，米価を下落させるなど都市の民衆にも影響を与えた。

☐**7.** 18世紀半ばになると，それまでの惣百姓一揆にかわり代表越訴型一揆が増えた。

〈寛政の改革〉

☐**8.** 寛政の改革で幕府は，飢饉に備えて，社倉や義倉をつくらせた。

📖🔍 解答・ポイント

〈田沼時代〉

☐**1.** 内容 ② **営業税として徴収されたのは運上である。**
10代将軍徳川家治のもと，権勢をふるったのが老中**田沼意次**である。商人・職人の組合を**株仲間**として公認し，運上や冥加などの営業税の増収をはかった。

☐**2.** 内容 ○ **田沼意次**は御用商人に銅・朝鮮人参などの座をつくらせ，専売制を進めた。さらに金を中心とした貨幣制度の統一をはかり，南鐐二朱銀を発行した。

☐**3.** 内容 ○ **田沼意次**は商人に出資させ，印旛沼・手賀沼の干拓を進めて新田開発を試みた。長崎貿易では銅・俵物の輸出を奨励し，最上徳内らを蝦夷地に派遣した。

〈社会の変容〉

☐**4.** 内容 ○ 18世紀には商品経済の進展により農村で階層分化が進んだ。有力百姓の豪農層と没落して小作人化した貧農層との対立が深まり，村方騒動が各地で頻発した。

☐**5.** 内容 ○ 冷害により**天明の飢饉**が起こり，浅間山の噴火で被害が拡大し，江戸・大坂などで打ちこわし（**天明の打ちこわし**）が起こった。

☐**6.** 内容 ✕ **飢饉の際は米価が上昇する。**
飢饉の際には米不足などから米価が高騰する。都市では18世紀以降，飢饉などで米価が高騰すると米屋や豪商がおそわれる打ちこわしが発生した。

☐**7.** 内容 ✕ **18世紀半ばには惣百姓一揆が盛んであった。**
江戸時代には**百姓一揆**が発生した。17世紀後半には村の代表者が領主に直訴する代表越訴型一揆，17世紀末には惣百姓一揆も各地でみられるようになった。

〈寛政の改革〉

☐**8.** 内容 ○ 11代将軍徳川家斉のもと，老中**松平定信**は**天明の飢饉**からの復興を進めた。飢饉対策として，各地に社倉・義倉をつくらせて米穀を蓄えさせた（囲米）。

☐**9.** 寛政の改革で幕府は，他国への出稼ぎを制限した。

☐**10.** 松平定信は，江戸で町入用を節約させ，七分積金を行わせた。

☐**11.** 寛政の改革では，江戸の石川島に人足寄場を設けて無宿者などを収容した。

☐**12.** 寛政の改革では，棄捐令が出され，旗本や御家人の俸禄米を幕府から受け取り，売却していた ＿＿＿＿＿ が彼らに貸し付けたお金を帳消しにした。
① 札差　② 蔵米取

☐**13.** 18世紀後半には，寛政の三博士と呼ばれる儒学者が活躍した。

☐**14.** 松平定信は，『海国兵談』の著者である佐藤信淵を処罰した。

☐**15.** 柳亭種彦は，寛政の改革の風俗統制を受けて処罰された。

☐**16.** 18世紀後半，領内の農民に農業技術を指導する目的で，藩校を設立した。

2 宝暦・天明期の文化
〈学問・教育〉

☐**1.** 徳川吉宗が野呂元丈らに英語を学ばせたことを契機に，蘭学が芽生えた。

□**9.** 内容 ○　松平定信は，天明の飢饉からの復興策として，人口減少が著しい東北などで出稼ぎを禁止した。都市へ流入した貧民には帰村を奨励した（旧里帰農令）。

□**10.** 内容 ○　寛政の改革では，町々に町費の節約を命じ，節約分の7割を積み立てさせ（七分積金），これを運用させて災害時の貧民救済の体制を整えた。

□**11.** 内容 ○　飢饉時の打ちこわし激化を背景に治安対策として，石川島に人足寄場を設け，定職・住居をもたない無宿人を強制的に収容し，職業訓練を行った。

□**12.** 内容 ①　旗本や御家人の俸禄米を売却していたのは札差である。
札差は旗本・御家人の蔵米の受取・売却を行い，金融業で巨利を得ていた。松平定信は棄捐令を出し，旗本・御家人の貸金を放棄させた。

□**13.** 内容 ○　松平定信は寛政異学の禁を発して，聖堂学問所での朱子学以外の儒学の講義を禁じ，儒官に柴野栗山・尾藤二洲・岡田寒泉を任じた（寛政の三博士）。

□**14.** 内容 ✕　『海国兵談』の著者は林子平である。
民間に対して出版統制令を出して，政治への風刺や批判を抑えた。林子平が『三国通覧図説』や『海国兵談』を著したことを幕政への批判とみて弾圧した。

□**15.** 時期 ✕　柳亭種彦は寛政の改革で処罰されていない。
黄表紙（恋川春町）や洒落本（山東京伝）が風俗を乱すとして出版を禁じたり，その出版元（蔦屋重三郎）を処罰した。

□**16.** 内容 ✕　藩士の人材登用策として藩校を設立した。
諸藩では人材登用のため藩校を整備した。熊本藩（細川重賢）の時習館，米沢藩（上杉治憲）の興譲館，秋田藩（佐竹義和）の明徳館などがある。

🔍 解答・ポイント

〈学問・教育〉

□**1.** 内容 ✕　英語ではなく，オランダ語を学ばせた。
8代将軍徳川吉宗は，漢訳洋書の輸入制限をゆるめ，青木昆陽・野呂元丈らにオランダ語を学ばせた。その結果，洋学（蘭学）が本格的に発達した。

□**2.** 洋学者の宇田川玄随は，西洋医学の解剖書を訳した『解体新書』を著した。

□**3.** 大槻玄沢は，『蘭学階梯』を著すなど，蘭学の普及につとめた。

□**4.** 賀茂真淵の弟子荷田春満は，『万葉集』などの研究を進めた。

□**5.** 本居宣長は，長年にわたって『古事記』を研究した成果を『大日本史』としてまとめた。

□**6.** 塙保己一は，和学講談所を設立し，『群書類従』を編集・刊行した。

□**7.** 幕府が江戸につくった懐徳堂からは，町人出身の学者も生まれた。

□**8.** 心学は，山片蟠桃らによって全国に広められた。

□**9.** 安藤昌益は，『自然真営道』を著して社会を批判した。

□**10.** 竹内式部は，江戸の民衆に尊王論を説いて幕府に処罰された。

〈文芸・美術〉
□**11.** 山東京伝は，寛政の改革の風俗統制を受けて処罰された。

□**2.** 内容 ✕ 『**解体新書**』は杉田玄白・前野良沢らによる。
杉田玄白・前野良沢らは解剖図録『ターヘル＝アナトミア』を翻訳して『**解体新書**』を刊行し，宇田川玄随は内科書を翻訳した『西説内科撰要』を刊行した。

□**3.** 内容 ◯ 大槻玄沢は江戸に芝蘭堂を開いて門人を集め，蘭学の入門書『**蘭学階梯**』を著した。その門人である稲村三伯は蘭日辞書『**ハルマ和解**』をつくった。

□**4.** 内容 ✕ 荷田春満の弟子が賀茂真淵である。
古典研究は日本古来の道を説く，**国学**に発展した。荷田春満（『創学校啓』）や門人の賀茂真淵（『**国意考**』）は，儒教・仏教も外来思想として排した。

□**5.** 内容 ✕ 本居宣長は『**古事記伝**』をまとめた。
伊勢松坂の本居宣長は，**賀茂真淵**に学び，国学を思想的に高めて『**古事記伝**』を著し，日本古来の精神に返ることを主張した。

□**6.** 内容 ◯ 塙保己一は，幕府の援助を受けて**和学講談所**を設立し，古典の収集・保存を進め，『**群書類従**』などの編集・刊行を行った。

□**7.** 内容 ✕ 懐徳堂は大坂の町人がつくった塾である。
郷学の一つである懐徳堂は大坂の町人の出資で設立された。『出定後語』を著した富永仲基や『夢の代』を著した山片蟠桃などの異色の学者を生んだ。

□**8.** 内容 ✕ 山片蟠桃は心学の学者ではない。
18世紀初め，京都の町人石田梅岩は心学を創始して，町人の道徳を説き，弟子の手島堵庵・中沢道二らによって全国に広められた。

□**9.** 内容 ◯ 安藤昌益は『**自然真営道**』を著して，万人直耕の自然世を理想として，武士が農民から搾取する身分社会を批判した。

□**10.** 内容 ✕ 竹内式部は京都で公家たちに尊王論を説いて処罰された。
竹内式部は公家たちに尊王論を説いて追放刑となった（**宝暦事件**）。山県大弐は江戸で幕政を批判し，尊王論を説いたため，死刑となった（**明和事件**）。

〈文芸・美術〉

□**11.** 内容 ◯ 江戸の遊里を描く洒落本が流行し，山東京伝は『**仕懸文庫**』を書いた。しかし，**寛政の改革**で弾圧されると衰えた。

☐**12.** 恋川春町の代表的な黄表紙に，『金々先生栄花夢』がある。

☐**13.** 和歌から派生した狂歌では，大田蜀山人や宿屋飯盛が活躍し，また川柳では，『誹風柳多留』（『俳風柳樽』）を選んだ竹田出雲が著名である。

☐**14.** 工藤平助は，雪国の生活や風俗を『北越雪譜』に描写した。

☐**15.** 1804年（文化元年），浮世絵師の ☐☐☐☐ が入牢3日・手鎖50日を命じられた。
　　① 喜多川歌麿　　② 谷文晁

☐**16.** 中国から伝わった南画の影響を受け，池大雅らが優れた文人画を残した。

☐**17.** 円山応挙は，錦絵の創出に主導的役割を果たした。

☐**18.** 司馬江漢が西洋画の技法により銅版画を制作した。

3 化政時代から天保の改革
〈化政時代〉

☐**1.** 関東取締出役は，年貢徴収を目的に，幕府が設置したものである。

☐**2.** 自前の原料・資金で生産する問屋制家内工業により，絹織物が盛んに織られた。

□**12.** **内容** ○ 風刺のきいた絵入り小説である黄表紙が流行し，恋川春町は『金々先生栄花夢』を書いた。黄表紙も寛政の改革で弾圧された。

□**13.** **内容** × 竹田出雲は脚本家である。川柳は柄井川柳。
柄井川柳は俳句の形式を借りて世相や風俗を風刺する川柳を定着させた。一方，大田南畝らにより和歌から派生した狂歌が盛んになった。

□**14.** **内容** × 『北越雪譜』は工藤平助ではなく，鈴木牧之の作品である。
地方でも文化が発展した。越後の鈴木牧之は山東京伝ら江戸の文化人と交わり，『北越雪譜』を著した。工藤平助は『赤蝦夷風説考』を田沼意次に提出した。

□**15.** **内容** ① 浮世絵師は喜多川歌麿。谷文晁は文人画。
鈴木春信は多色刷りの浮世絵版画（錦絵）を完成した。美人画を描いた喜多川歌麿や役者絵を描いた東洲斎写楽らが，大首絵の作品を生み出した。

□**16.** **内容** ○ 明や清の影響を受けた文人画が描かれた。池大雅・与謝蕪村は合作で『十便十宜図』を描いた。19世紀前半には渡辺崋山（『鷹見泉石像』）が出た。

□**17.** **内容** × 円山応挙は錦絵を描いていない。
狩野派に学んだ円山応挙（『雪松図屏風』）は，西洋画の遠近法を取り入れ，写生画を描いた。円山派から出た呉春（松村月溪）は四条派を開いた。

□**18.** **内容** ○ 18世紀後半，平賀源内（『西洋婦人図』）が油絵を描き，それに学んだ司馬江漢（『不忍池図』）らは銅版画を制作した。

解答・ポイント

〈化政時代〉

□**1.** **内容** × 関東取締出役は治安維持のために設置した。
寛政の改革後の11代将軍徳川家斉の時代が化政時代である。幕府は関東では博徒の横行などで治安が悪化したため，関東取締出役を設けて取締りにあたらせた。

□**2.** **内容** × 問屋制家内工業は百姓らが自前で生産したのではない。
問屋制家内工業が展開していたが，19世紀前半，綿織物業や絹織物業では賃労働者を集めて生産を行う工場制手工業（マニュファクチュア）が出現した。

□**3.** 木綿や菜種の流通独占に反対して，摂津・河内・和泉の1000か村を越す村々が結集した 　　　　　 と呼ばれる大規模な訴願運動が起こった。
　① 　国訴　　② 　越訴

□**4.** 江戸時代後期，大原幽学は，農村の復興を指導した。

〈江戸時代後期の対外関係〉

□**5.** ロシア使節ラクスマンが，日本との通商を求めて長崎に来航したが，幕府はその要求を拒否した。

□**6.** レザノフは，大黒屋光太夫（幸太夫）をともなって根室に来航した。

□**7.** 19世紀前半，ロシア軍艦の艦長ゴローニン（ゴローウニン）が，国後島で捕らえられた。

□**8.** 最上徳内は，シベリア方面を探検した。

□**9.** ロシアの蝦夷地進出に対して幕府は，近藤重蔵に命じて，千島の探検をさせた。

□**10.** ロシアの蝦夷地進出に対して幕府は，間宮林蔵に命じて，樺太とその対岸の探検をさせた。

□**11.** 渡辺崋山は『戊戌夢物語』を著し，幕府による対外政策の無謀さを訴えた。

□**3.** 内容① 大規模な訴願運動を国訴という。

大坂周辺の農村では問屋による木綿や菜種の流通独占などに反対し，数か国の村々が連合して国訴といわれる訴願運動を行い，流通の自由を実現させた。

□**4.** 内容○ 19世紀には，荒廃田を回復させて農村を復興させる試みが各地で行われた。二宮尊徳の**報徳仕法**や大原幽学の性学などがその例である。

〈江戸時代後期の対外関係〉

□**5.** 内容✕ ラクスマンは長崎ではなく，根室に来航した。

ロシア使節ラクスマンが根室に来航し，漂流民の大黒屋光太夫を送り届け，通商を要求した。しかし，幕府はそれを拒否して江戸湾と蝦夷地の防備を強化した。

□**6.** 内容✕ 大黒屋光太夫をともない根室に来航したのはラクスマン。

ロシア使節レザノフは**ラクスマン**の持ち帰った入港許可証をもって長崎に来航したが幕府が冷淡な対応をしたため，日露の衝突が起こった。

□**7.** 内容○ 国後島でロシア船艦長ゴローウニンを日本側が捕らえて監禁した。

ロシア側に抑留された高田屋嘉兵衛と交換して解決し，日露関係は改善した。

□**8.** 内容✕ 最上徳内はシベリアを探検していない。

工藤平助は『**赤蝦夷風説考**』を著し，**田沼意次**に提出した。田沼は蝦夷地の開発とロシアとの交易の可能性を探らせるため，最上徳内らを蝦夷地に派遣した。

□**9.** 内容○ ロシア船の接近に対して，幕府は近藤重蔵らに探査させ，「大日本恵登呂府」の標柱を立てさせた。その後，幕府は蝦夷地を直轄化し松前奉行を置いた。

□**10.** 内容○ 幕府が蝦夷地を直轄化した翌年の1808年，間宮林蔵に命じて樺太とその対岸を探検させた。

□**11.** 内容✕ 渡辺崋山は『**慎機論**』を著した。

米船モリソン号に幕府は異国船打払令を適用した。渡辺崋山は『**慎機論**』，高野長英は『**戊戌夢物語**』で幕政批判をしたため処罰された（蛮社の獄）。

〈天保の改革〉

☐**12.** 天保の飢饉で困窮した人々によって，甲斐国などでは大規模な一揆が引き起こされた。

☐**13.** 滑稽本で政治批判を行ったため，為永春水が処罰された。

☐**14.** 天保の改革では，農村から江戸に貧民が流入することに対して，人返しの法を出した。

☐**15.** 幕府は，天保の改革の際に上知令を出し，江戸・大坂周辺の農民の土地を取り上げようとした。

☐**16.** 薩摩藩では，調所広郷が砂糖の専売強化や琉球貿易の増大をはかり，藩財政の建て直しに貢献した。

☐**17.** 長州藩の村田清風は，藩財政の再建をはかる一方，農民の不満をやわらげるため専売制を改革した。

4 化政文化

〈学問・教育〉

☐**1.** 幕府は，蛮書和解御用（のちの蕃書調所）を設けて洋書の翻訳にあたらせた。

☐**2.** シーボルトは，長崎郊外に鳴滝塾を開き，杉田玄白ら多くの弟子を育成した。

☐**3.** 緒方洪庵が，長崎に適塾を開いて，医学などの講義を行ったが，その門下からは，福沢諭吉や伊藤博文らが出た。

〈天保の改革〉

☐**12.** 内容 ○ 天保の飢饉により甲斐国や三河国で一揆が起こった。大坂でも大坂町奉行の元与力で陽明学者の<u>大塩平八郎</u>が反乱を起こし，幕府に動揺を与えた（1837年）。

☐**13.** 内容 ✕ 為永春水は滑稽本の作者ではない。
12代将軍徳川家慶のもと，老中**水野忠邦**が天保の改革を進めた。人情本作家為永春水（『**春色梅児誉美**』），合巻作家柳亭種彦（『**偐紫田舎源氏**』）が処罰された。

☐**14.** 内容 ○ **水野忠邦**は，百姓の出稼ぎを禁じ，江戸に流入した貧民の帰村を強制する人返しの法を発令し，天保の飢饉で荒廃した農村再建をはかろうとした。

☐**15.** 内容 ✕ 上知令では大名・旗本の領地を直轄領にしようとした。
水野忠邦は上知令を出し，江戸・大坂周辺の約50万石の地を直轄地にして，財政安定や対外防備の強化をはかろうとしたが，大名・旗本の反対で失敗した。

☐**16.** 内容 ○ 19世紀前半，薩摩藩では調所広郷を登用し，**黒砂糖**の専売制を強化して**琉球王国**との貿易を増やすなど，財政を再建した。

☐**17.** 内容 ○ 長州藩では，村田清風が登用され，<u>越荷方</u>を置いて，下関に寄港する廻船に対する金融や積荷の保管をさせ，収益をあげて財政再建した。

🔍 解答・ポイント

〈学問・教育〉

☐**1.** 内容 ○ 高橋景保の建議で幕府は天文方に蛮書和解御用を設けた。1828年，景保はオランダ商館医であった**シーボルト**に日本地図を渡したため，処罰された。

☐**2.** 時期 ✕ 杉田玄白は18世紀後半の洋学者，鳴滝塾では学んでいない。
ドイツ人**シーボルト**は鳴滝塾を長崎郊外に開き（19世紀初），**高野長英**らの人材を育てた。帰国の際にもち出し禁止の地図をもっていたため，処分された。

☐**3.** 内容 ✕ 適塾は長崎ではなく，大坂に開かれた。
緒方洪庵が大坂で始めた蘭学塾の適々斎塾（適塾）では，福沢諭吉・**大村益次郎**・橋本左内など多彩な人材が育った。

☐**4.** 志筑忠雄は，ケンペルの著書『日本誌』の一部を訳し，「鎖国論」と題した。

☐**5.** 伊能忠敬は，全国の沿岸の測量を行い，『大日本沿海輿地全図』の作成にあたった。

☐**6.** 平田篤胤は，賀茂真淵の説を受けて唯一神道を唱えたが，この説は豪農層の間にも普及した。

☐**7.** 会沢安（正志斎）や藤田東湖は，水戸学の発展に大きな役割を果たした。

☐**8.** 佐藤信淵は，航海や貿易などの必要性を論ずる『西域物語』を著した。

〈文芸・美術〉

☐**9.** 歴史を素材とした滝沢馬琴の『南総里見八犬伝』などの [   ] が出版されて，広く読まれた。
　　① 黄表紙　　② 読本

☐**10.** 庶民の生活を描いた滑稽本では，十返舎一九の『東海道中膝栗毛』，式亭三馬の『金々先生栄花夢』などの作品がある。

☐**11.** 葛飾北斎らによる風景版画が出版された。

〈庶民生活〉

☐**12.** 端午や七夕などの [   ] や祝儀・祭礼など，さまざまな行事で人々は飲食を楽しんだ。
　　① 節句　　② 盂蘭盆会

□4. 内容 ○ 元オランダ通詞の志筑忠雄は『暦象新書』でニュートンの万有引力説などを紹介。また，**ケンペル**の『日本誌』の一部を翻訳し，「鎖国」の語を初めて使った。

□5. 内容 ○ 天文方に学んだ伊能忠敬は，幕府の命で全国の沿岸を測量し，『**大日本沿海輿地全図**』の作成を進めた。

□6. 内容 × 平田篤胤は唯一神道ではなく，復古神道を唱えた。
本居宣長の影響を受けた平田篤胤が出て復古神道を唱えた。その思想は各地の神官や豪農に広く受け入れられ，幕末の尊王攘夷運動に影響を与えた。

□7. 内容 ○ 『大日本史』の編纂から生まれた**水戸学**は，藤田東湖や会沢安（『新論』）らの学者が出て尊王攘夷論を説き，幕末の思想や運動に影響を与えた。

□8. 内容 × 『西域物語』を著したのは本多利明である。
19世紀には経世家の活動が活発になった。海保青陵は『稽古談』，佐藤信淵は『経済要録』，本多利明は『西域物語』『経世秘策』を著した。

〈文芸・美術〉

□9. 内容 ② 滝沢馬琴は読本作家である。
歴史や伝説を題材にした読本は，18世紀後半，大坂の上田秋成（『雨月物語』）に始まり，江戸の曲亭（滝沢）馬琴が『**南総里見八犬伝**』などを描いた。

□10. 内容 × 『金々先生栄花夢』は恋川春町の作品である。
滑稽さや笑いをもとに庶民生活を描いた滑稽本では，式亭三馬（『浮世風呂』『浮世床』）や十返舎一九（『東海道中膝栗毛』）が現れた。

□11. 内容 ○ 錦絵の風景画が流行した。葛飾北斎の『**富嶽三十六景**』，歌川広重の『**東海道五十三次**』が有名である。開国後はヨーロッパの印象派に影響を与えた。

〈庶民生活〉

□12. 内容 ① 端午や七夕は節句である。
庶民の間では，桃・端午・七夕などの五節句や春分・秋分をはさむ仏事の彼岸会，祖先の霊をまつる供養である盂蘭盆会などの行事が行われた。

□**13.** 多数の人々が伊勢神宮に参詣する，御蔭参りが周期的に起こった。

□**14.** 寺社参詣の旅を目的とする庚申講が，各地につくられ講から選ばれた代表者が参詣におもむいた。

⑤ センター試験と変わらない問題

　2018年度の試行調査を解いてみると，新しいタイプの資料読解問題だけではないことがわかります。以下の問題を見てみましょう。

第4問　問2　(1)
(1) 化政文化に関して述べた文として誤っているものを、次の①～④のうちから一つ選べ。

①十返舎一九の著した滑稽本が広く読まれた。
②富士山を題材にした葛飾北斎の浮世絵が人気を博した。
③近松門左衛門が人形浄瑠璃の脚本を書いた。
④曲亭（滝沢）馬琴が勧善懲悪を盛り込んだ読本を執筆した。

□**13.** 内容 ○ **伊勢神宮**・善光寺・金毘羅宮などへの寺社参詣や聖地・霊場への巡礼が盛んであった。数十年ごとに伊勢神宮への爆発的な参詣も起こった（御蔭参り）。

□**14.** 内容 × **庚申講は庶民の習俗で，寺社参詣ではない。**
庶民の習俗として，**日待**，**月待**，庚申の日に徹夜する庚申講などがあり，行事に参加する集団は講を結んだ。信仰から始まったが社交・娯楽の場となった。

解答③

　これは従来のセンター試験や私大で出題されている一般的な文章正誤問題です。時期の判断を求める問題ではありますが，明らかに**歴史用語を知らなければ解けない問題**です。このような問題も散見されます。

　共通テストの学習をするにあたって，出題形式に惑わされてはいけません。日本史を理解するためには「歴史用語の知識」不可欠です。資料の読解問題が多いからといって用語の暗記を怠ってはいけません。

　共通テストにおいても，高校で使用されている教科書に掲載されているレベルの歴史用語を知っておく必要があります。理解力や思考力などという言葉だけに惑わされず，歴史用語もしっかり覚える必要があります。

1～15の文Ⅰ～Ⅲについて，それぞれ古いものから年代順に正しく配列しなさい。

1．織田信長について
Ⅰ　足利義昭を擁して上洛した。
Ⅱ　長篠合戦で武田勝頼を破った。
Ⅲ　桶狭間の戦いで今川義元を破った。

2．豊臣秀吉について
Ⅰ　柴田勝家を破ると，石山本願寺の跡地に大坂城を築き始めた。
Ⅱ　関白に任じられると，京都に聚楽第を築き始めた。
Ⅲ　朝鮮出兵の拠点として，九州北部に名護屋城を築き始めた。

3．近世初期の外交
Ⅰ　コレジオやセミナリオが，各地に建てられた。
Ⅱ　中国人の居住地を，長崎の唐人屋敷に限定した。
Ⅲ　中国船以外の外国船の寄港地を，平戸と長崎に制限した。

4．近世初期の対外関係
Ⅰ　ポルトガル船の来航が全面的に禁止された。
Ⅱ　島津氏は，琉球征服の直後，琉球の検地を行い，その石高を確定した。
Ⅲ　朝鮮出兵を前に人掃令が出された。

5．江戸時代の朝幕関係
Ⅰ　後水尾天皇が事前に幕府と相談せず，徳川秀忠の孫の明正天皇に譲位した。
Ⅱ　光格天皇が実父に尊号を贈りたいと望んだが，老中松平定信はこれを拒否し，関与した公家を処罰した。
Ⅲ　新井白石の進言などにより，閑院宮家が創設された。

6．江戸時代の貨幣
Ⅰ　幕府が銀座を開設し，丁銀・豆板銀を鋳造させた。
Ⅱ　外国人が銀貨を日本に持ち込み，多量の金貨を海外へ持ち出した。
Ⅲ　金貨の単位で表された銀貨が，はじめて鋳造された。

📝解答・ポイント

1. 展開 Ⅲ → Ⅰ → Ⅱ
織田信長は，［Ⅲ］**桶狭間の戦い**（1560 年）で**今川氏**を破り，斎藤氏を滅ぼした後，［Ⅰ］**足利義昭**を立てて上洛（入京）し（1568 年），将軍職につけた。［Ⅱ］その後，**長篠合戦**（1575 年）で**武田氏**を破った。

2. 展開 Ⅰ → Ⅱ → Ⅲ
豊臣秀吉は，［Ⅰ］**賤ヶ岳の戦い**（1583 年）で**柴田勝家**を破り，信長の後継者の地位を確立し［Ⅱ］**関白**に任じられ（1585 年），天皇から全国の支配をゆだねられたと称した。［Ⅲ］**明**の征服をめざし，その明出兵の先導を拒否した朝鮮に出兵した（1592 年）。

3. 展開 Ⅰ → Ⅲ → Ⅱ
戦国時代（16 世紀）にキリスト教が伝わり，［Ⅰ］**コレジオ**（宣教師養成学校）や**セミナリオ**（神学校）が建てられた。江戸時代（17 世紀），**禁教令**が出され，貿易統制が進み，［Ⅲ］中国人以外の寄港地を**平戸**と**長崎**に限定（1616 年）し，**スペイン**船（1624 年），**ポルトガル**船（1639 年）を来航禁止とし，**オランダ**商館を長崎の**出島**に移した（1641 年）。その後，［Ⅱ］中国人の居住地を長崎の**唐人屋敷**とした（1689 年）。

4. 権力者 Ⅲ → Ⅱ → Ⅰ
Ⅲ **朝鮮侵略**は豊臣政権。
Ⅱ 徳川家康の許可で島津氏は**琉球征服**を行った（1609 年）。
Ⅰ ポルトガル船の来航禁止（1639 年）は 3 代将軍**徳川家光**時代のこと。

5. 権力者 Ⅰ → Ⅲ → Ⅱ
Ⅰ 2 代将軍**徳川秀忠**の大御所時代，**紫衣事件**（1627 ～ 29 年）のこと。
Ⅲ 新井白石の**正徳の政治**（6・7 代将軍家宣・家継の時代）のとき。
Ⅱ 11 代将軍**徳川家斉**の時代，**尊号一件**のこと。**松平定信**の**寛政の改革**のころ。

6. 時代 Ⅰ → Ⅲ → Ⅱ
Ⅰ 17 世紀初，**銀座**が開設されたのは，江戸時代初期。
Ⅲ 18 世紀後，**南鐐二朱銀**のこと，**田沼時代**に鋳造された。
Ⅱ 19 世紀半，幕末，**安政の五カ国条約**締結後の貿易開始（1859 年）により，日本は欧米に比して金安・銀高だったため金が海外へ流出した。

年代順配列問題

7．江戸の都市政策
 Ⅰ　株仲間を解散させ，物価引下げをはかった。
 Ⅱ　七分積金をもとに，江戸町会所によって都市貧民を救済する体制が
　　つくられた。
 Ⅲ　消防制度を整備して，町火消を設置した。

8．幕府の経済政策
 Ⅰ　銅・鉄・真鍮・朝鮮人参などの座を設けた。
 Ⅱ　大坂堂島の米市場を公認した。
 Ⅲ　株仲間の解散を命じ，商人らの自由売買を認めた。

9．外国人の来航
 Ⅰ．イエズス会の宣教師シドッチが，屋久島に潜入した。
 Ⅱ．イギリス船フェートン号が，オランダ船を追って長崎に侵入した。
 Ⅲ．ウィリアム＝アダムズらが乗ったリーフデ号が，豊後臼杵に漂着し
　　た。

10．異国船の来航
 Ⅰ　イギリス軍艦フェートン号が長崎に侵入した。
 Ⅱ　アヘン戦争の情報を受けた幕府により，薪水給与令が出された。
 Ⅲ　異国船打払令（無二念打払令）が出された。

11．海難事故の漂流民の送還
 Ⅰ　ロシア人レザノフが，陸奥国石巻を出港した廻船の漂流民を，長崎
　　に送還した。
 Ⅱ　日本人漂流民を乗せて来航したアメリカ商船モリソン号が，異国船
　　打払令によって砲撃された。
 Ⅲ　ロシア人ラクスマンが，伊勢国白子を出港した廻船の漂流民を，根
　　室に送還した。

12．儒者と対外関係
 Ⅰ　水戸藩の会沢安（正志斎）が『新論』を書き，尊王攘夷運動に影響
　　を与えた。
 Ⅱ　木下順庵の門人である雨森芳洲が，対馬藩で朝鮮外交に尽力した。
 Ⅲ　幕府に登用された林羅山が，外交文書を起草した。

7. (権力者) Ⅲ→Ⅱ→Ⅰ

Ⅲ　享保の改革，8代将軍徳川吉宗，町奉行大岡忠相中心に都市政策を進めた。

Ⅱ　寛政の改革，11代将軍徳川家斉，老中**松平定信**は**七分積金**を命じた。

Ⅰ　天保の改革，12代将軍徳川家慶，老中**水野忠邦**が**株仲間の解散**を命じた。

8. (権力者) Ⅱ→Ⅰ→Ⅲ

Ⅱ　享保の改革，8代将軍徳川吉宗は米価安に対応するため，**堂島の米市場**を公認した。

Ⅰ　田沼時代，老中田沼意次は**座**を設け，流通の統制と運上徴収をはかった。

Ⅲ　天保の改革，老中水野忠邦は，**株仲間の解散**を命じ，物価の引き下げをはかった。

9. (時代) Ⅲ→Ⅰ→Ⅱ

Ⅲ　江戸初期，**リーフデ号**は豊後臼杵に漂着し（1600年），アダムズらが**徳川家康**に登用された。

Ⅰ　江戸中期，シドッチの訊問から**新井白石**は『采覧異言』『西洋紀聞』を著した。

Ⅱ　江戸後期，**化政時代**，**フェートン号事件**（1808年）。

10. (展開) Ⅰ→Ⅲ→Ⅱ

［Ⅰ］**フェートン号事件**（1808年）後も，イギリス船が日本近海に出没して薪水・食糧などを強要することが多くなったため，幕府は［Ⅲ］**異国船打払令**（1825年）を出した。しかし，［Ⅱ］**アヘン戦争**（1840〜42年）で清がイギリスに敗北したことで衝撃を受け，打ち払いを緩和して**天保の薪水給与令**（1842年）を出した。

11. (展開) Ⅲ→Ⅰ→Ⅱ

ロシア使節の［Ⅲ］**ラクスマン**が根室に来航（1792年）したのは寛政の改革のころで，続いて［Ⅰ］**レザノフ**が長崎に来航（1804年）したが，幕府通商要求を拒否した。その後，**異国船打払令**を出し（1825年），アメリカ船の［Ⅱ］**モリソン号**を打ち払った（1837年）。

12. (権力者) Ⅲ→Ⅱ→Ⅰ

Ⅲ　江戸初期，**林羅山**は徳川家康に登用された。

Ⅱ　江戸中期，**木下順庵**は5代将軍徳川綱吉に登用され，その弟子新井白石は正徳の政治を進め，雨森芳洲と対立した。

Ⅰ　江戸後期，**会沢安**の『新論』は幕末の尊王攘夷思想に影響を与えた。

年代順配列問題

13. 西洋情報の摂取
Ⅰ 新井白石が，イタリア人宣教師シドッチを訊問した。
Ⅱ 幕府の天文方に，翻訳のための蛮書和解御用が置かれた。
Ⅲ 漢訳洋書のうち，キリスト教にかかわらないものの輸入が認められた。

14. 民衆道徳
Ⅰ 二宮尊徳は，報徳仕法を行うなかで勤勉・倹約などの道徳を説いた。
Ⅱ 教訓・啓蒙的な話に題材をとった，仮名文で書かれた仮名草子が成立した。
Ⅲ 手島堵庵は，道徳をわかりやすく説く心学の普及につとめた。

15. 近世の印刷物
Ⅰ 宣教師が伝えた活字印刷術によって，天草版（キリシタン版）がつくられた。
Ⅱ 『日本永代蔵』などの，浮世草子とよばれる小説が著された。
Ⅲ 喜多川歌麿が，多色刷の浮世絵版画（錦絵）の絵師として活躍した。

---

⑥ 初見史料の読解問題

下線部［市制・町村制］の制定理由を記した次の史料も参考にしながら，この制度について述べた文として正しいものを，下の①～④のうちから一つ選べ。

分権の主義に依り行政事務を地方に分任し，国民をして公同 (注1) の事務を負担せしめ，以て自治の実を全からしめんとするには，地方の人民をして名誉の為め，無給にしてその其職を執らしむるを要す。而して之を担任するは其地方人民の義務と為す。力めて多く地方の名望ある者を挙げて此任に当らしむ。

（「市制町村制理由」）

（注1） 公同：公共のこと。

① アメリカ人の法律学者クラークの助言を得て，制定された。
② 市町村の行政事務を掌る者には，給与を支払うことが原則とされた。
③ 市町村の行政事務を担うのは，国民の義務であるとされた。
④ 市町村の行政事務は，名望にかかわりなく平等に担うこととされた。

13. 時代 Ⅰ→Ⅲ→Ⅱ

Ⅰ　正徳の政治を進めた**新井白石**は，シドッチの訊問から『采覧異言』『西洋紀聞』を著した。

Ⅲ　享保の改革を進めた8代将軍**徳川吉宗**は，漢訳洋書輸入の禁を緩和した。

Ⅱ　化政時代，幕府は天文方に蛮書和解御用を設置した（1811年）。

14. 時代 Ⅱ→Ⅲ→Ⅰ

Ⅱ　寛永文化，**仮名草子**は江戸初期に書かれた小説。

Ⅲ　宝暦・天明文化，**心学**は**石田梅岩**が創始。

Ⅰ　化政文化，**二宮尊徳**は農村復興の指導者。

Ⅲ
近世

15. 時代 Ⅰ→Ⅱ→Ⅲ

Ⅰ　桃山文化，活字印刷術はイエズス会の宣教師**ヴァリニャーニ**が伝えた。

Ⅱ　元禄文化，**浮世草子**は**井原西鶴**が創始した。

Ⅲ　宝暦・天明文化，**喜多川歌麿・東洲斎写楽**が大首絵を描いた。

年代順配列問題

解答③

　ここでは，センター日本史Bで出題された史料問題を利用して，**初見史料の問題**について考えてみましょう。初見史料とは，受験生が試験の当日に初めて見る史料で，主に教科書に掲載されていないものをさします。特に，試行調査を見る限りでは，共通テストにおいて史料の読解問題が多く出題されると思われます。

　初見史料の問題の多くは受験生の**史料読解能力を試す**もので，史料は知らなくても，**その場で考えれば解けます**。例題を見てみましょう。史料は受験生が知らないものでしょう。史料の内容と選択肢を照合してください。①は史料とは関係ありません。市制・町村制はドイツ人モッセの助言なので誤文です。②は，史料の「無給にして其職を執らしむる」より，「給与を支払う」が誤りです。③は，史料の「之を担任するは其地方人民の義務」から「国民の義務」は正しいと考えていいでしょう。④は史料の「地方の名望ある者を挙げて此任に当らしむ」から「名望にかかわりなく平等に担う」が誤りです。以上のように，その場で考えれば解答が出せます。

第Ⅳ章　近代・現代

1 ｜ 江戸時代末期

1 開国と幕末の動乱

〈開国とその影響〉

□**1.** 1842年に清国が ［　　　　　　］ で敗れ，その情報が伝わると幕府は列強諸国との軍事衝突を回避する一方で，海防の強化をはかった。
① アヘン戦争　② アロー戦争

□**2.** ペリーを司令長官としたアメリカの艦隊が，琉球を経て浦賀に来航した。

□**3.** 1854年，［　　　　　　］ により箱館開港が決定されると，再び箱館およびその周辺を直轄化した。
① 日露協約　② 日米和親条約

□**4.** 幕末には，海防を強化するため，江戸湾に台場が築かれた。

□**5.** ハリスは，初代駐日総領事として下田に着任し，清国におけるアロー戦争を巧みに利用して，幕府との日米修好通商条約の締結に成功した。

□**6.** 井伊直弼が，勅許を得ないまま日米修好通商条約に調印したことは，尊王攘夷運動を高まらせた。

□**7.** 通商条約締結により横浜などが開港されると，アメリカが最大の貿易相手国となった。

□**8.** 開港直後の貿易で，日本からは，毛織物や綿織物などの繊維製品が多く輸出された。

🔍 解答・ポイント

〈開国とその影響〉

☐**1.** 内容 ① 1842年に清国が敗北したのはアヘン戦争である。
清国が**アヘン戦争**（1840〜42年）でイギリスに敗れると，幕府は異国船打払令を緩和し，天保の薪水給与令を出して鎖国を維持しようとした。

☐**2.** 内容 ○ アメリカ東インド艦隊司令長官の**ペリー**は，1853年，琉球の那覇に寄港した後，江戸湾の**浦賀**沖に現れた。同年，ロシアの**プチャーチン**が**長崎**に来航した。

☐**3.** 内容 ② 日米和親条約により箱館開港が決定された。
幕府は**ペリー**が再来航した1854年，日米和親条約を結び，下田・箱館の開港，薪水・食料の給与，片務的な最恵国待遇を与えることなどを決め，開国した。

☐**4.** 内容 ○ 老中**阿部正弘**は安政の改革を進め，前水戸藩主の徳川斉昭を幕政参与とし，国防充実のため，江戸湾に台場（砲台）を築き，大船建造の禁を解いた。

☐**5.** 内容 ○ アメリカ総領事として下田に駐在した**ハリス**は，老中堀田正睦と通商条約の交渉を進め，アロー戦争を背景にイギリス・フランスの脅威を説いた。

☐**6.** 内容 ○ 老中**堀田正睦**は条約勅許を得ようとしたが，攘夷主義者の孝明天皇に拒否された。大老**井伊直弼**は1858年，無勅許で日米修好通商条約を締結した。

☐**7.** 内容 ✕ 最大の貿易相手国はイギリスである。
日米修好通商条約では居留地での自由貿易を定めたが，領事裁判権や協定関税を定める**不平等条約**であった。貿易額は横浜が最大で，**イギリス**との取引が最も多かった。

☐**8.** 内容 ✕ 日本からの輸出が多かったのは生糸である。
1859年から横浜・長崎・箱館で貿易が始まった。輸出品は生糸・茶など，輸入品は毛織物・綿織物であった。輸入により国内の綿産業は大きな打撃を受けた。

☐**9.** 開港直後の貿易は輸入超過となり，国内では物価が高騰した。

☐**10.** 幕府は江戸の特権商人を通じて貿易を統制しようとし，五品江戸廻送令を出したが効果はなかった。

☐**11.** わが国の金の銀に対する交換比率が外国と比べて低かったので，大量の金貨が海外に流出した。

〈江戸幕府の滅亡〉

☐**12.** 井伊直弼は，一橋派の反対を抑え徳川慶福を将軍継嗣と定めた。

☐**13.** 安政の大獄に憤激した水戸浪士たちは禁門の変を起こし，大老井伊直弼が暗殺された。

☐**14.** 公武合体論の具体化として，孝明天皇の妹が一橋慶喜に嫁いだ。

☐**15.** 坂下門外の変後，薩摩藩の島津久光が勅使を奉じて江戸に下り，幕政の改革を要求した。

☐**16.** 坂下門外の変後，水戸藩の徳川斉昭が，将軍後見職に任命された。

☐**17.** 薩摩藩は，生麦事件の報復にきたフランス艦隊と交戦した。

□**9.** 内容 ✕   開国直後には，輸入超過ではなく，輸出超過となった。
     当初，<u>貿易は**輸出超過**となり，国内の商品不足から物価は高騰した</u>。1866年，**貿易章程**を改定した**改税約書**に調印したのち，貿易は**輸入超過**に転換した。

□**10.** 内容 ○   <u>幕府は物価高騰を抑制するため，1860年，五品江戸廻送令を出し，**雑穀・水油・蠟・呉服・生糸**は江戸の問屋を経由して輸出するように命じたが，失敗した。</u>

□**11.** 内容 ○   <u>日本では欧米に比べ金安・銀高であったため，金が海外に流出した。</u>そのため，幕府は品質を下げた<u>万延小判</u>を発行して金流出を防いだが，物価は上昇した。

〈江戸幕府の滅亡〉

□**12.** 内容 ○   <u>将軍継嗣問題では，一橋慶喜をおす親藩・外様の**一橋派**と，徳川慶福をおす譜代の**南紀派**が対立し，大老井伊直弼が慶福を後継者とした（14代将軍家茂）。</u>

□**13.** 内容 ✕   禁門の変ではなく，桜田門外の変である。
     大老**井伊直弼**は<u>安政の大獄</u>（1858〜59年）で**一橋派**など反対派を粛清したが，1860年，それに反発した水戸の浪士らに<u>桜田門外</u>で暗殺された。

□**14.** 内容 ✕   孝明天皇の妹が嫁いだのは14代将軍徳川家茂である。
     <u>老中安藤信正</u>は朝廷との融和をはかる公武合体策をとり，孝明天皇の妹<u>和宮</u>を14代将軍**徳川家茂**の妻に迎えたが，坂下門外の変で襲撃された。

□**15.** 内容 ○   薩摩の島津久光が勅使を奉じて江戸に下り，<u>文久の改革</u>（1862年）が行われた。<u>西洋式軍制の採用，参勤交代の緩和などを行った。</u>

□**16.** 内容 ✕   将軍後見職に任命されたのは一橋慶喜である。
     文久の改革では，**松平慶永**（越前）を政事総裁職に，**一橋慶喜**を将軍後見職に，**松平容保**（会津）を京都守護職に任命し，幕政の強化をはかった。

□**17.** 内容 ✕   フランスではなく，イギリスと交戦した。
     薩摩藩は江戸からの帰国途上，イギリス人の殺傷事件を起こした（生麦事件・1862年）。その報復に来たイギリス艦隊と交戦した（薩英戦争・1863年）。

□**18.** 会津藩は，薩摩藩などの勢力を京都から追放した八月十八日の政変を起こした。

□**19.** 幕末には，「世直し」を唱える一揆や打ちこわしが起こった。

□**20.** 天皇が大政を奉還して，政権を朝廷に返した。

□**21.** 王政復古の大号令が，幕府によって発せられた。

□**18.** 内容 ✕ 薩摩藩ではなく，長州藩の勢力を京都から追放した。
会津藩は薩摩藩とともに，1863年，長州藩勢力と急進派公家を
京都から追放し（八月十八日の政変），翌年，京都に攻め上った
長州藩を排除した（禁門の変）。

□**19.** 内容 ◯ 開国以降，庶民の社会不安は増大し，農村では世直し一揆，大坂
や江戸で打ちこわしが起こった。**天理教・金光教**などが広がり，
御蔭参りも発生した。

□**20.** 内容 ✕ 大政を奉還したのは天皇ではなく，将軍である。
1867年，薩長両藩に**討幕の密勅**が下った。同日，15代将軍徳川
慶喜は大政奉還の上表を朝廷に提出し，徳川主導による雄藩の連
合政権を構想した。

□**21.** 内容 ✕ 王政復古の大号令を発したのは天皇である。
大政奉還後，倒幕派は武力を背景に王政復古の大号令を発し，天
皇を中心とする新政府を樹立した。摂関・幕府を廃止して総裁・
議定・参与の**三職**を置いた。

1 明治維新から自由民権運動の始まり 1860〜70年代

〈新政府の樹立〉

□**1.** 戊辰戦争に際して，東北地方などの諸藩は奥羽越列藩同盟を結んで新政府軍と戦ったが，敗れた。

□**2.** 五箇条の誓文の内容は，天皇が公卿と諸侯を率い，神々に誓う儀式で確認された。

□**3.** 明治初期の政府の官制について，太政官制は，内閣制度が創立されるまで続いた。

□**4.** 政府はキリスト教を積極的に保護し，欧米諸国と協調する姿勢を示した。

□**5.** 明治と改元され，天皇一代に年号（元号）一つという一世一元の制が定められた。

□**6.** 明治政府は，神仏分離令を発して，各地の寺院を復興した。

□**7.** 政府は暦法の変更にあわせて，民衆生活に密着していた五節句を廃し，新たに天皇の誕生日である [　　　　　] などを祝日と定めた。
　① 紀元節　　② 天長節

□**8.** 明治政府が [　　　　　] を断行し，全国を直接統治することに成功したのは，1871年7月のことである。
　① 廃藩置県　　② 版籍奉還

解答・ポイント

〈新政府の樹立〉

☐**1.** 内容 ○ 戊辰戦争（1868〜69年）は，鳥羽・伏見の戦いから始まり，**江戸城開城**，**奥羽越列藩同盟**の抵抗を経て，箱館五稜郭で**榎本武揚**が降伏して終わった。

☐**2.** 内容 ○ 新政府は基本方針として五箇条の誓文（1868年）を公布した。公議世論の尊重と開国和親などを示し，天皇が神々に誓約する形式をとった。

☐**3.** 内容 ○ 新政府は，政体書を公布した。主な内容は**太政官**への権力集中，三権分立，府・藩・県の三治制などであった。太政官は**内閣制度**の創設で廃止された。

☐**4.** 内容 × 当初，政府はキリスト教を禁止した。
民衆方針である五榜の掲示（1868年）で，政府はキリスト教を禁止した。しかし，欧米諸国から批判され，1873年，キリスト教禁止の高札を撤廃した。

☐**5.** 内容 ○ 政府は関東鎮圧とともに，江戸を**東京**と改め，事実上の首都とした。さらに年号を明治と改元して一世一元の制を定め，明治天皇が即位の礼をあげた。

☐**6.** 内容 × 神道を国教とする方針を打ち出した。
政府は神仏習合を禁じて神道を国教とする方針を打ち出した（神仏分離令・1868年）。そのため，各地では仏教を排撃する廃仏毀釈の運動が起こった。

☐**7.** 内容 ② 天皇の誕生日は天長節である。
政府は1873年，皇室中心の行事である紀元節（神武天皇の即位の日）や天長節（明治天皇の誕生日）などを祝日，元始祭・神嘗祭を祭日とした。

☐**8.** 内容 ① 全国統治に成功したのは廃藩置県である。
1869年，諸藩に版籍奉還を命じ，藩の支配権を政府に移管した。しかし，税権・兵権が各藩に残ったため，1871年，廃藩置県を断行して藩制を全廃した。

☐**9.** 明治政府のもとで大名は知藩事に任命されていたが，廃藩置県のときに罷免された。

〈近代化政策〉

☐**10.** 岩倉使節団が派遣されているあいだに，廃藩置県・徴兵制・地租改正などの重要な政策が次々と実施された。

☐**11.** 明治政府は全国統一の戸籍法を制定し，壬申戸籍をつくった。

☐**12.** 政府は士族に与えていた家禄を廃藩置県と同時に全廃した。

☐**13.** 学制が公布され，6歳以上の士族の子弟すべてに学校教育を受けさせることがめざされた。

☐**14.** 1870年代には，軍事制度が整備され，免役規定のない国民皆兵制度が確立した。

☐**15.** 地租改正により，納税者は土地所有者，課税基準は収穫高と定められた。

☐**16.** 地租改正では納税方法が，金納から物納（米納）に変更された。

☐**17.** 政府は地租軽減を求める農民一揆を弾圧し，地租を増徴した。

□**9.** 内容 ○ **版籍奉還**で大名は**知藩事**となり，藩政にあたった。しかし，廃藩置県で**知藩事**は罷免され，中央政府から地方官として府知事・県令が派遣された。

〈近代化政策〉

□**10.** 時期 × 岩倉使節団は廃藩置県後に派遣された。
廃藩置県後，学制・徴兵令・地租改正の三大改革が行われた。これらの改革は**岩倉使節団**が派遣されている間に西郷隆盛らの留守政府により実施された。

□**11.** 内容 ○ 身分制改革で，大名・公家は華族，武士は士族，百姓・町人などは平民とされた。えた・非人などの呼称をやめ，新族籍による壬申戸籍が編成された。

□**12.** 内容 × 家禄は秩禄処分で全廃された。
版籍奉還以降，従来の俸禄に代わる**家禄**が支給された。その後，1873年，**秩禄奉還の法**を定め，1876年，金禄公債証書を与えて秩禄を全廃した（秩禄処分）。

□**13.** 内容 × すべての国民に教育を受けさせることがめざされた。
1871年，教育行政のために文部省を置き，翌年，**フランス**の制度にならった学制が公布され，すべての国民が男女とも教育を受ける**国民皆学**をめざした。

□**14.** 時期 × 明治初期には国民皆兵制度は確立していない。
山県有朋を中心に徴兵制度が整備された。1872年の徴兵告諭にもとづき，翌年，**国民皆兵**を原則とする徴兵令が公布された。しかし，免役規定があった。

□**15.** 内容 × 課税基準は，収穫高ではなく，地価とされた。
政府は1872年，地主・自作農に地券を発行して，翌年，地租改正条例を公布した。課税基準を収穫高から固定された地価とし，土地所有者を納税者とした。

□**16.** 内容 × 納税方法は物納（米納）から金納に変更された。
地租改正条例（1873年）により，納税方法は現物納から金納に改められ，税率を**地価の**3％とした。しかし，地主に支払う小作料は現物納のままであった。

□**17.** 内容 × 地租を軽減した。
地租改正で負担が減らなかったことなどから，1876年，地租改正反対一揆が起こり，翌1877年に政府は地租を3％から2・5％に下げた。

□**18.** 欧米諸国に派遣されていた岩倉使節団が帰国したとき，留守中の政府はすでに征韓論争で沸騰していた。

□**19.** 初代内務卿には，黒田清隆が就任した。

〈士族の反乱と自由民権運動の始まり〉

□**20.** 三島通庸の圧政に対抗するため，不平士族が佐賀の乱を起こした。

□**21.** 廃刀令の公布により，士族の帯刀が否定されたため，これが士族叛乱の一因となった。

□**22.** 特権を失った士族に不満がたかまり，佐賀の乱などの士族反乱があいつぎ，ついには西南戦争が起こった。

□**23.** 民撰議院設立建白書の提出直後，地方結社の代表が大阪に集まり，立志社を組織した。

□**24.** 国会期成同盟の建白を受け入れて，漸進的に立憲政体を樹立するという詔書が出された。

□**25.** 自由民権運動がはじまると政府は新聞紙条例によって，反政府的な言論活動を取り締まった。

□**26.** 三新法について，公選の府県会を設置して民意を組み入れるようにした。

☐**18.** 内容 ○ 　留守政府の**西郷**・板垣・江藤らは国内の不満をそらすため，征韓論を唱えたが，帰国した**使節団**の**大久保**・岩倉らと対立して，下野した（明治六年の政変）。

☐**19.** 内容 ✕ 　初代内務卿は大久保利通である。
　明治六年の政変後，内務省が設置され，長官となった大久保利通が政府の中心となった。内務省は警察行政・地方行政・殖産興業を管轄した。

〈士族の反乱と自由民権運動の始まり〉

☐**20.** 内容 ✕ 　佐賀の乱は征韓中止に反発して起こった。
　1874年，征韓派参議のひとりである江藤新平を擁した佐賀の不平士族が挙兵する**佐賀の乱**が起きた。

☐**21.** 内容 ○ 　1876年，廃刀令が出され，**秩禄処分**が行われると，神風連（敬神党）の乱（熊本），秋月の乱（福岡），萩の乱（山口）が起こり，いずれも政府が鎮圧した。

☐**22.** 内容 ○ 　**明治六年の政変**で下野・帰郷していた**西郷隆盛**を首領として，1877年，**私学校生**らの薩摩士族を中心に反乱が起こったが，政府が鎮圧した（西南戦争）。

☐**23.** 内容 ✕ 　立志社は土佐の民権政社である。
　板垣・**江藤**らは民撰議院設立建白書を太政官に提出した。板垣は土佐に帰って立志社をおこし，これを中心に全国組織である愛国社を大阪に設立した。

☐**24.** 時期 ✕ 　立憲政体樹立の詔は大阪会議がきっかけである。
　自由民権運動に対して政府の大久保は大阪会議を開き，1875年，**漸次立憲政体樹立の詔**を出し，元老院（立法）・大審院（司法）・地方官会議を設置した。

☐**25.** 内容 ○ 　民権運動家たちの新聞や雑誌による活発な政府攻撃に対し，政府は1875年，讒謗律・新聞紙条例を制定して厳しく取り締まった。

☐**26.** 内容 ○ 　政府は，1878年，**郡区町村編制法・府県会規則・地方税規則**の地方三新法を制定し，ある程度，民意を組み入れられる地方制度を整備した。

〈殖産興業〉

□**1.** 政府財政の基礎はかためられ，[   ]や内務省が主導する殖産興業政策の展開が可能となったのである。
　① 元老院　② 工部省

□**2.** 1870年代には，工部省によって鉄道が整備された。

□**3.** アメリカの技術を導入して，横浜に富岡製糸場が設けられた。

□**4.** 政府が主導して，産業の新しい技術を普及させるため内国勧業博覧会が開催された。

□**5.** 殖産興業政策について，1870年代末までに北海道の開拓のため，開拓使が置かれた。

□**6.** 政府は，札幌農学校を設けたほか，ロシア式の大農法を移入した。

□**7.** 郵便事業は，[   ]の建議によって，1871年に開始された。
　① 前島密　② 渋沢栄一

□**8.** 三菱の岩崎弥太郎が，台湾出兵の際に軍事輸送を請け負った。

□**9.** 新貨条例により，円・銭・厘の十進法による単位が定められた。

🔍 解答・ポイント

〈殖産興業〉

☐ **1.** 内容 ② **殖産興業の中心は工部省である。**
政府は**殖産興業**に力をそそぎ，**お雇い外国人**の指導のもと近代産業の育成をはかった。主導したのは1870年設置の工部省と，1873年設置の内務省である。

☐ **2.** 時期 ○ **工部省**が中心となり，イギリスの協力で1872年に新橋・横浜間，ついで神戸・大阪・京都間にも鉄道を敷設し，<u>開港場と大都市を結びつけた。</u>

☐ **3.** 内容 ✕ **フランスの技術を導入し，群馬県に設けられた。**
官営工場の一つが，**群馬県**に設立された**富岡製糸場**で，**フランス**の技術を導入した。その他，**佐渡・生野の鉱山**，長崎造船所，東京・大阪の砲兵工廠など。

☐ **4.** 内容 ○ **内務省**は，1877年に内国勧業博覧会を開催して技術の普及につとめた。**臥雲辰致**が発明した紡績機械の**ガラ紡**が出品されて注目を集め，綿作地に普及した。

☐ **5.** 時期 ○ 政府は，1869年，蝦夷地を**北海道**と改称して**開拓使**を置いた。1874年には，士族授産の意味もあり，開拓とロシアへの備えのため，屯田兵制度を設けた。

☐ **6.** 内容 ✕ **ロシア式ではなく，アメリカ式である。**
政府は北海道に**アメリカ**式の大農法の移植をはかり，クラークをまねいて，1876年に札幌農学校を開校した。

☐ **7.** 内容 ① **郵便事業は前島密の建議である。**
1871年，前島密の建議により，飛脚に代わる官営の郵便制度が発足した。<u>1869年には，東京・横浜間に初めて電信線が架設された。</u>

☐ **8.** 内容 ○ 土佐出身の**岩崎弥太郎の三菱**は政府の保護を受けており，台湾出兵の軍事輸送を請け負った。このような政府の保護を受けた民間業者を政商という。

☐ **9.** 内容 ○ 1871年，**新貨条例**を制定し，1円金貨を基準とする円・銭・厘の十進法をとる硬貨を発行した。しかし，開港場では**銀貨（貿易銀）**が使われていた。

IV 近代・現代

2 明治時代

□**10.** 渋沢栄一は，国立銀行条例の制定に携わるなど，金融制度の整備に貢献した。

〈明治初期の外交〉

□**11.** 岩倉使節団による条約改正の交渉は，最初の訪問地アメリカで困難に遭遇した。

□**12.** 寺島宗則外務卿との条約改正交渉において，アメリカは日本の関税自主権の回復を認めたが，他国の反対のため実現しなかった。

□**13.** 開拓使設置後，ロシアとの間に樺太・千島交換条約が締結され，樺太が日本領となった。

□**14.** 日清修好条規によって琉球が日本に帰属することになり，明治政府は琉球藩を設置した。

□**15.** 1871年（明治4年），廃藩置県が断行され，沖縄でもこの年，琉球藩が廃止されて沖縄県が置かれた。

□**16.** 沖縄県においては長らく旧慣を温存する政策がとられたため，〔　　　　　〕などが県会設置や国政参加を求める運動を展開した。
　①　謝花昇　　②　尚泰

□**17.** 日本は，征韓論を唱えていた西郷隆盛を朝鮮に派遣し，開国を迫った。

□**18.** 日本は朝鮮政府と，治外法権を相互に認めるなど，対等な内容の日朝修好条規を結んだ。

□**10.** 内容 ○ 政府は当初，**太政官札**などの**不換紙幣**を発行していた。**渋沢栄一**が中心となって，1872年，**国立銀行条例**を制定し，民間で**兌換紙幣**を発行させようとした。

〈明治初期の外交〉

□**11.** 内容 ○ 政府は幕末に結んだ条約を**不平等**と考え，**条約改正**をめざした。1871年の廃藩置県後，**岩倉使節団**が海外に派遣され，予備交渉をしつつ，欧米を視察した。

□**12.** 内容 ○ 1876年から外務卿の**寺島宗則**がアメリカと交渉して関税自主権の回復にほぼ成功したが，イギリス・ドイツが応じなかったために失敗した。

□**13.** 内容 × 樺太ではなく，千島全島が日本領となった。
日露和親条約で千島列島は択捉島以南が日本領，樺太は日露雑居とされたが，1875年の樺太・千島交換条約で千島列島は日本領，樺太はロシア領となった。

□**14.** 内容 × 日清修好条規には琉球の規定はない。
1871年，日清修好条規を結び，相互に開港して領事裁判権を認めあうことなどを定めた。琉球は日清両属の状態であったが，1872年，日本は琉球藩とした。

□**15.** 内容 × 沖縄県が設置されたのは廃藩置県後である。
日本は琉球漂流民殺害事件を背景として1874年，台湾出兵を断行した。1879年，琉球藩を沖縄県とした（琉球処分）が，清国との琉球帰属問題が残った。

□**16.** 内容 ① 沖縄で自由民権運動を展開したのは謝花昇である。
沖縄では土地・租税制度などで旧慣が温存され，衆議院議員選挙法も大正時代に入ってから実施された。謝花昇は選挙権を求めて運動を行った。

□**17.** 内容 × 西郷の朝鮮派遣は中止になった。
留守政府では西郷隆盛らが征韓論を主張し，朝鮮へ西郷派遣を進めようとした。しかし，帰国した大久保らが内地優先を唱え，西郷派遣は中止となった。

□**18.** 内容 × 朝鮮が不利な不平等条約であった。
日本は江華島事件を機に朝鮮と日朝修好条規を結んだ。この条約は釜山などを開港させ，日本の領事裁判権などを認めさせる不平等条約であった。

〈自由民権運動の本格化〉

☐**1.** 自由民権運動は 1880年に入って急速な盛り上がりをみせ，この年3月に組織された ☐☐☐☐☐ は，11月，東京で開催した第2回大会において，翌年の大会までに憲法草案を作成して持ち寄ることを決定した。
　① 国会期成同盟　　② 愛国社

☐**2.** 豪農や商工業者が参加して自由民権運動が高揚したことに対して，政府は，1880年4月に ☐☐☐☐☐ を定めて弾圧を強化した。
　① 集会条例　　② 保安条例

☐**3.** 開拓使の官有物払下げ事件に対する批判が高まるなかで，政府は大隈重信を中心に国会開設に向けた準備を開始した。

☐**4.** 自由党は，イギリス流の穏健な立憲政治を主張した。

☐**5.** 立憲改進党は植木枝盛を党首として，イギリス流の議院内閣制を主張した。

☐**6.** 河野広中らは立憲帝政党を結成し，政府支持を表明した。

☐**7.** 植木枝盛の私擬憲法は，人民が政府に対して抵抗する権利や革命を起こす権利を保障している。

☐**8.** 五日市憲法草案とよばれる私擬憲法は，地域住民の共同討議の内容をまとめたものである。

解答・ポイント

〈自由民権運動の本格化〉

□**1.** 内容 ① 　1880年に結成されたのは国会期成同盟である。
1880年，愛国社の第3回大会の呼びかけで国会期成同盟が結成され，国会開設の請願書を政府に提出しようとしたが受理されなかった。

□**2.** 内容 ① 　1880年に制定されたのは集会条例である。
1880年，国会期成同盟が結成され，士族のみならず，豪農や商工業者が参加し，自由民権運動は高揚した。政府は集会条例を定めて弾圧を強化した。

□**3.** 内容 ✕ 　大隈重信は罷免された。伊藤博文が中心であった。
政府は開拓使官有物払下げ事件を契機に，大隈重信を罷免し，国会開設の勅諭を出した（明治十四年の政変）。以降，伊藤博文を中心に憲法などを整備した。

□**4.** 内容 ✕ 　自由党はフランス流の考え方を主張した。
明治十四年の政変直後，国会期成同盟を中心に結成された自由党は，板垣退助を党首としてフランス流の急進的な立場をとり，地方農村を基盤とした。

□**5.** 内容 ✕ 　植木枝盛ではなく，大隈重信を党首とした。
大隈重信はともに下野した官僚などを集め，1882年，立憲改進党を結成した。イギリス流の漸進的な立場をとり，都市の実業家や知識人に支持された。

□**6.** 内容 ✕ 　河野広中ではなく，福地源一郎である。
民権派の政党結成に対して，政府は福地源一郎らに保守政党である立憲帝政党を組織させたが，支持は広がらなかった。

□**7.** 内容 ◯ 　国会期成同盟結成以降，自主的に憲法案がつくられた（私擬憲法）。植木枝盛は抵抗権・革命権を認める急進的な『東洋大日本国国憲按』をつくった。

□**8.** 内容 ◯ 　『五日市憲法草案』は東京近郊の農村青年の学習グループにより作成された。その他，二院制・政党内閣制をとる交詢社の『私擬憲法案』などがある。

〈松方財政〉

□**9.** 西南戦争の戦費調達のため，不換紙幣が乱発され，デフレーションが発生した。

□**10.** 酒税は明治十四年の政変後に大蔵卿 [＿＿＿＿] のもとで大きく税率を引き上げられた。
① 松方正義　　② 江藤新平

□**11.** 大隈重信の建議によって，日本銀行を設立した。

□**12.** 松方財政期には，地主の一部や資産家が，負債に苦しむ農民の土地を買い集めた結果，寄生地主が増えていった。

〈自由民権運動の停滞と再燃〉

□**13.** 道路問題をきっかけに，県令の河野広中が，対立していた三島通庸らの自由党員を弾圧した福島事件が起こった。

□**14.** 秩父事件の指導者は，保安条例を適用されて埼玉県から追放された。

□**15.** 混迷を深めていった自由民権運動は，こののち1886年に [＿＿＿＿] らが中心となって民権家の大同団結を呼びかけたことによって勢いを盛り返した。
① 星亨　　② 五代友厚

□**16.** 三大事件建白運動について，政府による外交失策を回復し，対等条約の締結を求めた。

□**17.** 自由民権運動について，政府は保安条例を発して，民権運動家を東京から追放した。

〈松方財政〉

□**9.** 内容 ✕　デフレーションではなく，インフレーションが発生した。
西南戦争の戦費として**不換紙幣**を増発したことや，1876年以降，
国立銀行券の発行が増大したことで，_インフレーション_が進行し，財
政難が深刻となった。

□**10.** 内容 ①　明治十四年の政変後に大蔵卿になったのは松方正義である。
大蔵卿の松方正義は，深刻なインフレーションを抑制し，財政難
を解消するため，軍事費を除いて歳出を抑制し（**緊縮財政**），間接
税を増税した。

□**11.** 内容 ✕　日本銀行設立を建議し，設立を進めたのは松方正義である。
松方正義は，歳入の余剰で不換紙幣を処分して物価をおさえ，
1882年，唯一の発券銀行として日本銀行を設立し，**銀兌換銀行券**
を発行した（銀本位制）。

□**12.** 内容 ○　**松方財政**により，農村不況が深刻化し，農村では階層分化が進ん
だ。土地を集積した地主は小作料収入を得て，寄生地主になって
いった。

〈自由民権運動の停滞と再燃〉

□**13.** 内容 ✕　県令は三島通庸，県会議長は河野広中である。
1882年の福島事件は，県令**三島通庸**に農民が抵抗した事件で，
それを支援した県会議長の**河野広中**ら自由党員が大量に検挙され
た。

□**14.** 時期 ✕　保安条例は，秩父事件の時にはまだ制定されていない。
1884年，埼玉県秩父地方の**困民党**を称する農民が，負債の軽減
などを求めて蜂起した。それに対して政府は軍隊を出して鎮圧した
（秩父事件）。

□**15.** 内容 ①　大同団結を呼びかけた中心は星亨である。
松方財政による不況により，民権運動は停滞していたが，民権派
の再結集がはかられた。旧自由党の**星亨・後藤象二郎**らを中心に
大同団結運動が始まった。

□**16.** 内容 ○　井上馨外務大臣の条約改正交渉の失敗を機に，地租軽減，言
論・集会の自由，外交失策の挽回を求める三大事件建白運動が起こ
った（1887年）。

□**17.** 内容 ○　**大同団結運動・三大事件建白運動**の高揚に対し，第1次**伊藤博文**
内閣（**山県有朋**内相）は，保安条例（1887年）を公布して，民
権派を東京から追放した。

〈憲法の制定と諸法典の編纂〉

□**18.** 内閣制度の創設により，それまでの太政官制と併存することになった。

□**19.** 地方制度に関して，ドイツ人顧問モッセの指導のもと，中央集権的な府県制・郡制が制定された。

□**20.** 大日本帝国憲法の起草作業は，法律顧問ロエスレルの助言も得て進められた。

□**21.** 大日本帝国憲法は，国民の代表による会議の議決を経て発布された。

□**22.** 開拓使の長官であった　　　　　　　が首相の時に大日本帝国憲法が発布された。
　　① 　黒田清隆　　② 　伊藤博文

□**23.** 大日本帝国憲法で定められた天皇大権の一つは，法律・予算の審議権である。

□**24.** 条約改正交渉に成功し，日英通商航海条約を締結したあと，政府は民法の編纂を急いだ。

□**25.** 最初に公布された民法は，とりわけイギリスの法典の影響を強く受けたものであった。

□**26.** 最初に公布した民法を，大幅に修正した上で公布・施行された新民法は，家父長制的な家制度を重視する内容のものであった。

〈憲法の制定と諸法典の編纂〉

□**18.** 内容 ✕　太政官制は廃止された。
伊藤博文中心に諸制度の整備が進められた。1884年には華族令が出され，将来の貴族院の土台をつくり，1885年，太政官制を廃止して内閣制度を制定した。

□**19.** 内容 ◯　**山県有朋**内相を中心に，ドイツ人顧問モッセの助言を得て，1888年に市制・町村制，1890年に府県制・郡制が公布され，中央集権的な地方制度が成立した。

□**20.** 内容 ◯　**伊藤博文**はベルリン大の**グナイスト**，ウィーン大の**シュタイン**に憲法理論を学び，1886年からの憲法草案作成では，ドイツ人**ロエスレル**の助言を受けた。

□**21.** 内容 ✕　国民代表の議決は経ていない。
大日本帝国憲法は，天皇が定めて国民に与える欽定憲法であり，議会の権限は抑制され，天皇と行政府（内閣）に強い権限が与えられた。

□**22.** 内容 ①　黒田清隆首相の時に発布された。
作成された憲法草案は，天皇の諮問機関である枢密院で審議が重ねられた。その上で1889年，大日本帝国憲法が発布された。黒田内閣の時であった。

□**23.** 内容 ✕　法律・予算の審議は帝国議会の権限である。
明治憲法には，緊急勅令の発令権，統帥権，条約締結など議会が関与できない天皇大権があった。法律・予算は帝国議会の賛成がなければ成立しなかった。

□**24.** 時期 ✕　民法編纂は日英通商航海条約締結（1894年）の前。
欧米同様の法典を編纂することが領事裁判権撤廃の条件であったため，政府は憲法を始め，刑法や民法などの法典編纂を急いだ。

□**25.** 内容 ✕　イギリスではなく，フランスの影響を受けた。
政府はフランス人法学者ボアソナードをまねいて法典編纂を進めた。1890年，**民法**が公布されたが，ドイツ法学者の穂積八束らがそれを批判した。

□**26.** 内容 ◯　穂積らの批判（民法典論争）で，**民法**は施行延期になり，1896年と98年に修正**民法**が公布された。これは戸主権が強く，家制度を存続させるものであった。

〈朝鮮問題と日清対立の本格化〉

☐ **27.** 壬午軍乱（事変）ののち，日本は朝鮮に公使館警備のための軍隊駐屯を認めさせた。

☐ **28.** 金玉均らは日本公使館の援助のもとにクーデタを起こしたが，清国軍の出動で失敗に終わった。

☐ **29.** 日清両国は，朝鮮に派兵する場合は相互に事前通告を行う条約を結んだ。

☐ **30.** 1889年には，日本への穀物輸出を朝鮮で禁止したことが原因となって，
 ☐ 事件が起こった。
  ① 防穀令　　② 江華島

☐ **31.** 条約改正の失敗は，欧化政策の象徴でもあった鹿鳴館外交の担当者である
 ☐ 外相の失策を意味した。
  ① 陸奥宗光　　② 井上馨

☐ **32.** 大隈重信外相は，大審院に限り外国人判事の任用を認める方針で条約改正交渉にのぞんだが，国内の反対の声が強く，交渉の挫折を余儀なくされた。

4 日清戦争から日露対立へ 1890年代

〈初期議会〉

☐ **1.** 大日本帝国憲法発布後に，元老院が置かれ，藩閥のリーダーたちは政治的影響力を確保した。

☐ **2.** わが国最初の総選挙では，選挙人は，直接国税15円以上を納入する25歳以上の男子であった。

☐ **3.** 最初の衆議院議員総選挙では，藩閥政府に反対する民党勢力は過半数の議席を獲得することに失敗した。

〈朝鮮問題と日清対立の本格化〉

□**27.** 内容 ○ 　朝鮮で閔氏政権に対して攘夷派の**大院君**が反乱を起こし，日本公使館を襲撃したが，清国が鎮圧した（壬午軍乱・1882年）。日本は朝鮮に駐兵を認めさせた。

□**28.** 内容 ○ 　日本に接近して朝鮮の改革を狙う金玉均ら（独立党）は日本公使館の支援でクーデタを起こしたが，清国軍の来援で失敗した（甲申事変・1884年）。

□**29.** 内容 ○ 　**甲申事変**で悪化した日清関係調整のため，天津条約を結んだ（1885年）。これにより日清両国は朝鮮から撤兵し，出兵の際には事前通告することになった。

Ⅳ
近代・現代

2
明治時代

□**30.** 内容 ① 　穀物輸出をめぐって起こったのは防穀令事件である。
　1889年から朝鮮の地方官が穀物輸出を禁止した（防穀令）。これに対し，日本政府は同令を廃止させ，禁輸中の損害賠償を請求し，実現した（防穀令事件）。

□**31.** 内容 ② 　鹿鳴館外交の担当者は井上馨外相である。
　1880年代，井上馨外相は鹿鳴館建設など欧化政策をとり，外国人判事任用などを条件に領事裁判権の撤廃を中心に交渉を進めたが，反発を受けて失敗した。

□**32.** 内容 ○ 　井上外相失脚後，大隈重信外相は井上案を踏襲し，大審院のみ外国人判事任用を認める条件で条約改正交渉を進めたが，右翼の青年に襲撃されて失敗した。

🔍 解答・ポイント

〈初期議会〉

□**1.** 内容 ✕ 　元老院は1875年の漸次立憲政体樹立の詔で置かれた。
　藩閥勢力は政党に左右されずに政策を行うという超然主義の立場をとった（黒田首相の演説）。のち天皇の非公式の顧問である元老として権力を維持した。

□**2.** 内容 ○ 　憲法と同時に公布された衆議院議員選挙法では，選挙人は満25歳以上の男子で直接国税15円以上の納入者に限られ，有権者は全人口の約1％であった。

□**3.** 内容 ✕ 　民党が過半数の議席を獲得した。
　第1回総選挙では民権派が大勝し，第1議会では立憲自由党・立憲改進党など民権派の民党が衆議院の過半数を占めた。政府支持の政党を吏党と呼んだ。

□**4.** 1890年12月，第1議会で首相 [＿＿＿] は施政方針演説を行い，内閣は軍備拡張予算を議会に提出した。
　　① 寺内正毅　　② 山県有朋

□**5.** 第1議会で民党は，「経費（政費）節減」，「[＿＿＿]」をスローガンに，軍拡予算に反対した。
　　① 民力休養　　② 大同団結

□**6.** 青木周蔵外相はイギリスと条約改正交渉を進めたが，大津事件で辞任に追い込まれた。

〈日清戦争〉

□**7.** 1894年，[＿＿＿] が起こると，朝鮮をめぐって対立していた日本と清国は，朝鮮に出兵し，日清戦争が始まった。
　　① 甲申事変　　② 甲午農民戦争

□**8.** 下関条約の内容について，清国は，山東半島・遼東半島・台湾および澎湖諸島を日本に割譲する。

□**9.** 日清戦争の講和条約で，日本は2億両の賠償金を得ることになった。

□**10.** 日清戦争前，朝鮮では，ロシアに接近する閔妃が殺害される事件が起こった。

〈日清戦争後の議会〉

□**11.** 大隈重信は，立憲政友会を基盤にして最初の政党内閣を組織した。

□**12.** 軍部大臣現役武官制は，政党の影響力が軍隊におよぶことを阻む政策の一環として，第2次山県有朋内閣により制定された。

☐**4.** 内容 ②　第1議会の時の首相は山県有朋である。
　　　　　　　第1議会で**山県有朋**首相は，施政方針演説で「**主権線**」（国境）と
　　　　　　　「**利益線**」（朝鮮半島）の防衛のための陸海軍増強の必要を訴えた。

☐**5.** 内容 ①　民党は**民力休養**を唱えた。
　　　　　　　第1議会で**山県有朋**首相は行政費を削減して地租軽減を行えと主
　　　　　　　張（政費節減・民力休養）する民党に攻撃され，自由党を切り崩
　　　　　　　して予算を成立させた。

☐**6.** 内容 ○　**青木周蔵**外相は，ロシアの南下を警戒して日本に好意的であった
　　　　　　　イギリスと交渉を進めたが，来日中のロシア皇太子が遭難した**大
　　　　　　　津事件**で引責辞任した。

〈日清戦争〉

☐**7.** 内容 ②　日清戦争のきっかけとなったのは**甲午農民戦争**である。
　　　　　　　朝鮮で東学の信徒を中心に**甲午農民戦争**が起こった。朝鮮の要請
　　　　　　　で清国が出兵すると日本も出兵し，朝鮮の内政改革をめぐって対立し
　　　　　　　て開戦した。

☐**8.** 内容 ✕　山東半島の割譲は条約に含まれていない。
　　　　　　　下関条約では清国が朝鮮の独立を認め，日本に**遼東半島・澎湖諸
　　　　　　　島・台湾**をゆずった。日本は**樺山資紀**を台湾総督に任じ，武力で
　　　　　　　台湾島民の抵抗を鎮圧した。

☐**9.** 内容 ○　日清戦争の講和条約（**下関条約**）で，清国は領土の割譲とともに，
　　　　　　　賠償金**2億両**（約3億円）を日本に支払い，**重慶**など4港を新たに
　　　　　　　開くことになった。

☐**10.** 時期 ✕　閔妃殺害事件は日清戦争後に起こった。
　　　　　　　日清戦争後，**三国干渉**を機にロシアに接近した**閔妃**を朝鮮公使が
　　　　　　　殺害した。その後，朝鮮では親露政権が成立し，1897年，国号
　　　　　　　を**大韓帝国**と改めた。

〈日清戦争後の議会〉

☐**11.** 内容 ✕　立憲政友会ではなく，憲政党である。
　　　　　　　日清戦争後，憲政党を与党とする初の政党内閣である**第1次大隈
　　　　　　　重信内閣**が成立した。政党の必要性を感じた**伊藤博文**は1900年，
　　　　　　　立憲政友会を結成した。

☐**12.** 内容 ○　**山県有朋**首相は，政党勢力の拡大には批判的で，その影響力が国
　　　　　　　家機構に及ぶのを防ぐため，**文官任用令**を改正するとともに**軍部
　　　　　　　大臣現役武官制**を定めた。

□13. 1900年に第2次 [＿＿＿＿＿] 内閣が制定した法律は，大正時代においても社会主義政党を弾圧する主要な根拠法規であった。
　① 伊藤博文　② 山県有朋

□14. 日清・日露両戦争間の時期には，関税自主権が回復され，念願の条約改正が実現した。

5 日露戦争と大陸進出 1900年代

〈日露戦争〉

□1. 近衛篤麿や頭山満らが結成した [＿＿＿＿＿] の活動によってロシアとの開戦の世論が強まった。
　① 桜会　② 対露同志会

□2. 堺利彦・大杉栄・内村鑑三らは，キリスト教徒の立場から日露戦争反対を唱えた。

□3. 『みだれ髪』で知られるロマン主義の歌人与謝野晶子は，日露戦争の勝利を情熱的に歌いあげた。

□4. 日露戦争の講和会議がイギリスで開かれることとなった。

□5. 日露戦争の講和条約で，旅順・大連の租借権，樺太南半分の領有などが日本に認められた。

□6. 日露戦争の講和条件に賠償金が含まれていないことが判明すると，日本では講和反対の声がもりあがった。

☐**13.** 内容 ② 「法律」は治安警察法で，第2次山県有朋内閣で制定した。
第2次**山県有朋**内閣では，労働運動などの社会運動を取り締まるため，1900年，**治安警察法**を制定した。

☐**14.** 時期 ✕ 関税自主権の完全回復は日露戦争後である。
日清開戦直前，**陸奥宗光**外相が**日英通商航海条約**を締結し，領事裁判権の撤廃などに成功した。日露戦争後，**小村寿太郎**外相が関税自主権の回復に成功した。

解答・ポイント

〈日露戦争〉

☐**1.** 内容 ② 近衛篤麿らが結成したのは対露同志会である。
日英同盟成立（第1次**桂太郎**内閣）後もロシアとの交渉は難航し，政府は開戦準備を進めた。その中で**対露同志会**や**東大七博士**は強硬な**主戦論**を唱えた。

☐**2.** 内容 ✕ 堺利彦らは社会主義者である。
社会主義者の**幸徳秋水・堺利彦**は『**万朝報**』をやめ，**平民社**をおこして『**平民新聞**』で非戦論を唱えた。**内村鑑三**もキリスト教の立場から戦争に反対した。

☐**3.** 内容 ✕ 与謝野晶子は日露戦争を嫌悪していた。
日露交渉が決裂して開戦した（第1次桂太郎内閣）後，歌人の**与謝野晶子**は，「君死にたまふこと勿れ」とうたう反戦詩を雑誌『**明星**』に発表した。

☐**4.** 内容 ✕ 講和会議はアメリカのポーツマスで行われた。
米大統領**セオドア゠ローズヴェルト**の斡旋で日本全権**小村寿太郎**とロシア全権**ウィッテ**との間で交渉が行われ，**ポーツマス条約**に調印した（1905年）。

☐**5.** 内容 ◯ **ポーツマス条約**ではロシアが，日本の韓国における指導権を認め，日本に**旅順・大連の租借権**や**東清鉄道の長春以南の権利**，**南樺太の領有権**をゆずった。

☐**6.** 内容 ◯ 国民はロシアから**賠償金がとれなかった**ことに不満を爆発させ，講和反対の大会は暴動に発展（**日比谷焼打ち事件**）し，桂内閣は辞職した。

〈日露戦争後の国内外の情勢〉

☐**7.** 日露戦争後，関東都督府が設置され，満州（中国東北部）全体の行政・軍事を担当した。

☐**8.** 満鉄は，中国から鉄道経営を引き継いだ国有企業であった。

☐**9.** 日本は，韓国での民族的抵抗を受けながらも，第一次日韓協約により韓国の内政権を掌握した。

☐**10.** 日露戦争後，韓国をめぐる日米の利害関係を調整するために，石井・ランシング協定が結ばれた。

☐**11.** 日英同盟（日英同盟協約）が改定され，イギリスは日本の韓国保護国化を承認した。

☐**12.** 統監府は，義和団事件を鎮圧した。

☐**13.** 韓国併合を行い，首都 ⬚⬚⬚⬚⬚ を京城と改称して，朝鮮総督府を置いた。
　　①　漢城　　②　奉天

☐**14.** 日露戦争の勝利によって日本は南満州の権益を独占しようとしたために，日英関係は悪化した。

☐**15.** 日露戦争で戦った相手であるロシアとの間で，日露協約が結ばれた。

〈日露戦争後の国内外の情勢〉

□**7.** 内容 ✕　関東都督府は関東州の行政・軍事を担当。
ロシアから譲渡された**旅順・大連**を含む**遼東半島**南端の地域を**関東州**として，1906年には統治機関として旅順に**関東都督府**が置かれた。

□**8.** 内容 ✕　満鉄は半官半民の企業である。
1906年，大連に半官半民の**南満州鉄道株式会社**（満鉄）を設立した。満鉄はロシアから譲り受けた長春・旅順間の鉄道に加えて鉄道沿線の炭鉱なども経営した。

□**9.** 内容 ✕　第1次日韓協約では内政権を掌握していない。
日露戦争中に結んだ**第1次日韓協約**（1904年）では，日本政府の推薦する財政・外交顧問を韓国政府に置いた。**第3次日韓協約**（1907年）で内政権を掌握。

□**10.** 時期 ✕　石井・ランシング協定は**大正**時代，中国に関する利害調整。
1905年，**桂・タフト協定**で日本の韓国指導権，アメリカのフィリピン支配を相互**承認**した。

□**11.** 内容 ○　日露戦争前の1902年，ロシアの南下に対抗して日英間で結んだ**日英同盟**を，<u>1905年に改定して，日本の韓国保護権を承認し，適用範囲をインドに拡大した</u>。

□**12.** 内容 ✕　義和団事件は日露戦争前に**清**国で起こった事件。
1905年，<u>日本は**第2次日韓協約**を結び，韓国の外交権を奪い</u>，漢城に**統監府**（初代統監**伊藤博文**）を置いて韓国の外交を統轄した。

□**13.** 内容 ①　当時の韓国の首都は漢城である。
1909年に**伊藤博文**が**安重根**に暗殺され，翌年には**韓国併合条約**を結び，韓国を植民地化した。**漢城**には**朝鮮総督府**（初代総督**寺内正毅**）を設置した。

□**14.** 内容 ✕　関係が悪化したのはアメリカである。
日本が**関東都督府**や**満鉄**を置いて**満州**に進出したことに対し，<u>アメリカが門戸開放を唱えて日本の満州権益の独占に反対し，日米関係が悪化した</u>。

□**15.** 内容 ○　日本はロシアと満州・内蒙古における両国の勢力を確認する4次にわたる**日露協約**（1907～16年）を結び，満州の権益を確保することにつとめた。

□**16.** 日露戦争後，南米への日本人移民が急増したのに対し，アメリカは警戒を強め，移民排斥運動が発生した。

□**17.** 日露戦争後，戊申詔書が発布され，勤勉と節約を旨とする道徳が強調された。

□**18.** 軍部は，各地の兵役経験者の団体を1910年に全国的に統合して [　　　　　] を設立した。
　　① 帝国在郷軍人会　　② 大政翼賛会

□**19.** 日露戦争後，政府は [　　　　　] を推進して町村財政の安定化や地方事業の振興をはかった。
　　① 地方改良運動　　② 大同団結運動

□**20.** 木下尚江も創立に参加した最初の社会主義政党である社会民主党は，結成後，保安条例によってただちに解散させられた。

□**21.** 大逆事件を契機として、政府は初めて刑法を制定した。

6 産業革命の時代　1880年代後半〜1900年代
〈産業革命〉

□**1.** 日清戦争から日露戦争までの間に，日本は債務国から債権国へと転換した。

□**2.** 日清戦争から日露戦争までの間に，農商務省が創設された。

□**16.** 内容 ○　1906年，サンフランシスコで起こった日本人学童の入学拒否事件をはじめ，アメリカ国内で日本人移民排斥運動が激化し，日米関係が悪化した。

□**17.** 内容 ○　明治末期は桂太郎と西園寺公望が交互に組閣した（**桂園時代**）。日露戦争後の1908年，国民に勤倹節約などを求める戊申詔書を発した。

□**18.** 内容 ①　明治末には帝国在郷軍人会が成立した。
兵役を終えた予備・後備役，退役軍人の団体である**在郷軍人会**は日清戦争前後，町村ごとに成立した。1910年，帝国在郷軍人会が創設されて統合された。

□**19.** 内容 ①　日露戦争後，政府が進めたのは地方改良運動である。
日露戦争後，内務省を中心に，江戸時代以来の村落共同体である旧町村を行政単位として再編成し，租税の負担力の強化をはかる地方改良運動を推進した。

□**20.** 内容 ×　保安条例ではなく，治安警察法である。
幸徳秋水らが初の社会主義政党である社会民主党を結成し，治安警察法で解散を命じられた。その後，日本社会党を結成したが，1907年に解散させられた。

□**21.** 時期 ×　刑法は大逆事件以前の1880年代に制定されている。
第2次桂内閣は，明治天皇暗殺を計画したとして社会主義者らを捕え，刑法の大逆罪を適用して幸徳秋水ら12名を死刑とした（大逆事件）。

🔍 解答・ポイント

〈産業革命〉

□**1.** 時期 ×　債権国へ転換するのは第一次世界大戦期。
日露戦争後，1914年の段階で11億円の債務国であった日本は，第一次世界大戦期の**大戦景気**で1920年には27億円以上の債権国になった。

□**2.** 時期 ×　農商務省は1880年代初めに設置された。
農商務省は1881年に設置され，内務・大蔵・工部各省より業務を引き継ぎ，最初は官営工場払下げなどを推進し，後に農政を中心に展開した。

☐**3.** 政府は造船奨励法を制定し，民間の海運業を国有化した。

☐**4.** 日清戦争の賠償金を基礎として，日本銀行が設立された。

☐**5.** 大阪紡績会社は，国産の紡績機を使用した。

☐**6.** 日露戦争をさかいに，国内の綿糸生産高が綿糸輸入高を上回った。

☐**7.** 製糸業の発展につれて繭の輸入が増大したため，養蚕業は衰退した。

☐**8.** 日清戦争のころに，器械製糸の生産高が，座繰製糸の生産高を上回った。

☐**9.** 製糸業は，主に ☐ 向けの生糸輸出が増大した。
　① アメリカ　② 清国

☐**10.** 日露戦争の賠償金で創設された官営の製鉄所により，鉄鋼の国産化が進んだ。

☐**11.** 華族を中心にして設立された日本鉄道会社により，上野・青森間に鉄道が敷設された。

□**3.** 内容 ✕ 政府が造船業を支援する法。
政府は海運業奨励政策を進め，日本郵船会社などが次々と遠洋
航路を開いていった。1896年には造船奨励法を出して鉄鋼船の
建造に奨励金を交付した。

□**4.** 時期 ✕ 日本銀行の設立は日清戦争前の1880年代である。
1897年，貨幣法を制定し，日清戦争の賠償金の一部を準備金と
して，欧米にならった金本位制を採用し，貨幣価値の安定と貿易
の振興をはかった。

□**5.** 内容 ✕ 国産でなく，輸入の紡績機を使用した。
1882年，第一国立銀行頭取の渋沢栄一らが大阪紡績会社を設立
し，欧米から輸入した紡績機械・蒸気機関を用いて綿糸の大量生
産に成功した。

□**6.** 時期 ✕ 綿糸生産高が輸入高を上回ったのは日清戦争前である。
紡績業では原料に輸入綿花を使用して生産を進めた。1890年，
綿糸生産高が輸入高を上回り，日清戦争後の1897年には綿糸輸
出高が輸入高を上回った。

□**7.** 内容 ✕ 繭は国産で，養蚕業は発達した。
製糸業は幕末以来，最大の輸出産業であった。生糸の原料である
繭は国産でまかなっており，養蚕業は農家の副業として発展した。

□**8.** 時期 ○ 当初，江戸時代以来の技術を改良した座繰製糸が普及したが，輸
入機械に学んで改良した器械製糸が広がり，日清戦争前後，座繰
製糸の生産高を上回った。

□**9.** 内容 ① 生糸はアメリカ向けが中心。
幕末，生糸の輸出先はイギリスが中心であったが，日露戦争後に
はアメリカ向けを中心に生糸輸出が伸び，1909年，清国を抜い
て，最大の輸出国となった。

□**10.** 内容 ✕ 日露戦争では賠償金がなく，日清戦争の賠償金である。
日清戦争の賠償金を利用して官営八幡製鉄所が設立された。ドイ
ツの技術を導入して，原料の鉄鉱石は大冶鉄山，燃料の石炭は筑
豊炭田から調達した。

□**11.** 内容 ○ 1881年，華族を主体に設立された私鉄である日本鉄道会社は，
1891年，上野・青森間を全通させた。官営鉄道は1889年に東海
道線を全通した。

□**12.** 日露戦争後，官営の鉄道が，次々と民間へ払下げられていった。

□**13.** 1880年代後半から1890年代にかけて，断続的に会社設立ブーム（企業勃興）が起こり，産業革命をむかえ，コンツェルンの形態による企業の結合が広くみられた。

〈社会問題の発生〉

□**14.** 足尾銅山の鉱毒被害に対して，田中正造は被害民の救済を求めて天皇への直訴を試みた。

□**15.** 工場労働者の中心は繊維産業の女子労働者で，彼女らの多くは低賃金で働かされていたが，1日平均の労働時間は8時間だった。

□**16.** 1903年，政府は労働者の実態を調査した報告書である『　　　　　　』を刊行した。
　① 職工事情　　② 日本之下層社会

□**17.** 1890年代，労働者の待遇改善を求めて，高野房太郎らが労働組合期成会を結成した。

□**18.** 日露戦争後，労働者の保護を目的とする工場法が制定され，即時に施行された。

□**19.** 1911年制定の労働者保護を目的とする法律により，8時間労働制などが規定された。

□**20.** 小作人に転落する自作農が増加する一方，大地主が耕作から離れて小作料収入に依存する寄生地主となった。

□**12.** 内容 ✕　日露戦争後，民営鉄道が買収され，官営鉄道となった。
1880年代後半，私鉄ブームとなり，1889年には営業キロ数で官営を上回った。しかし，日露戦争後，1906年，鉄道国有法が出され，大部分の私鉄を国有化した。

□**13.** 時期 ✕　コンツェルン形態の企業結合が進むのは日露戦争後。
三井や**三菱**などの**財閥**は，金融・貿易・運輸・鉱山業など多角経営を進め，日露戦争以降，持株会社を中心にコンツェルン形態を整えていった。

〈社会問題の発生〉

□**14.** 内容 ◯　産業革命期，足尾銅山（栃木県）の鉱毒が渡良瀬川流域に深刻な被害をもたらした。解決のため，代議士であった田中正造は天皇への直訴を試みた。

□**15.** 内容 ✕　8時間を超える労働時間であった。
繊維産業に従事する女工は，劣悪な労働環境のもと，紡績業で昼夜2交代の12時間，製糸業では15時間以上の長時間労働を強いられていた。

□**16.** 内容 ①　政府の実態調査は『職工事情』である。
産業革命期の労働者が置かれた悲惨な状態は，横山源之助『**日本之下層社会**』（1899年）や**農商務省**編『職工事情』（1903年）に記されている。

□**17.** 時期 ◯　アメリカの労働運動の影響を受けた高野房太郎・片山潜らは，1897年，労働組合期成会を結成した。その下で鉄工組合など労働組合が組織された。

□**18.** 時期 ✕　工場法は制定してから5年後に施行された。
政府は労働条件を改善して労使対立を緩和するため，初の労働者保護立法である工場法を1911年に制定したが，資本家の反対もあり，1916年施行となった。

□**19.** 内容 ✕　法律は工場法。12時間労働制が規定された。
工場法は，少年・女性の就業時間を12時間とし，深夜業を禁止した。適用範囲は15人以上使用する工場に限られるなど，不備な内容であった。

□**20.** 内容 ◯　**松方デフレ**以降，上昇し始めていた小作地率はその後も上昇し続け，下層農民が小作へと転落する一方，小作料収入を得る寄生地主が成長した。

□**21.** 明治期の農村について，綿糸紡績業の発展とともに，農村では綿花の栽培が拡大した。

7 明治時代の文化

〈文明開化〉

□**1.** 明治初期に，旧暦（太陰太陽暦）にかわって太陽暦が採用され，また１日24時間制，週７日制も決められた。

□**2.** 文明開化について，トンカツ（カツレツ）などの洋食が，大衆の食文化として定着した。

□**3.** 明治初期，文明開化の風潮の中で，ちょんまげに代わるざんぎり頭や洋服の着用が流行した。

〈思想・宗教〉

□**4.** 津田真道や福沢諭吉たちが発刊した『 _____ 』は，論説や演説会の講演内容などを載せた。
　　①　国民之友　　②　明六雑誌

□**5.** 福沢諭吉は，開成所を創設して教育に従事したり，『文明論之概略』を著したりするなど，多彩な活動を行った。

□**6.** 中村正直は『人権新説』を，西周は『自由之理』を，それぞれ訳述した。

□**7.** 中江兆民は，ルソーの著作を『民権自由論』として翻訳した。

□**8.** 最初の日刊新聞である『 _____ 』が創刊された。
　　①　横浜毎日新聞　　②　東京朝日新聞

農家では綿花の栽培が衰退した。
綿糸紡績業では，<u>原料の綿花をインドや中国から輸入</u>したため，国産は衰退した。製糸業では<u>原料の繭が国産であったため，農村で養蚕業が発達</u>した。

解答・ポイント

〈文明開化〉

□1. 時期 ○ 1872年12月には西洋諸国にならって暦法を改め，**旧暦**（太陰太陽暦）を廃して**太陽暦**を採用し，<u>1日を24時間，週7日制</u>にして行事や習慣が改められた。

□2. 時期 ✕ 洋食が定着するのは**大正**時代である。
食では**牛鍋**が流行し，銀座通りには**煉瓦造**の建物が並び，ガス灯・**人力車・鉄道馬車**などが東京の名物となった。

□3. 時期 ○ 洋服の着用は官吏や巡査から次第に民間に広がり，ちょんまげを落とした**ざんぎり頭**が文明開化の象徴とみられた。

〈思想・宗教〉

□4. 内容 ② 福沢諭吉らが刊行したのは『**明六雑誌**』である。
1873年，**森有礼**（社長）・**中村正直・福沢諭吉**らにより，**明六社**が結成された。同社は機関紙『**明六雑誌**』などで，功利主義・自由主義思想を紹介した。

□5. 内容 ✕ 開成所は政府の洋学機関であった。
明六社のメンバーでもあった**福沢諭吉**は『**西洋事情**』『**学問のすゝめ**』『**文明論之概略**』などを著し，**慶應義塾**をつくった。

□6. 内容 ✕ 中村正直が『**自由之理**』を著した。
明六社の**中村正直**はスマイルズの『**西国立志編**』，ミルの『**自由之理**』を訳した。同じく明六社の**西周**は『**万国公法**』を訳出して刊行した。

□7. 内容 ✕ 中江兆民は『**民約訳解**』として**翻訳**した。
土佐の**中江兆民**は**ルソー**の『**社会契約論**』の一部を翻訳した『**民約訳解**』を刊行した。同じ土佐の**植木枝盛**は『**民権自由論**』を著した。

□8. 内容 ① 最初の日刊紙は『**横浜毎日新聞**』である。
1869年，<u>本木昌造が鉛製活字の量産技術の導入に成功</u>し，そうした技術の発達を背景に『**横浜毎日新聞**』のような日刊新聞や雑誌が創刊された。

□**9.** 近世の瓦版（よみうり）の伝統を継ぐ大新聞に対して，政治評論中心の小新聞が現れた。

□**10.** 福沢諭吉は『時事新報』に「脱亜論」を発表して，三国干渉を批判した。

□**11.** 平民主義を唱えていた徳富蘆花は，日清戦争を機に国権論に転じた。

□**12.** 陸羯南は新聞『日本』を刊行し，欧化主義を批判した。

□**13.** 高山樗牛は雑誌『太陽』で，日本主義を唱えた。

□**14.** 近現代の神道に関して，久米邦武は「神道は祭天の古俗」と論じて，神道家たちの支持を集めた。

〈教育・学問〉
□**15.** フランス式の教育制度をモデルとして，学制が公布された。

□**16.** 学制の公布によって小学校が創設され，初等教育は無償とされた。

□**17.** 国家主義的な教育を重視する目的で教育令が公布され，同時に教育勅語が出された。

□**18.** 日露戦争後，義務教育の年限は6年になり，就学率は9割をこえた。

□ **9.** 内容 ✕ 政論新聞が大新聞，瓦版の伝統を継ぐのが小新聞。
自由民権運動が高揚するなか，政治評論中心の大新聞があいついで創刊された。一方で瓦版の伝統を引く小新聞は報道・娯楽の大衆紙であった。

□ **10.** 時期 ✕ 福沢が「脱亜論」を発表したのは1880年代である。
1880年代半ばの甲申事変以降，国家主義的な風潮が高まり，福沢諭吉は自ら主宰する新聞『時事新報』に「脱亜論」を発表し，対外強硬論を唱えた。

□ **11.** 内容 ✕ 平民主義を唱えたのは徳富蘇峰である。
1880年代後半，井上馨の欧化主義を批判して徳富蘇峰は平民的欧化主義を唱え，民友社を結成して，雑誌『国民之友』を刊行した。

□ **12.** 内容 ○ 欧化主義に対して近代的民族主義を主張したのが陸羯南や三宅雪嶺である。羯南は新聞『日本』を，雪嶺らは政教社をつくり雑誌『日本人』を刊行した。

□ **13.** 内容 ○ 日清開戦とともに徳富蘇峰は対外膨張論に転じ，高山樗牛も雑誌『太陽』で日本主義を唱えて日本の大陸進出を肯定した。

□ **14.** 内容 ✕ 久米邦武は批判された。
1891年，帝国大学教授久米邦武が「神道は祭天の古俗」と論じて批難され，翌年職を追われる事件が起きた。

〈教育・学問〉

□ **15.** 内容 ○ 1872年，フランスの教育制度にならった学制が公布された。政府は男女に等しく学ばせる国民皆学の理念のもと，小学校教育の普及に力を入れた。

□ **16.** 内容 ✕ 教育費は無償ではなかった。
学制では費用が国民の負担となった上，国民生活の実態にあわなかったため，学制反対一揆が起こった。1879年にはアメリカにならった教育令が出された。

□ **17.** 時期 ✕ 教育令は1870年代，教育勅語は1890年代である。
学制，教育令を経て1886年，森有礼文相のもと学校令が制定され，小学校から帝国大学まで学校体系が整備された。1890年，理念として教育勅語が出された。

□ **18.** 時期 ○ 1900年代，小学校教科書が国定となり教育統制が進む一方，義務教育期間の学費が廃止され，就学率は90％をこえ，義務教育は4年から6年となった。

□**19.** 1897年には，京都帝国大学が開設され，⬜⬜⬜⬜⬜の設立した同志社などと相まって，京都は学都の性格ももつようになっていく。
　① 新島襄　② 津田梅子

□**20.** クラークは，東京大学で生物学を講義したが，大森貝塚を発見して考古学の発達にも貢献した。

□**21.** 田口卯吉は，文明史論を叙述する立場から『日本開化小史』を著した。

□**22.** 井上哲次郎は，民間伝承を調査・収集して日本の民俗学を確立させた。

□**23.** 鈴木梅太郎は伝染病研究所を創設した。

□**24.** 北里柴三郎はオリザニンの抽出に成功し，ビタミン学説の基礎を確立した。

□**25.** 明治後期の日本の科学者田中館愛橘は，赤痢菌を発見した。

〈小説・演劇など〉

□**26.** 二葉亭四迷は写実主義こそ重要だと主張し，平易な口語で『小説神髄』を著した。

□**27.** 日露戦争後，北村透谷らが，『文学界』を創刊した。

□**19.** 内容 ① 同志社は新島襄が設立した。
民間では，福沢諭吉の**慶應義塾**，新島襄の**同志社**に続いて，大隈重信が創立した**東京専門学校**，津田梅子による**女子英学塾**などの私立学校が発達した。

□**20.** 内容 × 大森貝塚を発見したのはモースである。
お雇い外国人では，**大森貝塚**（東京）を発見したモース（米），地質学者のナウマン（独），哲学のフェノロサ（米），医師のベルツ（独）などが有名である。

□**21.** 内容 ○ 日本史では，田口卯吉が『**日本開化小史**』を著し，東京帝国大学の史料編纂掛が『大日本史料』『大日本古文書』など基礎資料の体系的な編纂事業を進めた。

□**22.** 内容 × 井上哲次郎はドイツ哲学者である。
井上哲次郎はドイツ哲学を紹介し，**内村鑑三不敬事件**ではキリスト教を批判した。日本の**民俗学**を確立させたのは柳田国男（『遠野物語』）である。

□**23.** 内容 × 伝染病研究所は北里柴三郎が創設した。
北里柴三郎はドイツに留学し，破傷風菌の純粋培養に成功，帰国後，**伝染病研究所**の所長となった。伝染病研究所に入所した志賀潔は赤痢菌を発見した。

□**24.** 内容 × オリザニンの抽出に成功したのは鈴木梅太郎である。
鈴木梅太郎はオリザニン（ビタミンB1）を発見した。その他，高峰譲吉は強心薬アドレナリンの抽出，消化薬タカジアスターゼを創製した。

□**25.** 内容 × 田中館愛橘は地磁気の測定に成功した。
田中館愛橘は地磁気の測定を発展させた。天文学では木村栄が緯度変化のZ項を発見し，地震学の大森房吉は地震計を考案した。

〈小説・演劇など〉

□**26.** 内容 × 『小説神髄』を著したのは坪内逍遥である。
坪内逍遥は評論『**小説神髄**』を著し，西洋の文芸理論をもとに**写実主義**を唱えた。二葉亭四迷は言文一致体で『**浮雲**』を書き，写実主義を実践した。

□**27.** 時期 × 『文学界』の創刊は日清戦争のころである。
日清戦争前後，**ロマン主義**文学が盛んになった。北村透谷らの雑誌『文学界』を中心に森鷗外（『**舞姫**』）・樋口一葉（『**たけくらべ**』）らが活躍した。

□**28.** 自然主義を掲げた田山花袋は,『小説神髄』を著した。

□**29.** 幕末から明治初期にかけて,河竹黙阿弥が歌舞伎作者として活躍した。

□**30.** 川上音二郎がオッペケペー節で人気を集めた。

□**31.** 日露戦争後,小山内薫は自由劇場を結成し,[＿＿＿＿＿]を起こした。
　　① 新派劇　　② 新劇

□**32.** 明治時代には,ラジオ放送やレコードの普及によって流行歌が生まれた。

□**33.** 明治中期から後期には,映画が娯楽として普及し,無声映画からトーキーへの転換が一気に進んだ。

〈芸術〉

□**34.** [＿＿＿＿＿]が描いた油彩画『収穫』などのように農村生活を題材とした優れた作品も生み出された。
　　① 横山大観　　② 浅井忠

□**35.** 岡倉天心やフェノロサは,東京美術学校の設立に尽力した。

□**36.** 技術の導入に当たっては,ニコライ堂などの洋館の建設に携わった[＿＿＿＿＿]など,お雇い外国人の果たした役割も大きかった。
　　① コンドル　　② クラーク

☐**28.** 内容 ✕　『小説神髄』は坪内逍遥の評論である。
日露戦争の前後には人間社会の暗い現実を映そうとする**自然主義**文学が発達した。島崎藤村（『**破戒**』），国木田独歩（『**武蔵野**』），田山花袋（『**蒲団**』）など。

☐**29.** 内容 ◯　歌舞伎では，脚本家の**河竹黙阿弥**が文明開化を反映した新作を発表し，明治中期，市川団十郎・尾上菊五郎・市川左団次の名優が活躍した（**団菊左時代**）。

☐**30.** 内容 ◯　**オッペケペー節**を創始した**川上音二郎**らが，時事的な劇に民権思想を盛り込んだ**壮士芝居**は，日清戦争前後から**新派劇**と呼ばれた。

☐**31.** 内容 ②　小山内薫らは新劇をおこした。
日露戦争後には，**坪内逍遥の文芸協会**や**小山内薫の自由劇場**が，西洋の近代劇を翻訳・上演し，**新劇**といわれた。

☐**32.** 時期 ✕　ラジオ放送は大正時代である。
明治時代，伊沢修二らにより小学校教育に西洋の影響を受けた**唱歌**が採用された。1887年，東京音楽学校が設立され，**滝廉太郎**らの作曲家が出た。

☐**33.** 時期 ✕　トーキーは昭和初期。
活動写真は明治末期に欧米から輸入され，1899年に**無声映画**が国内でも制作された。画面と音が一体となった**トーキー**は1930年代（昭和初期）から。

〈芸術〉
☐**34.** 内容 ②　『収穫』を描いたのは浅井忠である。
明治初期，西洋美術を学ぶ**工部美術学校**が設立され，その後，浅井忠（『**収穫**』）は**明治美術会**を設立し，黒田清輝（『**湖畔**』）は白馬会を創立した。

☐**35.** 内容 ◯　日本画では，**岡倉天心**・フェノロサらが1880年代，東京美術学校を設立した。その後，岡倉・橋本雅邦（『**龍虎図**』）らが**日本美術院**を設立し，横山大観らが出た。

☐**36.** 内容 ①　ニコライ堂の建設に携わったのはコンドルである。
建築では，イギリス人の**コンドル**が**鹿鳴館・ニコライ堂**を設計した。コンドルに学んだ辰野金吾は**日本銀行本店**，片山東熊は**赤坂離宮**を設計した。

1 第一次世界大戦と国内の動向 主に1910年代

〈大正政変〉

☐**1.** 明治〜大正初期の尾崎行雄は藩閥政府批判に活躍し，[＿＿＿＿＿]では内閣打倒に大きな役割を果たした。

　　① 大正政変　　② 明治14年の政変

☐**2.** 立憲同志会を中心にした倒閣運動により，第３次桂太郎内閣は倒れた。

☐**3.** 憲政会を与党に，第１次山本権兵衛内閣が組織された。

〈第一次世界大戦と日本の中国進出〉

☐**4.** 二十一ヵ条の要求は，欧米諸列強が東アジアをかえりみる余裕がないのを好機として，寺内正毅内閣が段祺瑞政府に提出したものである。

☐**5.** 寺内内閣は[＿＿＿＿＿]政権に対して西原借款を成立させた。

　　① 段祺瑞　　② 袁世凱

☐**6.** 日本の中国における特殊権益と，アメリカが要求する中国での門戸開放などを認めあう，石井・ランシング協定が結ばれた。

☐**7.** ロシア革命に対して日本は，イギリスなど他の派兵国よりも長期にわたって介入を継続した。

☐**8.** 原内閣は，パリ講和会議に西園寺公望らを送り，ヴェルサイユ条約に調印した。

🔍 解答・ポイント

〈大正政変〉

☐ **1.** 内容 ① 尾崎行雄が活躍したのは大正政変である。
2個師団増設問題で陸軍と対立した**第2次西園寺公望内閣**が辞職した後、**第3次桂太郎内閣**が成立したが、第一次護憲運動により辞職した（大正政変）。

☐ **2.** 内容 ✕ 立憲同志会は桂太郎の呼びかけで結成された。
立憲政友会の尾崎行雄と**立憲国民党**の犬養毅が「**閥族打破・憲政擁護**」をスローガンに**第3次桂内閣**打倒の運動を起こすと、国民運動に発展し、桂は辞職した。

☐ **3.** 内容 ✕ 第1次山本内閣の与党は立憲政友会である。
第3次桂内閣のあと、海軍大将山本権兵衛が**立憲政友会**を与党として組閣し、軍部大臣現役武官制を改正した。ジーメンス事件で辞職した。

〈第一次世界大戦と日本の中国進出〉

☐ **4.** 時期 ✕ 二十一カ条の要求は、第2次大隈内閣が袁世凱政権に提出した。
第2次大隈重信内閣は**第一次世界大戦**に参戦してドイツ領の青島などを占領し、**中華民国**の**袁世凱**政権に二十一カ条の要求を突きつけて受諾させた。

☐ **5.** 内容 ① 西原借款は段祺瑞に対して行った。
寺内正毅内閣は**袁世凱**の後継者である段祺瑞政権に対して**西原借款**を行い、同政権を通じた日本の権益確保をねらった。

☐ **6.** 内容 ◯ **アメリカ**は日本の中国進出を警戒しており、第一次世界大戦に参戦するにあたって、石井・ランシング協定を締結し、日本と中国問題を調整した。

☐ **7.** 内容 ◯ 1917年、ロシア革命が起こり、それに干渉するため、寺内内閣は、1918年、英・米・仏と共同出兵した（シベリア出兵）。日本は1922年まで駐兵した。

☐ **8.** 時期 ◯ ドイツが降伏して、パリ講和会議が開催され、日本は全権西園寺公望らを派遣した。ヴェルサイユ条約で山東省の旧ドイツ権益の継承などが認められた。

☐**9.** 植民地の朝鮮では，日本からの独立を求める五・四運動が起こった。

☐**10.** 中国でも，山東省の旧ドイツ権益の返還を求める民族運動が起こった。

〈大戦景気〉

☐**11.** 第一次世界大戦は，日本経済に未曾有の好況をもたらした。ヨーロッパ諸国が後退したアジア市場には， □□□□□ をはじめ日本商品が進出した。
　　① 生糸　　② 綿製品

☐**12.** 大戦中から日本の資本が中国に設置した在華紡は，戦後恐慌による紡績業の打撃でほとんど撤退した。

☐**13.** 第一次世界大戦のころ，ヨーロッパ諸国からの輸入がとだえたために，染料・薬品などの化学工業が勃興した。

☐**14.** 大戦景気といわれる空前の好景気が到来し， □□□□□ と呼ばれる人々も新たに現れた。
　　① 寄生地主　　② 船成金

☐**15.** 第一次世界大戦期に，猪苗代の火力発電所から長距離送電が始まった。

☐**16.** 1910年代には，重化学工業生産額が大幅に増大し，軽工業生産額を上回った。

☐**17.** 第一次世界大戦前後，大都市の人口が増加し，とくに月給で生活する会社員（サラリーマン）が，工場労働者とともに都市住民の中心になった。

□**9.** 内容 × 　朝鮮で起こったのは三・一独立運動である。
米大統領ウィルソンが提唱した民族自決の国際的高まりを背景に，1919年，朝鮮では三・一独立運動が起こった。朝鮮総督府は警察・軍隊で弾圧した。

□**10.** 内容 ○　中国は講和条約に反発して旧ドイツ権益の返還を求めたが拒否されたため，反日運動（五・四運動）が起こった。

〈大戦景気〉

□**11.** 内容 ②　…アジア市場に進出したのは綿製品である。
第一次世界大戦でヨーロッパ諸国が後退したアジア市場には綿織物の輸出が伸び，アメリカには生糸の輸出が拡大するなど，貿易は輸出超過となった。

□**12.** 内容 × 　大戦景気以降，在華紡の進出が盛んとなった。
大戦景気以降，綿産業では日本の紡績工場（在華紡）が上海や青島などに進出し，綿糸を生産する紡績業も拡大していった。

□**13.** 内容 ○　薬品・染料・肥料などの分野では，**ドイツ**からの輸入がとだえたため，日本の国内で化学工業が勃興した。

□**14.** 内容 ②　大戦景気で現れたのは船成金である。
貿易が発達したため，海運業・造船業は空前の好景気となり，船成金が続々と生まれた。造船業の好況で鉄の需要が高まり，満鉄は鞍山製鉄所を設立した。

□**15.** 内容 × 　火力ではなく，水力発電である。
大戦前から発達し始めていた電力業では水力発電事業が展開され，猪苗代と東京の長距離送電に成功し，工業動力の蒸気力から電力への転換を推し進めた。

□**16.** 時期 × 　重化学工業が軽工業を上回るのは1930年代である。
大戦景気により，工業生産額は農業生産額を追い越した。工場労働者数は大戦前の1.5倍に増え，男性労働者は重化学工業の発展により倍増した。

□**17.** 内容 ○　**第一次世界大戦**前後，会社員・銀行員などの**俸給生活者（サラリーマン）**が大量に現れた（**都市中間層**）。電話交換手などの**職業婦人**もみられた。

〈政党内閣の成立〉

☐**18.** ロシア革命に対する日本軍の介入の影響で，国内の米価が下落し，困窮した農民が全国で騒擾を起こした。

☐**19.** 第2次大隈重信内閣は，米騒動の収束後まもなく，責任をとり総辞職した。

☐**20.** 軍部大臣現役武官制は，米騒動直後に成立した政党内閣によって改正され，現役以外の大将・中将からも大臣の任用が可能になった。

☐**21.** 原敬内閣は，陸海軍大臣・外務大臣を除き，閣僚に政友会の党員をあてて発足した。

☐**22.** 普通選挙法は，原敬内閣の時期に実現した。これにより25歳以上の男子は，すべて衆議院議員の選挙権をもつことになった。

2 第一次世界大戦後の国際情勢と国内の動向 主に1920年代前半

〈第一次世界大戦後の国際協調〉

☐**1.** 国際連盟が設立され，アメリカとソ連を中心に国際紛争が調停されるようになった。

☐**2.** 1921年7月にアメリカ政府が ⬚ の開催を提起すると，日本政府はこれに参加することを決定し，翌1922年には海軍軍縮条約が締結された。
①　パリ講和会議　　②　ワシントン会議

☐**3.** 中国の主権と領土の尊重を約した九カ国条約により，日英同盟が終了した。

〈政党内閣の成立〉

□18. 内容 ✕　国内の米価は高騰して騒擾が起こった。
都市人口の増加による米不足やシベリア出兵を当て込んだ米の投機的買占めなどにより米価が高騰し，1918年，全国的な米騒動が起こった。

□19. 時期 ✕　大隈内閣ではなく，寺内内閣である。
寺内正毅内閣は，軍隊により米騒動を鎮圧したが，政府批判がおさまらず辞職した。その後，立憲政友会の総裁原敬が組閣し，「平民宰相」と期待された。

□20. 時期 ✕　米騒動直後の内閣ではなく，第1次山本内閣で改正。
軍部大臣現役武官制を改正したのは，立憲政友会を与党として山県系官僚に対抗した第1次山本権兵衛内閣である。

□21. 内容 〇　立憲政友会の総裁原敬は非華族，衆議院議員という点で前例のない首相であった。原は陸海相と外相を除き，閣僚を政友会員とする政党内閣をつくった。

□22. 内容 ✕　原は普通選挙には否定的であった。
原内閣は，普通選挙制の導入には慎重で，選挙法を改正して選挙権の納税資格を3円以上に引き下げ，小選挙区制を導入するにとどまった。

解答・ポイント

〈第一次世界大戦後の国際協調〉

□1. 内容 ✕　アメリカとソ連は国際連盟に加盟していない。
米大統領ウィルソンの提唱により，国際平和機関として1920年，国際連盟が設立された。日本は常任理事国として参加したが，米・ソは加盟しなかった。

□2. 内容 ②　アメリカはワシントン会議の開催を提起した。
ワシントン会議に日本も加藤友三郎らを全権として参加した。1922年，ワシントン海軍軍縮条約が結ばれ，対米英6割の主力艦の保有比率が定められた。

□3. 内容 ✕　日英同盟ではなく，石井・ランシング協定が廃棄された。
ワシントン会議では太平洋に関する四カ国条約で日英同盟が廃棄され，中国に関する九カ国条約で石井・ランシング協定が廃棄された。

〈社会運動の激化と護憲三派内閣の成立〉

☐**4.** 大杉栄が, 民本主義を唱えて, 政党政治の実現を説いた。

☐**5.** 労資協調を掲げた日本労働総同盟が, 友愛会と改称された。

☐**6.** 幸徳秋水らが, 日本共産党を結成した。

☐**7.** 賀川豊彦らが, 全国的な農民組織である日本農民組合を結成した。

☐**8.** 市川房枝は, 1920年, 平塚らいてうらと[   ]を結成した。
　　① 黎明会　　② 新婦人協会

☐**9.** 被差別部落民によって, 部落差別の撤廃をめざす全国水平社が結成された。

☐**10.** 憲政の常道とは, 憲法の規定により, 衆議院で多数の議席を占める政党が内閣を組織することである。

☐**11.** 加藤高明内閣は, 普通選挙法の制定に反対し, 治安維持法を成立させた。

☐**12.** 幣原外務大臣が推進した外交政策について, 日ソ基本条約を締結し, ソ連との間に国交を樹立した。

〈社会運動の激化と護憲三派内閣の成立〉

□**4.** 内容 ✕　民本主義を唱えたのは吉野作造である。

東大の**吉野作造**は，天皇主権のもとで民主主義の長所を採用するという**民本主義**を唱え，美濃部達吉の**天皇機関説**とともに大正デモクラシーの理念となった。

□**5.** 内容 ✕　友愛会が改称されていった。

1912年，**鈴木文治**が組織した友愛会は労資協調の立場で，1920年には**メーデー**を主催し，1921年には日本労働総同盟と改めて階級闘争主義へ転換した。

□**6.** 内容 ✕　幸徳秋水は明治末の大逆事件で死刑になっている。

「**冬の時代**」にあった社会主義者も活動を再開し，日本社会主義同盟を結成した。1922年には**堺利彦・山川均**らが日本共産党を非合法に結成した。

□**7.** 内容 ○　大正時代には，農村で小作料の引き下げを求める**小作争議**が頻発した。1922年，**賀川豊彦**らによって，全国組織である日本農民組合が結成された。

□**8.** 内容 ②　1920年に市川房枝らが結成したのは新婦人協会である。

女性運動は，1911年，文学団体の青鞜社に始まり，1920年，**市川房枝・平塚らいてう**らが結成した新婦人協会は参政権など女性の地位向上をめざした。

□**9.** 内容 ○　被差別部落の住民に対する社会的差別を自主的に撤廃しようとする運動も大正期に本格化した。西光万吉らは1922年，全国水平社を結成した。

□**10.** 内容 ✕　憲政の常道は憲法の規定ではなく，慣行である。

加藤高明内閣の成立以降，衆議院に多数の議席を占める政党の総裁が交互に政権を担当する政党政治の慣行が「憲政の常道」と理解されるようになった。

□**11.** 内容 ✕　普通選挙法とともに，治安維持法を成立させた。

加藤高明内閣は納税資格を撤廃し，25歳以上の男子に選挙権を与える普通選挙法を成立させたが，同時に共産主義を警戒し，治安維持法を制定した。

□**12.** 時期 ○　**幣原喜重郎**が，護憲三派連立の**加藤高明**内閣の外務大臣であった1925年，日ソ基本条約を締結してソ連との国交を樹立した。

□**13.** 第一次世界大戦による好況が続いたあと，貿易は輸入超過に転じ，戦後恐慌が起きた。

□**14.** 関東大震災後には，震災手形の処理が懸案となった。

3 大正時代から昭和時代初期の文化 主に1910年代～1930年代

〈大衆文化〉

□**1.** 都心部には近代的なビルディングが出現し，特に大都市では ［　　　　　］ が発展した。
　　① 　デパート　　② 　スーパー

□**2.** 1920～30年代には，洋室も備えた和洋折衷の文化住宅が，大都市の郊外に建てられた。

□**3.** 第一次世界大戦から1920年代にかけての時期の人々に洋食として広がったものの一つに，カレーライスがある。

□**4.** 第一次世界大戦から1920年代にかけての時期の洋装の広がりのなかで，軍隊でも初めて洋服が採用された。

□**5.** 第一次世界大戦から1930年代までの間に照明器具として，ガス灯が一般家庭に普及した。

□**6.** 関東大震災の被害はラジオを通じて報道され，ラジオが家庭に普及するきっかけとなった。

〈教育・学問・思想〉

□**7.** 原敬内閣のときに公布された学校教育法によって，大学の数が急増した。

□**13.** 内容 ○ 　第一次世界大戦が終わり，ヨーロッパ製品がアジア市場に再登場してくると，1919年に輸入超過に転じ，1920年（原敬内閣）には戦後恐慌が発生した。

□**14.** 内容 ○ 　関東大震災が発生すると震災恐慌が発生した。第2次山本権兵衛内閣は，モラトリアム（**支払猶予令**）などで鎮静化したが，震災手形が市場に残った。

🔍 解答・ポイント

〈大衆文化〉

□**1.** 内容 ① 　大正時代には大都市でデパートが発展した。
都市部のサラリーマンや工場労働者などを担い手とする**大衆文化が誕生した**。都市部ではさまざまな商品を陳列して販売する百貨店（デパート）が発達した。

□**2.** 内容 ○ 　都市部では洋風化・近代化が進み，都心では鉄筋コンクリートのビルが出現し，郊外にのびる鉄道沿線には都市中間層向けの文化住宅が建てられた。

□**3.** 時期 ○ 　大正時代になると，食生活の面ではトンカツやカレーライスのような洋食が普及した。

□**4.** 時期 ✕ 　軍隊では明治初期から洋服が採用されている。
服装では洋服を着る男性が増え，銀座や心斎橋などの盛り場では，モガ（モダンガール）やモボ（モダンボーイ）が闊歩するようになった。

□**5.** 内容 ✕ 　ガス灯ではなく，電灯が普及した。
文化住宅や集合住宅である**アパート**が建設され，電灯は農村部も含めて広く一般家庭に普及し，都市では水道・ガスの供給事業が本格化した。

□**6.** 時期 ✕ 　関東大震災のとき，ラジオ放送は開始されていない。
都市中間層が台頭するなか，新聞・雑誌・映画などの**マス＝メディア**が発達した。ラジオ放送は1925年に開始され，満州事変以降，契約者が増えた。

〈教育・学問・思想〉

□**7.** 時期 ✕ 　原内閣のときに公布されたのは大学令である。
日露戦争後，小学校の就学率は97％をこえ，原敬内閣によって大学令が公布され，帝国大学以外に単科大学や公立・私立大学の設置が認められた。

□**8.** 穂積八束が説いた憲法学説は，1930年代なかばに反国体的として軍部や右翼から排撃された。

□**9.** 第一次世界大戦のころ，吉野作造は民本主義を唱えて，憲法の枠内で民意を尊重する政治の実現を呼びかけた。

□**10.** ▢▢▢▢▢ は，人道主義の立場から『貧乏物語』を著した。
①　河上肇　　②　賀川豊彦

□**11.** 『東洋経済新報』で活躍した石橋湛山は，日本の植民地放棄を主張した。

□**12.** 国家や財閥の出資によって設立された ▢▢▢▢▢ は，独自に開発した新技術の実用化を次々と進め，のちに新興財閥と呼ばれた。
①　理化学研究所　　②　航空研究所

□**13.** 本多光太郎は，超短波用アンテナを発明し，電波技術の発展に貢献した。

〈小説・演劇・美術〉

□**14.** 白樺派とは一線を画して活動した永井荷風らは，耽美派と呼ばれた。

□**15.** 『暗夜行路』の作者である武者小路実篤は，のちに宮崎県に「新しき村」をつくり，自らの主張を実践しようとした。

□**16.** 大正期から戦時期にかけて，総合雑誌『白樺』が創刊され，正岡子規や芥川龍之介が作品を発表して人気を集めた。

□**8.** 内容 ✕　穂積八束ではなく，美濃部達吉である。
東大教授の**美濃部達吉**は憲法学説である天皇機関説を唱えた。
1930年代には反国体的と軍部・右翼に攻撃され，**岡田啓介内閣**
は国体明徴声明を発した。

□**9.** 内容 ○　民本主義はデモクラシーの訳語である。東大教授の吉野作造は主
権在君の明治憲法下での民衆の政治参加を主張し，政党内閣制と
普選の実現を説いた。

近代・現代

□**10.** 内容 ①　『貧乏物語』を著したのは河上肇である。
大正時代には，**マルクス主義**が知識人に大きな影響を与えた。
1917年に出版された河上肇の『**貧乏物語**』は広範な読者を獲得
した。

□**11.** 内容 ○　『**東洋経済新報**』の記者であった石橋湛山は，朝鮮や満州など植
民地の放棄などを主張した。この考え方は「**小日本主義**」と呼ば
れた。

大正時代

□**12.** 内容 ①　のちに新興財閥となるのは理化学研究所である。
1917年，欧米諸国に対抗し得る物理学や化学の研究を行うことを
目的に理化学研究所が設立された。のちに理研**コンツェルン**に成
長した。

□**13.** 内容 ✕　超短波用アンテナを発明したのは八木秀次である。
本多光太郎は KS 磁石鋼を発明した。その他，自然科学では，
野口英世の黄熱病の研究などがある。

〈**小説・演劇・美術**〉

□**14.** 内容 ○　**自然主義**が衰退し，森鷗外（『**阿部一族**』）や夏目漱石（『**こころ**』）
ら多くの作家が活躍した。**耽美派**は永井荷風（『**腕くらべ**』），谷崎
潤一郎（『**刺青**』）。

□**15.** 内容 ✕　『暗夜行路』は志賀直哉の作品である。
白樺派は雑誌『**白樺**』で活躍した。志賀直哉（『**暗夜行路**』），有
島武郎（『**或る女**』），「新しき村」をつくった武者小路実篤（『**そ
の妹**』）ら。

□**16.** 内容 ✕　芥川龍之介は雑誌『新思潮』で活動した。
雑誌『**新思潮**』で活動したのは芥川龍之介（『**羅生門**』），菊池寛
（『**恩讐の彼方に**』）である。

☐**17.** 大正デモクラシーの時期，社会運動が高まるなかで，雑誌『種蒔く人』が創刊された。

☐**18.** 小説『蟹工船』を著した横光利一は，徳永直らとともにプロレタリア文学の代表的な作家であった。

☐**19.** 新聞や雑誌が大衆化し，[　　　　　]の『大菩薩峠』に代表される大衆文学（大衆小説）が登場して人気を博するようになった。
①　中里介山　　②　森鴎外

☐**20.** 1910年代から20年代，雑誌『赤い鳥』に童話と童謡が発表され，児童文学が発展した。

☐**21.** 1冊1円で売られ，円本と呼ばれた全集本など，低価格で文学作品を読める出版物が人気を集めた。

☐**22.** 大正デモクラシーの時期，岡倉天心らがおこした日本美術院が再興され，日本画の院展がはじまった。

☐**17.** 時期 ○ 社会運動の高揚にともなって，**プロレタリア文学**運動が起こり，雑誌『種蒔く人』などが創刊された。小林多喜二（『蟹工船』），徳永直（『太陽のない街』）など。

☐**18.** 内容 ✕ 横光利一はプロレタリア文学の作家ではない。
横光利一（『機械』）は川端康成（『伊豆の踊子』）らとともに**新感覚派**である。川端は『雪国』で太平洋戦争後，ノーベル文学賞を受賞している。

☐**19.** 内容 ① 『大菩薩峠』は中里介山の小説である。
新聞や大衆雑誌には，中里介山の『大菩薩峠』をはじめ，吉川英治・大佛次郎の時代小説などが連載された（**大衆文学**）。

☐**20.** 時期 ○ 鈴木三重吉は児童文学雑誌『赤い鳥』を創刊し，生活体験に即した綴方（作文）を通して児童の思想・感情を豊かにしようとする綴方教育運動に影響を与えた。

☐**21.** 内容 ○ 昭和に入り，『現代日本文学全集』など円本や**岩波文庫**が登場して低価格・大量出版の先駆けとなり，大衆雑誌『キング』の発行部数も100万部をこえた。

☐**22.** 内容 ○ **文展**に対し，二科会（**安井曽太郎**『金蓉』）や春陽会（岸田劉生『麗子微笑』）が創立され，横山大観（『生々流転』）らが日本美術院を再興し，**院展**を開催。

1 政党政治の時代 第1次若槻内閣～浜口内閣 主に1920年代後半～1930年代初頭

〈金融恐慌・山東出兵〉

☐ **1.** 関東大震災により経営難に陥った多くの企業は，日本銀行の融資を受けた震災手形によって復興景気が1930年まで続いたため，倒産をまぬがれた。

☐ **2.** 1920年代，首相の失言をきっかけに，銀行への取付け騒ぎが起こり，昭和恐慌が始まった。

☐ **3.** 1920年代，鈴木商店が経営破綻し，これに巨額の融資を行っていた台湾銀行が経営危機におちいった。

☐ **4.** 金融恐慌に際して，モラトリアム（支払猶予令）が発せられたが，恐慌は鎮静化しなかった。

☐ **5.** 幣原外務大臣が推進した外交政策について，中国国民革命軍の北伐に対抗して，山東半島に出兵した。

☐ **6.** 田中義一内閣では，男子普通選挙による最初の総選挙が実施された。

☐ **7.** 日本共産党が，普通選挙制による総選挙で衆議院に議席を得た。

☐ **8.** 1928年には，日本共産党員などが一斉に検挙される ☐☐☐☐☐ が起こった。
① 三・一五事件 ② 虎の門事件

🔍 解答・ポイント

〈金融恐慌・山東出兵〉

□**1.** 内容 × 震災手形は企業復興のための融資ではない。
関東大震災により，銀行は手持ちの手形が決済不能となり（震災手形），日本銀行の特別融資で一時をしのいだが，決済は進まず，震災手形問題が残った。

□**2.** 内容 × 銀行への取付け騒ぎは，昭和恐慌ではなく，金融恐慌である。
第1次若槻礼次郎内閣（**憲政会**）の時，震災手形処理法案の審議中に**片岡直温**蔵相の失言から**取付け騒ぎ**が起こり，銀行の倒産が続出した（金融恐慌）。

□**3.** 内容 ○ **金融恐慌**の際，鈴木商店が倒産し，台湾銀行が巨額の不良債権を抱えた。**第1次若槻内閣**は**緊急勅令**で救済しようとしたが枢密院に否決されて総辞職した。

□**4.** 内容 × 恐慌は鎮静化した。
若槻内閣の辞職後，**立憲政友会**の田中義一内閣が成立した。田中内閣は**モラトリアム**（支払猶予令）を発令し，日銀から救済融資を行い，金融恐慌を鎮静化した。

□**5.** 時期 × 山東半島への出兵は幣原外務大臣の外交政策ではない。
立憲政友会の**田中義一内閣**（田中外相兼任）は，中国統一をめざす国民党（蔣介石）の**北伐**に対して，山東出兵（1927～28年）を断行し，東方会議を開催した。

□**6.** 時期 ○ 1925年，加藤高明内閣で制定された**普通選挙法**により，初めて総選挙が行われたのは1928年，田中義一内閣の時である。

□**7.** 内容 × 日本共産党は議席を獲得していない。
田中内閣で行われた初めての普通選挙では，**労働農民党**，**社会民衆党**などの無産政党から8名の当選者が出た。

□**8.** 内容 ① 共産党員を検挙したのは三・一五事件である。
普通選挙実施後，**日本共産党**の活動をみた**田中義一内閣**は，三・一五事件（1928年），四・一六事件（1929年）で共産党員を一斉に検挙した。

□**9.** 田中義一内閣では，治安維持法が改正され，最高刑が死刑となった。

〈浜口内閣と昭和恐慌〉

□**10.** 井上準之助蔵相は緊縮財政と ▢ を行い，その上で金解禁を断行し，為替相場を安定させ，貿易を促進させることをねらっていた。
　　① 産業合理化　　② モラトリアム

□**11.** 浜口雄幸内閣が断行した金解禁の結果，輸出が増大して景気が回復した。

□**12.** 1930年代初頭，アメリカへの生糸輸出の激減により，繭の価格が急上昇した。

□**13.** 昭和恐慌によって困窮した農家から欠食児童や女子の身売りが続出して，深刻な社会問題となった。

□**14.** 立憲民政党を中心とした内閣は，海軍内部の反対意見をおさえて，ロンドン海軍軍縮条約に調印した。

□**15.** ロンドン軍縮会議で主力艦制限が協定されたが，その内容は日本に不利であると，軍部の一部や右翼などが反発した。

2 満州事変と国内の動向　第2次若槻内閣〜岡田内閣 1930年代前半
〈満州事変〉

□**1.** 立憲民政党を中心とした内閣は，満州事変が起こると，不拡大の方針を決定したが，関東軍による戦線の拡大をおさえられなかった。

□**2.** 犬養毅内閣は「満州国」を早期承認するため，日満議定書を取り交わした。

□**9.** 時期 ○　普通選挙実施後，**田中義一内閣**は，1928年，緊急勅令で<u>治安維持法</u>を改正し，最高刑を死刑・無期とし，道府県の警察にも<u>特別高等課</u>（特高）を設置した。

〈浜口内閣と昭和恐慌〉

□**10.** 内容 ①　井上蔵相は産業合理化を行った。
立憲民政党の浜口雄幸内閣は<u>井上準之助</u>を蔵相に起用し，<u>財政を緊縮</u>して物価の引き下げをはかり，<u>産業合理化</u>を促進して経済界の整理をはかった。

□**11.** 内容 ✕　世界恐慌などが原因で輸出は減少した。
浜口内閣は1930年，<u>金輸出解禁</u>（金解禁）を断行した。その頃はアメリカの不況が<u>世界恐慌</u>に発展していたこともあり，輸出が減少し，**昭和恐慌**となった。

□**12.** 内容 ✕　繭の価格は下落した。
世界恐慌の影響で，**アメリカ**向けの<u>生糸</u>輸出が激減したため，原料の繭の価格は大幅に下落した。

□**13.** 内容 ○　繭の価格が下落して養蚕業が打撃を受け，都市の失業者が帰農したため，東北地方を中心に農家の困窮は著しく，欠食児童や女子の身売りが続出した。

□**14.** 内容 ○　**立憲民政党の浜口雄幸内閣**は，幣原喜重郎外相を起用した。若槻礼次郎を全権としてロンドン海軍軍縮会議に参加し，**補助艦**を制限する条約に調印した。

□**15.** 内容 ✕　主力艦ではなく，補助艦の制限が協定された。
ロンドン海軍軍縮条約調印に対し，<u>立憲政友会・海軍軍令部・右翼</u>などが<u>統帥権干犯</u>と攻撃した。内閣は条約批准に成功したが，浜口首相が狙撃された。

🔍 解答・ポイント

〈満州事変〉

□**1.** 内容 ○　1931年，<u>関東軍が柳条湖事件</u>を起こし，<u>満州事変</u>が始まった。<u>立憲民政党の第2次若槻礼次郎内閣</u>は<u>不拡大方針</u>を声明したが，戦線は拡大し，辞職した。

□**2.** 時期 ✕　日満議定書を取り交わしたのは斎藤実内閣である。
若槻内閣のあと，**立憲政友会の犬養毅**内閣が成立した。<u>関東軍が満州国を建国</u>したのに対し，内閣は承認せず，五・一五事件で首相が暗殺されて崩壊した。

☐**3.** 斎藤実が首相の時，日本政府は日満議定書を締結して満州国を承認した。

☐**4.** アメリカを中心とする国際連盟は，リットン報告書にもとづき日本の「満州国」承認を非難したので，日本は国際連盟を脱退した。

〈高橋財政と経済の軍事化〉

☐**5.** 犬養毅内閣の蔵相に就任した □□□□□□□ は金輸出再禁止を行った。
① 高橋是清 ② 石橋湛山

☐**6.** 日本は金本位制から離脱したため，世界恐慌の影響を直接うけた。

☐**7.** 犬養毅内閣は，物価を引き下げ，産業を合理化して景気を回復しようとした。

☐**8.** 1920年代後半から30年代前半にかけて，日本窒素（日窒）は，朝鮮進出に失敗して破綻した。

☐**9.** 昭和初期，政府は疲弊した農山漁村への対策として経済更生運動を進めた。

〈軍部の台頭〉

☐**10.** 自由主義的な刑法学説を説いた滝川幸辰は，東京帝国大学の職を追われた。

□3. 時期 ○ 戦前最後の政党内閣となった**犬養内閣**のあと，海軍の**斎藤実**による
挙国一致内閣が成立した。斎藤内閣は，1932年，日満議定書を締
結し，満州国を承認した。

□4. 内容 ✕ アメリカは国際連盟に加盟していない。
満州事変に際し，**国際連盟**はリットン調査団を派遣した。その報
告書にもとづき，連盟が満州国承認の撤回を求めたため，日本政
府は**連盟脱退**を通告した。

〈高橋財政と経済の軍事化〉

□5. 内容 ① 犬養内閣の蔵相は高橋是清である。
犬養，斎藤，岡田の内閣で蔵相をつとめたのが高橋是清である。
高橋は就任後，金輸出再禁止を断行して円の兌換を停止し，管
理通貨制度に移行した。

□6. 内容 ✕ 離脱して輸出が伸びたことで恐慌から脱出した。
高橋蔵相が金輸出再禁止の措置をとった結果，円相場は下落（円
安）し，輸出が伸びた。特に綿織物の輸出が拡大し，**イギリス**を
抜いて世界第1位となった。

□7. 内容 ✕ 産業を合理化しようとしたのは浜口内閣の井上財政。
犬養内閣の**高橋蔵相**は，赤字国債を発行して軍事費・農村救済費
を中心とする財政膨張策をとった。1933年頃には世界恐慌以前
の生産水準を回復した。

□8. 内容 ✕ 1930年代に日窒は発展した。
満州事変を背景とした高橋財政で重化学工業が発展し，工業生産
額の過半を占めた。そのなかで，日産や日窒などの新興財閥が軍
と結びついて台頭した。

□9. 内容 ○ **昭和恐慌**で疲弊した農村救済のため，政府は公共工事を行って農民
を雇用し，農山漁村経済更生運動を始め，農民を結束させて「自力
更生」をはからせた。

〈軍部の台頭〉

□10. 内容 ✕ 滝川幸辰は東大ではなく，京大の教授である。
満州事変以降，軍部・右翼が台頭した。自由主義的刑法学説を
唱えた京大教授滝川幸辰は鳩山一郎文相の圧力で休職処分を受け
た（滝川事件・1933年）。

□**11.** 国家改造を主張した井上日召は，五・一五事件で起訴・処刑された。

□**12.** 二・二六事件の後，軍部大臣現役武官制が復活し，内閣の存立は軍部によって脅かされることになった。

3 日中戦争と戦時統制 広田内閣〜米内内閣 主に1930年代後半
〈日中戦争・第二次世界大戦の勃発〉

□**1.** 日中戦争の開始と同時に，台湾には統監府が設置された。

□**2.** 日中戦争についてアメリカは日本に批判的であり，汪兆銘政権に対して物資援助を行った。

□**3.** 日中戦争の開戦後，日本とアメリカ・イギリスとの対立が深まり，[   ]が廃棄された。
① 日米通商航海条約 ② 日英同盟

□**4.** 米内光政内閣は大戦不介入方針をとったので，ドイツ支持の軍部に倒された。

〈戦時統制経済〉

□**5.** 第1次近衛文麿内閣が[   ]を行い，戦争協力のための国民の組織化を推進した。
① 国民精神総動員運動 ② 翼賛選挙

□**6.** 日中戦争が進むなか，産業報国会が設立され，労働者の戦争協力が進められた。

□**7.** 近衛文麿内閣は国家総動員法を成立させて，議会の承認を経れば物資や労働力などを軍需のために優先的に運用できるようにした。

□**11.** 内容 ✕　井上日召は血盟団事件の中心人物である。
1932年，**井上日召**率いる血盟団が前蔵相井上準之助・三井の団琢磨を殺害し（**血盟団事件**），海軍青年将校らが犬養毅首相を殺害した（五・一五事件）。

□**12.** 内容 ◯　岡田内閣の1936年，陸軍の青年将校がクーデタを起こした二・二六事件以降，軍部の発言力は強まり，広田弘毅内閣で軍部大臣現役武官制が復活した。

🔍 解答・ポイント

〈日中戦争・第二次世界大戦の勃発〉

□**1.** 時期 ✕　台湾は植民地で，台湾総督府が設置されていた。
第1次近衛文麿内閣が成立した直後，1937年，盧溝橋事件をきっかけに**日中戦争**に発展した。約半年で国民政府の首都南京を占領したが，長期化した。

□**2.** 内容 ✕　アメリカが支援したのは蔣介石政権である。
蔣介石の国民政府は重慶まで退いて抗戦をつづけ，米・英が支援した。1940年，日本は南京に汪兆銘の傀儡政権をつくり，戦争収拾をはかったが失敗した。

□**3.** 内容 ①　廃棄されたのは日米通商航海条約である。
欧米を排除した東亜新秩序建設を掲げる日本に反発する**アメリカ**は，経済制裁を進めるため，1939年，日米通商航海条約の廃棄を通告し，翌年発効した。

□**4.** 内容 ◯　1939年，**第二次世界大戦**が勃発すると，阿部信行内閣，米内光政内閣はドイツとの同盟には消極的で大戦不介入の方針をとったが，陸軍に倒された。

〈戦時統制経済〉

□**5.** 内容 ①　近衛内閣が進めたのは，国民精神総動員運動である。
日中戦争が始まると，**第1次近衛文麿内閣**は，節約・貯蓄など国民の戦争協力をうながすため，国民精神総動員運動を展開した。

□**6.** 内容 ◯　1938年，警察の指導で職場ごとに労使一体で国策に協力する産業報国会の結成が進められ，既存の労働組合も一部これに改組させた。

□**7.** 内容 ✕　議会の承認なく，物資や労働力を動員できる。
第1次近衛内閣の時，**企画院**の立案で国家総動員法が制定され，政府は戦争遂行に必要な物資や労働力を議会の承認なく**勅令**で動員できるようになった。

☐**8.** 日中戦争が進むなか，国民徴用令によって，一般国民が軍需工場に動員された。

☐**9.** 政府は，国家総動員法にもとづいて価格等統制令を公布して公定価格を定め，経済統制を強化した。

☐**10.** 日中戦争が進むなか，政府は防穀令を出して，農家から米を強制的に買い上げるようになった。

☐**11.** 日中戦争が進むなか，経済振興のため，ぜいたく品の消費が奨励された。

〈日中戦争期の学問・思想の弾圧〉

☐**12.** ファシズムを批判した東京帝国大学教授の北一輝が休職処分となり，その著書が発行禁止になった。

☐**13.** 日中戦争の勃発以後，人民戦線の結成をはかったとして，経済学者の滝川幸辰らが検挙された。

☐**14.** 日中戦争の勃発以後，実証的な古代史研究を進めた津田左右吉の著作が，発禁処分をうけた。

☐**15.** 日中戦争開始から日本の敗戦までの時期には，朝鮮や台湾などで，「皇民化」政策が実施された。

4 日米対立からアジア太平洋戦争へ　第2次近衛内閣〜鈴木内閣 1940年代前半
〈新体制運動〉

☐**1.** 大政翼賛会が結成されたときの内閣総理大臣は，岡田啓介である。

☐**8.** 内容 ○ 　1939年，国家総動員法にもとづく国民徴用令によって，一般国民が軍需産業に強制的に動員されるようになった。

☐**9.** 内容 ○ 　軍需インフレが進み，政府は物価抑制のため，国家総動員法にもとづく価格等統制令を出して公定価格制を導入したが，闇価格が発生するのは防げなかった。

☐**10.** 時期 ✕ 　**防穀令は日清戦争前，朝鮮で行われた措置である。**
農村では1940年から政府による米の強制的買い上げ制度である供出制が実施された。一方で食糧生産は低下し，食糧難が深刻となっていった。

☐**11.** 内容 ✕ 　**ぜいたく品の製造・販売は禁止された。**
国民精神総動員運動では節約・貯蓄が唱えられ，砂糖・マッチの切符制や米の配給制など生活必需品への統制も強まった。

〈日中戦争期の学問・思想の弾圧〉

☐**12.** 内容 ✕ 　**北一輝ではなく，河合栄治郎である。**
ファシズムを批判した河合栄治郎（東大），植民地政策を批判していた矢内原忠雄（東大）らは弾圧された。北一輝は『**日本改造法案大綱**』で国家改造を唱えた。

☐**13.** 内容 ✕ 　**滝川幸辰ではなく，大内兵衛らである。**
1938年，東大の大内兵衛らの教授グループが戦争に反対する人民戦線結成をはかったとして検挙された人民戦線事件が起こった。

☐**14.** 内容 ○ 　皇国史観にもとづく歴史教育がなされ，『日本書紀』『古事記』の実証的研究を進めた津田左右吉の『神代史の研究』などが発禁処分となった。

☐**15.** 内容 ○ 　朝鮮や台湾では，日本語教育の徹底などの皇民化政策がとられ，朝鮮では姓名を日本風に改める創氏改名が強制された。

📖🔍 解答・ポイント

〈新体制運動〉

☐**1.** 時期 ✕ 　**内閣総理大臣は岡田ではなく，近衛文麿である。**
近衛文麿はドイツにならった戦争協力体制を構築する新体制運動の先頭に立ち，軍部の支援を受けて，1940年，**第2次近衛内閣**が成立し，大政翼賛会が結成された。

2. 大政翼賛会発足に際して，立憲政友会と立憲民政党は解散したが，社会大衆党は存続した。

3. 大政翼賛会は末端組織に町内会・部落会・隣組を組み込むようになり，戦争遂行の上意下達の機関として機能した。

4. 政府は労働運動を解散させるとともに，多くの労働者を大日本産業報国会に組織した。

〈日米対立とアジア太平洋戦争〉

5. アメリカの廃棄通告によって日米通商航海条約が失効するとただちに，日本は資源を求めてオランダ領東インド（インドネシア）に出兵した。

6. 第2次近衛文麿内閣の外相 _____ は，「大東亜共栄圏」を建設する方針を打ち出すとともに，ドイツやイタリアと軍事同盟締結を進めた。
① 広田弘毅　② 松岡洋右

7. 日ソ中立条約を締結したときの外務大臣は，松岡洋右である。

8. 日本軍が南部仏印に進駐すると，アメリカは対日石油輸出を禁止した。

9. 日本軍の中国からの撤退などをめぐって日米交渉が暗礁にのりあげるなかで，近衛文麿内閣は総辞職し，東条英機陸相が首相になった。

10. ハル＝ノートを受け取ったときの外務大臣は，幣原喜重郎である。

□**2.** 内容 ✕ 社会大衆党も解散した。

立憲政友会・立憲民政党・社会大衆党などの諸政党・団体は解散して大政翼賛会への参加を表明した。しかし，大政翼賛会は政党組織ではなかった。

□**3.** 内容 ○ 大政翼賛会は，総裁を総理大臣，支部長を道府県知事などとし，部落会・町内会・隣組を下部組織とする官製の上意下達機関であった。

□**4.** 内容 ○ 大政翼賛会は，大日本産業報国会などあらゆる団体を傘下におさめ，戦時の国民動員に貢献した。教育面では，1941年に小学校が国民学校に改められた。

〈日米対立とアジア太平洋戦争〉

□**5.** 内容 ✕ オランダ領東インドではなく，北部仏印に進駐した。

アメリカから軍事物資を入手するのが困難になり，南方進出の考えが強まった。第2次近衛文麿内閣は1940年，北部仏印へ進駐し，南進策を実行した。

□**6.** 内容 ② 第2次近衛内閣の外相は松岡洋右である。

北部仏印進駐とほぼ同時にアメリカを仮想敵国とする日独伊三国同盟を締結した（1940年）。これにより，アメリカの対日姿勢をいっそう硬化させた。

□**7.** 内容 ○ 三国同盟締結後，松岡洋右外相は，1941年，日ソ中立条約を結んだ。これは南進策を進めるための北方の安全確保とアメリカの牽制が目的であった。

□**8.** 内容 ○ アメリカは北部仏印進駐の前後に航空機用ガソリン・屑鉄の対日輸出禁止，南部仏印進駐後に対日石油輸出を全面禁止した。

□**9.** 内容 ○ 日米交渉が難航するなか，帝国国策遂行要領が決定され，対米開戦の準備が進められた。第2次近衛内閣は総辞職し，陸軍の東条英機内閣が成立した。

□**10.** 時期 ✕ 幣原喜重郎は当時の外務大臣ではない。

東条英機内閣は日米交渉を継続したが，満州事変以前の状態への復帰を要求するハル＝ノートで決裂し，1941年，真珠湾攻撃から太平洋戦争がはじまった。

☐**11.** 大東亜会議を開催し，中国の蒋介石政権などを参加させた。

☐**12.** アジア太平洋戦争に関して，サイパン島の陥落以後，そこを基地とした本土空襲が本格化した。

☐**13.** 沖縄戦では，一般成人は鉄血勤皇隊に組織され，激しい戦闘に参加した。

☐**14.** 1945年2月，米英ソの連合国首脳は ＿＿＿＿＿ で会議を開き，ドイツ降伏後のソ連の参戦を決めた。
① カイロ ② ヤルタ

☐**15.** ＿＿＿＿＿ 内閣は，ポツダム宣言の受諾の決断を延ばしていたが，同年8月，日本は国体護持の確約を得られないまま，無条件降伏した。
① 鈴木貫太郎 ② 林銑十郎

〈太平洋戦争下の国内情勢〉

☐**16.** 太平洋戦争末期には，物資不足を補うために，南方占領地域からの輸入が増大した。

☐**17.** 戦争末期，勤労動員された学生や生徒らが，兵器などの軍需品の生産に従事した。

☐**18.** 戦争末期，女性を看護要員として召集するために，女子挺身隊が編成された。

☐**19.** 学童疎開は，戦争激化にともない，学童を主に全国の軍事施設で働かせる目的で行われたものであった。

□**11.** 内容 ✕ 蒋介石政権ではなく，汪兆銘政権を参加させた。
ミッドウェー海戦の敗北で戦局が悪化するなか，東条内閣は「**大東亜共栄圏**」の結束誇示のため，1943年，占領地域の首脳を集め，大東亜会議を開いた。

□**12.** 内容 ◯ 1944年，サイパン島の陥落により，本土空襲が本格化し，**東条英機内閣**は戦局悪化の責任を負う形で辞職した。ついで小磯国昭内閣が成立した。

□**13.** 内容 ✕ 男子中学生が鉄血勤皇隊に組織された。
米軍が上陸して沖縄戦が始まると，男子中学生が**鉄血勤皇隊**として実戦に参加し，ひめゆり隊などの女子生徒による従軍看護隊が組織された。

□**14.** 内容 ② ソ連の対日参戦を決めたのはヤルタ会談である。
1943年に米・英・中によりカイロ会談が開かれ，1945年には米・英・ソによりヤルタ会談が開かれた。ヤルタ協定でソ連の対日参戦を決定。

□**15.** 内容 ① ポツダム宣言を受諾したのは鈴木貫太郎内閣である。
小磯辞職後，鈴木貫太郎が組閣し，連合国はポツダム宣言を発した。広島・長崎への原爆投下，ソ連の参戦を経て，内閣はポツダム宣言を受諾した。

〈太平洋戦争下の国内情勢〉

□**16.** 内容 ✕ 南方占領地域から物資は届かなくなった。
戦局の悪化にともない制海・制空権を喪失し，南方からの海上輸送が困難となったため，軍需生産に不可欠の鉄鉱石・石炭・石油などの物資も欠乏した。

□**17.** 内容 ◯ 男子が大量に軍隊に動員されたため，国内で労働力は不足し，学校に残る学生・生徒（学徒動員）や女子挺身隊に編成した女性を軍需工場などで働かせた。

□**18.** 内容 ✕ 女子挺身隊は看護要員ではない。
女子挺身隊は，男性の労働力不足のため，未婚女性を軍需工場などに動員したものである。勤労動員の一つ。

□**19.** 内容 ✕ 学童疎開は空襲から避難させたもので，勤労動員ではない。
サイパン島陥落以降，本土空襲が本格化すると，空襲の激しかった都市部では軍需工場の地方移転，国民学校生の集団疎開（学童疎開）などが行われた。

□**20.** 戦争末期，日本本土に連れてこられ，鉱山などで働かされた朝鮮人・中国人もいた。

⑦ グラフ・表の読解問題

　下線部［産業構造が変化］に関連して，産業別就労者の構成比の推移に関する次のグラフの説明として正しいものを，下の①〜④のうちから一つ選べ。

① 朝鮮戦争が勃発した当時，第三次産業の構成比は第一次産業の構成比を上回っていた。

② 大阪で日本万国博覧会が開催された当時，第二次産業の構成比は第一次産業の構成比を上回っていた。

③ 三池争議（三池闘争）が発生した当時，第二次産業の構成比は第一次産業の構成比を上回っていた。

④ 大日本産業報国会が結成された当時，第三次産業の構成比は第一次産業の構成比を上回っていた。

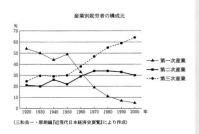

産業別就労者の構成比

（三和良一・原朗編『近現代日本経済史要覧』により作成）

☐**20.** 内容 ○　中国人・朝鮮人が労働力として動員されるとともに，朝鮮では1943年，台湾では1944年に徴兵制が施行された。

解答②

　試行調査を見る限り，共通テストでは，COLUMN ④で紹介した史料問題に加え，写真・地図などの図版，グラフ・表の解釈を重視しています。文字＝歴史用語を覚えることだけが歴史の学習ではないということですね。ただし，その場でしっかり**資料と選択肢を見比べながら選択肢を絞っていけば解答は出せます**。例題を考えてみてください。センター試験の過去問を利用します。

　①の朝鮮戦争は1950年代前半です。1950年代を見ると，第一次産業が第三次産業を上回っているので誤りです。②の大阪万博は高度経済成長の末期，1970年代初頭です。確かに第二次産業が第一次産業を上回っているので，これが正しい選択肢で正解です。③の三池争議は石炭から石油へのエネルギー転換が進んだ1960年代です。第二次産業は第一次産業より少ないので誤りです。最後に，④の大日本産業報国会は太平洋戦争前の1940年代です。第一次産業が第三次産業を上回っているので誤りです。10年単位の年代判断とグラフの照合で解答が出ます。

1 占領の時代 1940年代後半

〈占領政策の展開〉

☐**1.** アメリカは，マッカーサーを最高司令官として直接統治を行った。

☐**2.** 連合国は，占領政策の最高決定機関として対日理事会を設置した。

☐**3.** GHQ の占領政策について，思想・言論の自由を認め，占領軍に対する批判も自由に行わせた。

☐**4.** 連合国は，A級およびB・C級の戦犯容疑者を東京裁判で処罰した。

☐**5.** 敗戦後，神道が国家から分離され，天皇はみずからの神格を否定した。

☐**6.** GHQ は軍国主義者の ☐☐☐☐☐ を指令した。
① レッドパージ ② 公職追放

☐**7.** GHQ の非軍事化・民主化指令について，社会主義者などの政治犯は釈放されたが，特別高等警察の活動は続いた。

☐**8.** 吉田茂首相に対し，婦人参政権などの五大改革が指示された。

🔍 解答・ポイント

〈占領政策の展開〉

□**1.** 内容 ✕ 占領は直接統治ではなく，間接統治であった。
占領は GHQ（連合国軍最高司令官総司令部）の指令・勧告にもとづいて日本政府が統治を行う間接統治であった。最高司令官はアメリカのマッカーサー。

□**2.** 内容 ✕ 最高決定機関は極東委員会であった。
占領政策の最高決定機関はワシントンに置かれた極東委員会で，東京に置かれた対日理事会は GHQ の諮問機関であったが，占領政策はアメリカ主導であった。

□**3.** 内容 ✕ 占領軍に対する批判は禁止された。
思想・言論の自由など市民的自由の保障が進められたが，他方で，占領軍に対する批判は，いわゆるプレス゠コード（新聞発行綱領）で禁止された。

□**4.** 内容 ✕ 東京裁判では A 級戦犯のみが裁かれた。
GHQ は軍や政府の戦争指導者たちを逮捕し，A 級戦犯容疑者として起訴し，極東国際軍事裁判（東京裁判）を行った。B・C 級戦犯は現地で裁かれた。

□**5.** 内容 ◯ GHQ は神道指令を出し，国家と神道を分離した。占領政策に利用するため，天皇を戦犯容疑者とはしなかった。1946年，天皇は人間宣言を行った。

□**6.** 内容 ② GHQ が指令したのは公職追放である。
1946年，GHQ は戦争犯罪人・陸海軍人・超国家主義者・大政翼賛会の有力者らの公職追放を指令した。

□**7.** 内容 ✕ 特別高等警察も廃止された。
1945年10月，GHQ は治安維持法や特別高等警察（特高）の廃止，共産党をはじめ，政治犯の釈放を指令（人権指令）。東久邇宮内閣はこれを機に総辞職した。

□**8.** 時期 ✕ 五大改革は幣原喜重郎内閣に指示された。
幣原首相に対し，婦人参政権の付与，労働組合の結成奨励，教育制度の自由主義的改革，秘密警察などの廃止，経済機構の民主化の五大改革が指示された。

9. 戦後改革期に実施された諸施策について，経済機構の民主化の一環として，独占禁止法が制定された。

10. 農地改革により寄生地主制は解体されて，多くの小作人が自作農となった。

11. 農地改革では，北海道を除く地域における在村地主の小作地保有限度を平均 _____ 町歩にした。
① 1　② 5

12. 労働基準法によって，労働者の団結権・団体交渉権が保障された。

13. 労働組合の全国組織として日本労働組合総同盟などが結成された。

14. GHQ の指令に反して，ゼネラル・ストライキ（ゼネスト）が実施された。

15. GHQ により教育制度の自由主義的改革が指示され，修身教育が導入された。

16. 教育の機会均等や男女別学の原則をうたった学校教育法が制定された。

17. 占領期の教育政策について，都道府県・市町村には任命制による教育委員会が設けられた。

□9. 内容 ○ 財閥解体のため，指定された持株会社・財閥家族の所有する株式を一般に売り出した。1947年には，独占禁止法，過度経済力集中排除法を制定した。

□10. 内容 ○ 寄生地主の解体をめざし，農地改革が行われた。第一次農地改革は不徹底とされたが，第二次農地改革により，多くの小作農が零細な自作農となった。

□11. 内容 ① 在村地主の小作地保有限度を1町歩とした。
第二次農地改革では，自作農創設特別措置法により，不在地主の全貸付地，在村地主の貸付地の一定面積をこえる分は国が買い上げ，小作人に譲渡した。

□12. 内容 × 労働基準法ではなく，労働組合法である。
1945年，労働者の団結権・争議権などを保障した労働組合法，1946年，**労働関係調整法**，1947年，8時間労働制などを規定した労働基準法が制定された。

□13. 内容 ○ 労働組合結成があいつぎ，1946年には全国組織として右派の日本労働組合総同盟（総同盟），左派の全日本産業別労働組合会議（産別会議）が結成された。

□14. 内容 × GHQの指令により，ゼネストは中止された。
官公庁労働者を中心に第1次吉田茂内閣の打倒をめざし，1947年，二・一ゼネストが計画されたが，GHQの指令で中止された。

□15. 内容 × 修身教育は禁止された。
1945年，GHQは教科書の不当な記述の削除と軍国主義的な教員の追放（教職追放）を支持し，つづいて**修身・日本歴史・地理**の授業が一時禁止された。

□16. 内容 × 学校教育法ではなく，教育基本法である。
教育の機会均等や男女共学の原則などをうたう教育基本法，6・3・3・4の新学制を定めた学校教育法が制定され，義務教育は6年から9年に延長された。

□17. 時期 × 教育委員は任命制ではなく，公選制であった。
1948年，都道府県・市町村ごとに**公選**による教育委員会が設けられ，教育行政の地方分権化がはかられたが，1956年からは教育委員は任命制となった。

〈占領期の経済危機〉

□**18.** 降伏と同時に食糧の配給制度が全面的に廃止され，価格の統制も撤廃された。

□**19.** 政府は激しいデフレーションに対応するために，金融緊急措置令を発した。

〈日本国憲法の制定と政党政治の復活〉

□**20.** 日本国憲法は，GHQ案をもとに日本政府によって起草され，帝国議会の審議を経て制定された。

□**21.** 立憲民政党系の議員たちを中心に，[   ] が結成された。
　　① 日本社会党　　② 日本進歩党

□**22.** 鳩山一郎は，立憲政友会系の議員を中心に，[   ] を結成した。
　　① 日本自由党　　② 日本協同党

〈占領政策の転換〉

□**23.** 中国の内戦における共産党の優位は，アメリカの対日占領政策に転換を迫った。

□**24.** ドッジ公使は来日の後，傾斜生産方式を考案し，日本政府にその実施を要求した。

□**25.** アメリカは，1949年，ドッジ＝ラインの下で1ドル＝[   ] の単一為替レートを設定する。
　　① 308円　　② 360円

□**26.** ドッジ公使の来日と同じ時期にシャウプが来日して，大幅な税制の改革を指導した。

〈占領期の経済危機〉

□**18.** 内容 ✕ 配給制や価格の統制は続いた。
1945年は凶作により食糧不足は深刻となり，米の配給も不足し，代用食にかえられた。都市民衆は農村への**買出し**や**闇市**での闇買いなどで飢えをしのいだ。

□**19.** 内容 ✕ インフレーションに対応しようとした。
物不足や終戦処理などによる通貨増発により，激しい**インフレーション**が発生した。幣原内閣は**金融緊急措置令**を出し，通貨の収縮をはかった（1946年）。

〈日本国憲法の制定と政党政治の復活〉

□**20.** 内容 ◯ 日本政府の改憲案が保守的だったため，GHQ案が提示された。それをもとに原案を作成し，帝国議会で修正可決され，1946年，**日本国憲法**が公布された。

□**21.** 内容 ② 立憲民政党系の議員たちは日本進歩党を結成した。
政党が復活し，旧政友会系の**日本自由党**，旧民政党系の**日本進歩党**，日本協同党，旧無産政党系の**日本社会党**，**日本共産党**が合法政党として活動した。

□**22.** 内容 ① 鳩山一郎は日本自由党を結成した。
1946年4月，**婦人参政権**を認めた新選挙法による初の総選挙が行われた。**日本自由党**が第1党となったが，鳩山一郎は公職追放され，吉田茂が首相となった。

〈占領政策の転換〉

□**23.** 内容 ◯ 米ソ**冷戦**のなか，中国では国共内戦で中国共産党が勝利し，国民党は台湾に逃れた。アメリカは日本を西側陣営として，経済復興させる政策に転換した。

□**24.** 内容 ✕ 傾斜生産方式ではなく，緊縮予算を作成させた。
傾斜生産方式は第1次吉田内閣で計画された。GHQは1948年，第2次吉田内閣に**経済安定九原則**実施を指令し，特別公使として**ドッジ**が来日した。

□**25.** 内容 ② 1ドル = 360円のレートを設定した。
ドッジの指示で吉田内閣は赤字を許さない予算編成（**ドッジ = ライン**）をした。1ドル = 360円の単一為替レートを設定して輸出振興をはかった。

□**26.** 内容 ◯ 1949年，**シャウプ**を団長とする専門家チームが来日して勧告を行い，所得税を中心とする税制改革が行われた（**シャウプ勧告**）。

☐**27.** 経済安定九原則によりインフレ抑制がなされ，失業者は激減した。

☐**28.** 人員整理に反対する労働運動が激化するなかで，下山事件が起こった。

〈日本の独立〉

☐**1.** 朝鮮半島は南北二つの国家に分断され，連合国による日本占領が終了した
後，朝鮮戦争が始まった。

☐**2.** GHQ は，日本共産党幹部の公職追放を指示したが，朝鮮戦争が始まると国
内安定のために解除した。

☐**3.** サンフランシスコ平和条約を調印したときの日本の首相は，吉田茂だった。

☐**4.** サンフランシスコ平和条約によって，日本は独立を回復したが，講和会議に
招請されなかった ☐☐☐☐☐ との国交回復は将来にゆだねられていた。
① ソ連 ② 中華人民共和国

☐**5.** サンフランシスコ平和条約には，ソ連を含むすべての連合国が調印した。

☐**6.** サンフランシスコ平和条約によって，沖縄がアメリカの施政権下に置かれ
た。

☐**7.** サンフランシスコ平和条約と同じ日に日米安全保障条約が調印された。

□**27.** 内容 × 　失業者が増加した。
　　　ドッジ＝ラインによってインフレは収束したが，不況が深刻化し，中小企業の倒産が増加した。これに行政や企業の人員整理が重なって失業者は増大した。

□**28.** 内容 ○ 　人員整理の強行に労働者側も抵抗したが，1949年，国鉄をめぐって起こった下山事件・三鷹事件・松川事件で労働運動は打撃を受けた。

解答・ポイント
〈日本の独立〉

□**1.** 時期 × 　日本占領中に朝鮮戦争は始まった。
　　　1950年，北朝鮮が韓国に侵攻し，朝鮮戦争が始まった。アメリカは日本を西側陣営に早期に編入するため，1951年，サンフランシスコ講和会議を開催した。

□**2.** 内容 × 　朝鮮戦争後，共産主義者の追放が進められた。
　　　GHQは日本共産党幹部の公職追放を支持し，朝鮮戦争勃発後もレッドパージが進められた。一方で戦争犯罪人や軍国主義者などの公職追放が解除された。

□**3.** 時期 ○ 　全面講和の声もあったが，吉田茂首相は西側諸国のみとの単独講和を選択し，1951年，サンフランシスコ平和条約に調印，翌年，発効して独立を回復した。

□**4.** 内容 ② 　中華人民共和国が講和会議に招請されなかった。
　　　交戦国であった中華人民共和国と中華民国（台湾）はいずれも会議にまねかれず，日本はアメリカの意向で1952年，中華民国と日華平和条約を結んだ。

□**5.** 内容 × 　ソ連はサンフランシスコ平和条約に調印しなかった。
　　　ソ連などは講和会議に出席したが条約には調印せず，インド・ビルマ（ミャンマー）などは条約への不満から出席しなかった。

□**6.** 内容 ○ 　サンフランシスコ平和条約は日本の賠償責任を軽減したが，領土については制限を加え，南西諸島（沖縄），小笠原諸島はアメリカの施政権下に置かれた。

□**7.** 内容 ○ 　平和条約調印と同日，日米安全保障条約が締結され，独立後も日本国内に米軍が駐留をつづけることになった。翌年，日米行政協定を締結した。

☐**8.** サンフランシスコ平和条約調印をきっかけとして，警察予備隊が発足した。

☐**9.** サンフランシスコ平和条約ですべての交戦国との講和が成立したので，独立回復の年に日本は国際連合への加盟を認められた。

〈独立後の国内情勢と55年体制の成立〉

☐**10.** 吉田茂内閣は，1954年にアメリカと〔　　　　　　〕を締結し，兵器や農産物の援助を受けるかわりに，防衛力増強を義務付けられ，自衛隊を発足させた。
① MSA協定　② 日米行政協定

☐**11.** 吉田茂内閣は，メーデー事件（血のメーデー事件）をきっかけに，破壊活動防止法を制定した。

☐**12.** 独立回復後，石川県の内灘をはじめとして米軍基地反対闘争が起こった。

☐**13.** アメリカの水爆実験で第五福龍丸が被曝したのをきっかけに，原水爆禁止運動が全国で高まりをみせた。

☐**14.** 自由民主党の初代総裁には，鳩山一郎が就任した。

☐**15.** 55年体制が成立し，自由民主党と日本共産党の二大政党を中心に，保守・革新の対立が続いた。

☐**16.** 保守合同によって誕生した〔　　　　　　〕内閣は，サンフランシスコ平和条約に調印しなかったソ連との交渉を進めた。
① 鳩山一郎　② 田中角栄

☐ **8.** 時期 ✕ 　警察予備隊は朝鮮戦争の勃発をきっかけに発足した。
朝鮮戦争が始まると，在日米軍動員後の空白を埋めるために，GHQ の指令で**警察予備隊**が新設され，公職追放を解除された旧軍人が採用されていった。

☐ **9.** 時期 ✕ 　単独講和であったため，国際連合加盟は遅れた。
サンフランシスコ平和条約では**ソ連**や**中国**との講和が実現せず，**単独講和**となった。そのため，ソ連の承認が得られず，国際連合への加盟も遅れることとなった。

〈独立後の国内情勢と 55 年体制の成立〉

☐ **10.** 内容 ① 　MSA 協定により，自衛隊を創設した。
平和条約発効後，**警察予備隊**は保安隊に改組されたが，アメリカの再軍備要求で，1954年，MSA 協定が締結され，アメリカの援助で自衛隊が発足した。

☐ **11.** 時期 ○ 　平和条約発効後，**吉田茂内閣**は，労働運動や社会運動をおさえるための法整備を進め，「**血のメーデー事件**」を契機に，1952年，破壊活動防止法を制定した。

☐ **12.** 内容 ○ 　社会党・共産党などの革新勢力は吉田内閣の動きを「逆コース」ととらえ，内灘（石川県），砂川（東京都）などで**米軍基地反対闘争**などの運動を組織した。

☐ **13.** 内容 ○ 　1954年，太平洋ビキニ環礁のアメリカの水爆実験でマグロ漁船の第五福龍丸が被曝した。これを機に1955年，広島で第1回原水爆禁止世界大会が開かれた。

☐ **14.** 内容 ○ 　1955年，講和論争で分裂していた日本社会党が再統一し，**日本民主党**と**自由党**が合流して自由民主党を結成し（保守合同），初代総裁に鳩山一郎が就任した。

☐ **15.** 内容 ✕ 　日本共産党ではなく，日本社会党である。
保守勢力の**自由民主党**が議席の3分の2弱を，革新勢力の**日本社会党**が3分の1を維持し，保革対立のもと保守優位の体制が続いた（55年体制）。

☐ **16.** 内容 ① 　ソ連との交渉を進めたのは鳩山一郎内閣である。
保守合同後，**鳩山一郎**内閣はソ連との国交回復交渉を推進し，1956年，日ソ共同宣言に調印して国交を正常化し，ソ連の支持を得て国際連合に加盟した。

□**17.** 日本経済は，[＿＿＿＿＿]にともなうアメリカ軍による特需を得て，息を吹き返し，1950年代初め，工業生産は戦前の水準に回復した。
① 朝鮮戦争　②　イラク戦争

3　高度経済成長の時代 主に1960年代～1970年代前半

〈保守政権の安定〉

□**1.** 岸信介内閣は，アメリカと交渉し，日米相互協力及び安全保障条約（新安保条約）に調印した。

□**2.** 日米安全保障条約の改定内容に反対して，社会民衆党が主導する安保闘争が起こった。

□**3.** 新日米安保条約を成立させた結果，岸信介は長期政権を維持することになった。

□**4.** 池田勇人内閣は，「寛容と忍耐」を唱えた。

□**5.** 佐藤栄作内閣は，韓国との国交正常化交渉を推進して，日韓基本条約に調印した。

□**6.** 米軍統治下の沖縄では，米軍による土地の強制接収や米兵の犯罪増加に抵抗して祖国復帰運動が高揚した。

□**7.** 佐藤栄作内閣がアメリカとの間で沖縄返還協定を調印したのちも，沖縄には巨大なアメリカ軍基地が存続した。

□**8.** 沖縄についで，アメリカの施政権下にあった小笠原諸島も日本に返還された。

□**17.** 内容 ① 朝鮮戦争をきっかけに日本経済は復興した。

日本経済は，**ドッジ゠ライン**によって深刻な不景気に陥っていたが，1950年に勃発した**朝鮮戦争**で米軍による特需があり復活した（**特需景気**）。

解答・ポイント

〈保守政権の安定〉

□**1.** 内容 ○ **岸信介内閣**は「日米新時代」を唱え，日米関係をより対等にすることをめざし，1960年，**日米相互協力及び安全保障条約**（新安保条約）に調印した。

□**2.** 内容 × 社会民衆党は戦前の政党である。

社会党・共産党などの革新勢力は，安保改定反対運動を組織した。安保改定阻止国民会議，全学連による巨大なデモが連日国会を取り巻いた（**安保闘争**）。

□**3.** 内容 × 岸内閣は反対運動により辞職に追い込まれた。

1960年，**岸内閣**が衆議院で条約批准の強行採決をすると，反対運動は激化した。参議院で未議決のまま自然成立し，条約発効後，岸内閣は総辞職した。

□**4.** 内容 ○ 岸内閣に続く**池田勇人内閣**は「寛容と忍耐」を唱えて革新勢力との対立を避け，「所得倍増」をスローガンに高度経済成長を促進する経済政策をとった。

□**5.** 時期 ○ 池田内閣に続く**佐藤栄作内閣**は，1965年，**日韓基本条約**を結んで，韓国政府を「朝鮮にある唯一の合法的な政府」と認め，国交を樹立した。

□**6.** 内容 ○ 1960年代半ば，アメリカが**ベトナム戦争**への介入を本格化させると，米軍基地問題が噴出し，沖縄住民の祖国復帰運動が高揚して沖縄返還問題が浮上した。

□**7.** 時期 ○ 佐藤・ニクソン**会談**で沖縄返還を約束し（**日米共同声明**），1971年，沖縄返還協定が調印され，翌年，返還されたが，米軍基地は存続した。

□**8.** 時期 × 小笠原諸島の返還は沖縄返還の前である。

佐藤内閣の1968年，小笠原諸島が返還され，その後，1972年に沖縄の返還が実現した。

9. 1960年に民主社会党が結成されるなど，野党の □□□□□ が進んだ。
① 合同　② 多党化

10. 全国各地で誕生した革新自治体（革新首長）は，公害対策や福祉にかかわる予算を削減し，開発優先の政策をとった。

11. 田中角栄内閣は，首相自ら訪中して日中国交正常化を実現した。

〈高度経済成長の展開〉

12. 高度経済成長期には，重化学工業の進展とともに，石炭から石油へとエネルギー源の転換が進んだ。

13. 1950年代半ばから20年近く続いた高度経済成長のなかで，日本列島の □□□□□ 側に，ベルト状の巨大な重化学工業地帯が形成された。
① 太平洋　② 日本海

14. 高度経済成長期には，急速な円高の進行により，割安となった海外資源の輸入が増加した。

15. 「所得倍増」を唱えた内閣では，国際通貨基金8条国への移行や経済協力開発機構への加盟により，開放経済体制への移行が進んだ。

16. 1960年代，東京・大阪間の新幹線開通，高速自動車道路網の整備，マイカーの普及など，従来の交通体系が大きく変化し始めた。

17. 1960年代末に日本の国民総生産は，資本主義国で第2位となった。

□9. 内容 ② 1960年代には野党の多党化が進んだ。
1960年代にも**自由民主党**は多数を占めた。野党では**日本社会党**から**民主社会党**が分立し，**公明党**が結成され，**日本共産党**が議席を増やすなど多党化が進んだ。

□10. 内容 ✕ 公害対策や福祉政策などで成果をあげた。
1960年代後半，美濃部亮吉が東京都知事に当選し，1970年代初には京都・大阪でも革新首長が誕生し（**革新自治体**），福祉政策や公害規制を進めた。

□11. 時期 ○ 田中角栄**内閣**は自ら中国を訪問し，**日中共同声明**を発表して日中国交正常化を実現した。福田赳夫**内閣**では**日中平和友好条約**が締結された。

□12. 内容 ○ 高度経済成長期には，第二次・第三次産業の比重が高まり，工業生産の3分の2を重化学工業が占め，石炭から石油への転換が進んだ（エネルギー革命）。

□13. 内容 ① 重化学工業地帯が形成されたのは太平洋側である。
太平洋側に製鉄所や石油化学コンビナートなどが建設され，重化学工業地帯（太平洋ベルト地帯）が出現し，産業と人口が集中した。

□14. 内容 ✕ 高度経済成長期は固定為替相場であった。
固定相場制（1ドル＝360円）による安定した国際通貨体制（**IMF体制**），安価な資源の輸入に支えられ，輸出は拡大し，1960年代後半以降，貿易黒字が続いた。

□15. 時期 ○ 池田勇人内閣では，1964年，国際通貨基金（IMF）8条国に移行するとともに経済協力開発機構（OECD）に加盟し，為替と資本の自由化を実施した。

□16. 時期 ○ 1960年代，東海道新幹線が開通し，自家用自動車が普及し自動車が交通手段の主力となり（モータリゼーション），名神高速道路や東名高速道路が全通した。

□17. 内容 ○ 高度経済成長期（1955〜73年），年の平均経済成長率は10％を上まわった。1968年には資本主義諸国の中で世界第2位の国民総生産（GNP）を実現した。

〈高度経済成長の影響〉

□**18.** 1960年代後半には，労働運動が高まり，全日本産業別労働組合会議（産別会議）が結成された。

□**19.** 高度経済成長期，白黒テレビ・自動車・クーラーが，「三種の神器」と呼ばれた。

□**20.** 農業基本法を制定し，農工間所得格差の是正や農業経営の自立に努めた結果，専業農家は増加した。

□**21.** 高度経済成長期以降，農家は所得水準を上昇させたが，それは農業以外の収入の増加によるところが大きい。

□**22.** 四大公害訴訟は，熊本県の水俣病のみ原告側が勝訴した。

□**23.** 高度経済成長期には，環境庁が発足したのち，破壊活動防止法が制定されて公害への規制が強化された。

〈高度経済成長の終焉とその後　1970 年代前半以降〉

□**24.** ドル＝ショックによって，金とドルの交換が再開され，固定相場制への移行が行われた。

□**25.** 1973年の　　　　　　戦争をきっかけに起こった石油危機のように，世界経済の動向から日本の経済や社会が大きな影響を受けるようになった。
　　① 　ベトナム　　　② 　第４次中東

〈高度経済成長の影響〉

□18. 時期 ✕　産別会議は1940年代後半に結成された。
　高度経済成長期には，総評（日本労働組合総評議会）を指導部とし，各産業の労働者が一斉に賃上げを要求する「春闘」方式を導入し，賃金は上昇した。

□19. 内容 ✕　自動車・クーラーは三種の神器ではない。
　大衆消費社会の形成で白黒テレビ・電気洗濯機・電気冷蔵庫の「三種の神器」が普及，1960年代後半からカー・カラーテレビ・クーラーの「3C」が普及した。

□20. 内容 ✕　専業農家ではなく，兼業農家が増加した。
　1961年，池田内閣は農業基本法を制定し，農業所得の安定化をめざして，農業の近代化と構造改革をはかり，兼業農家が増加した。

□21. 内容 ○　農村では大都市へ人口が流出し，農業人口が減少し兼業農家が増加して，「三ちゃん（じいちゃん・ばあちゃん・かあちゃん）農業」という言葉が生まれた。

□22. 内容 ✕　四大公害訴訟はいずれも原告（被害者側）の勝訴に終わった。
　経済成長優先のため公害対策は進まず，公害反対運動が起こり，新潟水俣病・四日市ぜんそく・イタイイタイ病・水俣病の四大公害裁判で原告側が勝訴した。

□23. 内容 ✕　破壊活動防止法ではなく，公害対策基本法である。
　公害を批判する世論の高まりを背景に，1967年，公害対策基本法が制定された。1970年には同法が改正され，環境庁が発足した。

〈高度経済成長の終焉とその後　1970年代前半以降〉

□24. 内容 ✕　ドル゠ショックで金とドルの交換が停止された。
　米のニクソン大統領が1971年，金とドルの交換停止を発表（ドル゠ショック）したため，1ドルを308円にした。1973年には変動相場制に移行した。

□25. 内容 ②　石油危機の契機は第4次中東戦争である。
　1973年，第4次中東戦争を契機にアラブ産油国が原油価格を引き上げ，日本経済は打撃を受けた（第1次石油危機）。そのため高度経済成長は終わった。

□**26.** 田中角栄は「日本列島改造論」を唱え，公共事業を推進した。

□**27.** 田中角栄内閣のとき，石油ショックが起き，狂乱物価にみまわれた。

□**28.** 高度経済成長期には，プラザ合意によって，アメリカとの深刻な貿易摩擦問題の解決がはかられた。

□**29.** イラクがクウェートに侵攻した結果，日本でも第2次石油危機が起こった。

□**30.** 第4次中東戦争に際して，PKO 協力法にもとづき自衛隊の派遣を行った。

4 現代の文化

〈現代の文化〉

□**1.** 法隆寺金堂壁画が焼損したことを契機に，文化財保護法が制定された。

□**2.** 原爆ドームは，核兵器投下の事実を示す戦争の遺跡である。

□**3.** ベトナム戦争に反対する科学者たちによって，日本学術会議が結成された。

□**4.** 朝永振一郎が，中間子理論によって日本初のノーベル物理学賞を受賞した。

□**26.** 時期 ○　田中角栄は，大都市と地方を新幹線と高速道路で結び太平洋ベルトに集中した工業地帯を分散する「日本列島改造論」を掲げて組閣し，公共投資を拡大した。

□**27.** 内容 ○　**田中角栄内閣**の時，「列島改造」政策による公共投資で地価が暴騰し，**石油危機**による原油価格の高騰が重なって，激しいインフレが発生した（狂乱物価）。

□**28.** 時期 ✕　アメリカとの貿易摩擦問題は高度経済成長後である。
1980年代には日本の対米貿易黒字が激増し，日米間で貿易摩擦が激化した。中曽根康弘内閣の時，1985年にはG5でドル高是正が合意された（**プラザ合意**）。

□**29.** 時期 ✕　イラン革命を契機に第2次石油危機が起こった。
大平正芳内閣の時，**イラン革命**で原油価格が上昇した（**第2次石油危機**）。イラクのクウェート侵攻から始まったのが湾岸戦争（1991年）である。

□**30.** 時期 ✕　湾岸戦争後に PKO 協力法が成立した。
湾岸戦争の後，宮沢喜一内閣は PKO 協力法を成立させ，国連平和維持活動のための自衛隊の海外派遣を可能にし，カンボジアに自衛隊を派遣した。

🔍 解答・ポイント

〈現代の文化〉

□**1.** 内容 ○　1949年，**法隆寺金堂壁画**の焼損をきっかけとして，文化財を保護するために，1950年，文化財保護法が制定された。1968年には**文化庁**が設置された。

□**2.** 内容 ○　**原爆ドーム**は，1996年，ユネスコ世界遺産委員会で，アメリカと中国の合意は得られなかったものの，世界遺産リストに登録されることとなった。

□**3.** 時期 ✕　ベトナム戦争より前に結成されている。
日本学術会議は1949年に設立された科学者の代表機関である。学術上の重要事項について政府への勧告などを行う。

□**4.** 内容 ✕　日本初のノーベル賞受賞者は湯川秀樹である。
湯川秀樹は中間子理論で1949年，日本人初のノーベル物理学賞を受賞した。**朝永振一郎**は量子力学を研究し，1965年にノーベル物理学賞を受賞した。

5. 1950年代の半ばには，日本の国際連合への加盟と同時に，オリンピック東京大会が開催された。

6. 1950年代の後半から，女性週刊誌，芸能週刊誌，少年マンガなどの多様な大衆週刊誌が次々と発刊された。

⑧ 現代史の攻略

　受験生の学習が届きにくい厄介な時代が現代史です。どうしても原始時代から始めるのが一般的なので，第二次世界大戦後の現代史まで十分な学習ができない受験生が多いようです。対策として意識しておいて欲しいのは，**まず，短期間で一通り原始から現代まで通史を見通す**ことです。一つ一つの時代に時間をかけて最後まで終わらないような学習はせず，原始から現代を何回かくり返す方が学習効果は高いと思います。

　試行調査を参考にすると，共通テストでは3〜4問程度は出題されそうです。

　2018年の試行調査で出題された以下の問題を見てみましょう。

第6問　問6　問題番号34

Cさんの発表

　私は，1960年代を大きな転換点と考えました。1960年に岸内閣に代わった池田内閣が「国民所得倍増計画の構想」を閣議決定し，「今後10年以内に国民総生産26兆円に到達することを目標」としました。その結果，⒟経済が安定的に成長する時代を迎えると同時にその歪みも現れました。この時期には社会全体も大きく変化しました。例えば　**Y**　。こうした変化から私は大きな転換点と考えました。

□**5.** 時期 ✕　オリンピック東京大会は1960年代である。
東京オリンピックは1964年（池田勇人内閣）に開催され，1970
年には大阪で日本万国博覧会が開催された。これらにより日本の
発展を世界に示した。

□**6.** 時期 ◯　1950年代末から少年・少女向け，女性・芸能・写真などの週刊誌
が現れた。ブームの火付け役は1959年の『週刊少年マガジン』と『少
年サンデー』であった。

問6　Cさんの発表の空欄　Y　に入る文として**適当でないもの**を，次の①〜④
のうちから一つ選べ。　34

① 農村では，大都市への人口流出が激しくなり，農業人口が減少しました

② 生活様式が画一化し，多くの人々が中流意識を持つようになりました

③ 高校・大学への進学率が上昇し，高等教育が広がりました

④ 円高の進行で，アジアなどに生産拠点を移す産業の空洞化が進みました

解答④

　第二次世界大戦後の社会について考えさせる空欄補充です。リード文は高
度経済成長の時代までですが，正解となる選択肢④は1990年代までを念頭
においたものです。

　センター試験でもすでに**1990年代までの内容が出題されていました**が，
**この問題を見る限りでは共通テストでも，注意しておいた方がよさそうで
す。**

1〜24の文Ⅰ〜Ⅲについて，それぞれ古いものから年代順に正しく配列しなさい。

1.幕末・維新
Ⅰ　薩長土3藩の兵約1万を東京に集め，御親兵が組織された。
Ⅱ　総裁・議定・参与の三職が置かれ，参与には藩士からも就任した。
Ⅲ　薩長同盟（連合）が成立した。

2.士族の反乱
Ⅰ　鹿児島の士族が，西郷隆盛を指導者として西南戦争を起こした。
Ⅱ　佐賀士族の指導者に迎えられた江藤新平が，政府に対して反乱を起こした。
Ⅲ　廃刀令の実施に憤激した神風連が，熊本で反乱を起こした。

3.自由民権運動
Ⅰ　西南戦争のさなか，立志社の片岡健吉らが，国会開設を求める建白書を提出した。
Ⅱ　選挙人資格を，直接国税15円以上を納入する満25歳以上の男性とする法律が制定された。
Ⅲ　明治十四年政変が起こり，国会開設の勅諭が発せられた。

4.明治期の地方制度
Ⅰ　政府は，ドイツ人学者の助言を得て市制・町村制を制定した。
Ⅱ　政府は，それまでの大区・小区制を改めて，郡区町村編制法を制定した。
Ⅲ　政府は，地方民情を政治に反映させるため，最初の地方官会議を開催した。

5.初期議会
Ⅰ　政府は詔勅により，民党の反対を抑え，予算を成立させた。
Ⅱ　第1回帝国議会では，自由党の一部が予算成立に協力した。
Ⅲ　民権派の再結集に対して，政府は超然主義の立場を声明した。

6.明治期のアジア外交
Ⅰ　天津条約が結ばれ，日清両軍の朝鮮からの撤兵などが定められた。
Ⅱ　日本は江華島事件を機に朝鮮との間で日朝修好条規を結んだ。
Ⅲ　朝鮮で国王の父大院君が閔氏一族から政権を奪おうとし反乱を起こしたが失敗した。

📝 解答・ポイント

1. 展開 Ⅲ → Ⅱ → Ⅰ

[Ⅲ] **薩長同盟**（1866年）の後，討幕をめざした。将軍徳川慶喜の**大政奉還**に対して，[Ⅱ] **王政復古の大号令**（1867年）を発して摂関・幕府廃止などを宣言した。新政府は**戊辰戦争**を経て，その後，[Ⅰ] **御親兵**を設置し，**廃藩置県**（1871年）を断行して藩制を解体した。

2. 展開 Ⅱ → Ⅲ → Ⅰ

[Ⅱ] 征韓論政変で下野した**江藤新平**を首謀者として佐賀士族が**佐賀の乱**を起こし（1874年），その後，[Ⅲ] **廃刀令**に反発し**神風連**などが反乱を起こし（1876年），[Ⅰ] **西郷隆盛**を擁した薩摩士族が**西南戦争**を起こした（1877年）が鎮圧され，士族の抵抗は終わった。

3. 展開 Ⅰ → Ⅲ → Ⅱ

[Ⅰ] 西南戦争と同年の**立志社建白**（1877年）提出以降，豪農層などにも自由民権運動は広がった。それに対し，政府は[Ⅲ] **明治十四年の政変**（1881年）で**国会開設の勅諭**を出し，国会開設を公約した。そして[Ⅱ] **衆議院議員選挙法**が大日本帝国憲法発布と同年に公布された（1889年）。

4. 展開 Ⅲ → Ⅱ → Ⅰ

政府は**大阪会議**により，[Ⅲ] **地方官会議**を設置（1875年）し，[Ⅱ] **郡区町村編制法・府県会規則・地方税規則の地方三新法**を制定した（1878年）。その後，憲法制定にともない，ドイツ人**モッセ**の助言で**山県有朋**内相を中心に[Ⅰ] **市制・町村制**（1888年），**府県制・郡制**（1890年）を制定した。

5. 権力者 Ⅲ → Ⅱ → Ⅰ

Ⅲ **黒田清隆内閣**，大日本帝国憲法発布（1889年）後，黒田首相が**超然主義**演説を行った。

Ⅱ **第1次山県有朋内閣**，第1回帝国議会では軍備拡張をめぐって民党と対立した。

Ⅰ **第2次伊藤博文内閣**，**建艦詔勅**により軍事費増に成功した。

6. 展開 Ⅱ → Ⅲ → Ⅰ

[Ⅱ] **日朝修好条規**（1876年）の締結により朝鮮を開国させた。その後，親日開化派の台頭から[Ⅲ] 攘夷派の**大院君**（国王の父）が**壬午軍乱**（1882年）を起こした。朝鮮の独立党による**甲申事変**（1884年）に日清両国が介入し，日清関係が悪化したが[Ⅰ] **天津条約**（1885年）で調整した。

7. 綿糸紡績業の展開
   I　紡績女工などを保護するため，工場法が，さまざまな例外規定をもちつつも実施された。
   II　綿糸紡績業は，朝鮮・中国への輸出を伸ばし，その結果綿糸輸出量は輸入量を上回った。
   III　綿糸生産の増大をはかるため臥雲辰致がガラ紡を発明した。

8. 第一次世界大戦
   I　シベリア出兵を行った。
   II　中国政府に二十一カ条の要求を行った。
   III　日英同盟を理由にドイツに宣戦布告した。

9. 普選運動の展開
   I　日本初の社会主義政党が結成され，普通選挙の実現をかかげた。
   II　第二次護憲運動が展開された。
   III　選挙権の納税資格が直接国税3円以上に引き下げられた。

10. 昭和初期の経済
   I　浜口雄幸内閣によって金解禁が断行されたが，同じころ世界恐慌が日本にも波及した。
   II　片岡直温蔵相の失言をきっかけに，金融恐慌が起こった。
   III　関東大震災により，決済不能になったとみなされる震災手形が現れた。

11. 国際協調の展開
   I　国策の手段としての戦争の放棄を約した不戦条約に調印した。
   II　補助艦の総保有量（トン数）を英・米の約7割とすることに合意した。
   III　主力艦保有量（トン数）を英・米の5分の3に制限することに合意した。

12. 政商・財閥の発展
   I　開拓使官有物払下げが批判をまねき，中止された。
   II　前蔵相と三井財閥の幹部が，血盟団員に殺害された。
   III　三菱の岩崎弥太郎が，台湾出兵の際に軍事輸送を請け負った。

7. 時代 Ⅲ→Ⅱ→Ⅰ

Ⅲ 1870年代，**ガラ紡**は，殖産興業政策の一環として行われた**内国勧業博覧会**（1877年）に出品された。

Ⅱ 1890年代，綿糸輸出量が輸入量を上回った（1897年）のは**日清戦争**後である。

Ⅰ 1910年代，**工場法**制定（1911年）は第2次桂太郎内閣のとき。

8. 展開 Ⅲ→Ⅱ→Ⅰ

第一次世界大戦がはじまる（1914年）と，**第2次大隈内閣**は［Ⅲ］日英同盟を理由に参戦した。その後，これを中国権益確立の好機とみて，［Ⅱ］**二十一カ条の要求**を中国政府に突き付けた（1915年）。つづく**寺内内閣**はロシア革命への干渉に乗り出し，［Ⅰ］**シベリア出兵**を断行（1918年）した。

9. 時代 Ⅰ→Ⅲ→Ⅱ

Ⅰ 1900年代，「日本初の社会主義政党」は明治末期の**社会民主党**（1901年）。

Ⅲ 1910年代，**米騒動**（1918年）を契機に普選運動が盛り上がるが，立憲政友会の**原敬**内閣は選挙法の改正（納税資格を直接国税3円以上）にとどめた。

Ⅱ 1920年代，第2次護憲運動により成立した護憲三派連立の**加藤高明**（憲政会）内閣は**普通選挙法**を制定（1925年）した。

10. 権力者 Ⅲ→Ⅱ→Ⅰ

Ⅲ 第2次山本権兵衛内閣は**関東大震災**（1923年）の処理を進めたが，**震災手形**問題が残存した。

Ⅱ 第1次若槻礼次郎内閣の**片岡直温**蔵相の失言により取付け騒ぎが起こった（**金融恐慌**・1927年）。

Ⅰ 浜口雄幸内閣は為替相場を安定させ，貿易の振興をはかり，**金解禁**を断行した（1930年）が，**世界恐慌**にまきこまれた。

11. 権力者 Ⅲ→Ⅰ→Ⅱ

Ⅲ 高橋是清内閣のとき，**ワシントン海軍軍縮条約**（1922年）で**主力艦**の保有制限に合意した。

Ⅰ 田中義一内閣のとき，パリで**不戦条約**に調印した（1927年）。

Ⅱ 浜口雄幸内閣のとき，**ロンドン海軍軍縮条約**（1930年）で**補助艦**の保有制限に合意した。

12. 時代 Ⅲ→Ⅰ→Ⅱ

Ⅲ 1870年代，**岩崎弥太郎**は明治初期の**台湾出兵**（1874年）の軍事輸送で**三菱**の基礎を築いた。

Ⅰ 1880年代，開拓使長官**黒田清隆**の政商**五代友厚**への官有物払下げが問題となり，**明治十四年の政変**（1881年）につながった。

Ⅱ 1930年代，**血盟団事件**（1932年）は昭和初期で**犬養毅**内閣の時。

13. 軍部の台頭
   Ⅰ 関東軍が，柳条湖で満鉄の線路を爆破した。
   Ⅱ 陸軍の青年将校らが，部隊を率いて政府要人や重要施設を襲撃した。
   Ⅲ 海軍の青年将校らが，犬養毅首相を射殺した。

14. 昭和初期の日中関係の推移
   Ⅰ 日本軍が中国の都市南京を占領するに際して，捕虜や非戦闘員を殺害する事件が起きた。
   Ⅱ 中国東北部での日本軍の活動に対して，国際連盟からリットン調査団が派遣された。
   Ⅲ 関東軍参謀河本大作らが，中国軍閥の一人である張作霖を，奉天郊外において爆殺した。

15. 日中戦争勃発以降の展開
   Ⅰ 日本は，援蔣ルートを断ち切るため，フランス領インドシナ北部に進駐した。
   Ⅱ 近衛首相は，「国民政府を対手とせず」との声明を発表した。
   Ⅲ アメリカが，石油の対日輸出を禁止した。

16. 日中戦争から太平洋戦争への展開
   Ⅰ 日本軍が，マレー半島に奇襲上陸した。
   Ⅱ 大都市では戦局の悪化にともなって集団で学童疎開が行われた。
   Ⅲ 北京郊外で日本軍と中国軍の衝突事件が起こり，日中戦争がはじまった。

17. 近代の教育
   Ⅰ 大学令が公布され，公立・私立大学の設立が認められた。
   Ⅱ 宇垣一成陸相の下で，中等学校以上に軍事教練が導入された。
   Ⅲ 義務教育の年限が4年から6年に延長された。

18. 西洋の建築
   Ⅰ 日本初のビザンティン様式建築の，ニコライ堂が建設された。
   Ⅱ ガラス戸や応接間などを備えた，文化住宅が建設された。
   Ⅲ 和風土蔵造りに洋風の八角の塔を上げた，開智学校（長野県松本市）が建設された。

13. 権力者 Ⅰ → Ⅲ → Ⅱ

Ⅰ 　第2次若槻礼次郎**内閣**の時, **柳条湖事件**（1931年）から**満州事変**が始まった。

Ⅲ 　**犬養毅内閣**の時, **五・一五事件**（1932年）で犬養毅首相が暗殺されて, 戦前の政党内閣は最後となった。

Ⅱ 　**岡田啓介内閣**の時, 陸軍皇道派の青年将校らによる**二・二六事件**（1936年）が起こった。

14. 権力者 Ⅲ → Ⅱ → Ⅰ

Ⅲ 　**田中義一内閣**の時, **張作霖爆殺事件**が起こった（1928年）。

Ⅱ 　**犬養毅内閣**の時, **満州事変**の際, 中国の提訴により**国際連盟**は**リットン調査団**を派遣した。

Ⅰ 　**第1次近衛文麿内閣**の時, **日中戦争**の際に起こった**南京事件**（1937年）のこと。

15. 権力者 Ⅱ → Ⅰ → Ⅲ

Ⅱ 　**第1次近衛文麿内閣, 近衛声明**で日中戦争の和平交渉の道は閉ざされた。

Ⅰ 　**第2次近衛文麿内閣**, 南進策を進め**北部仏印**へ進駐（1940年）した。

Ⅲ 　**第3次近衛文麿内閣, 南部仏印**へ進駐（1941年）したため, アメリカは石油の輸出を禁止した。

16. 権力者 Ⅲ → Ⅰ → Ⅱ

Ⅲ 　**第1次近衛文麿内閣, 盧溝橋事件**（1937年）より**日中戦争**が始まった。

Ⅰ 　**東条英機内閣, 真珠湾攻撃**とほぼ同時に始まった**マレー半島上陸**により, 太平洋戦争が始まった（1941年）。

Ⅱ 　**東条英機内閣, サイパン島**陥落（1944年）後, 本土空襲が本格化し, **学童疎開**が始まった。

17. 時代 Ⅲ → Ⅰ → Ⅱ

Ⅲ 　**1900年代, 明治末期**に小学校の義務教育が6年となり（**小学校令改正**・1907年）, 義務教育が普及した。

Ⅰ 　**1910年代, 大正時代**中期には, 都市中間層の台頭から, **原敬**内閣が高等教育機関の拡充をはかり**大学令**を公布（1918年）した。

Ⅱ 　**1920年代,** 大正時代末期**加藤高明内閣**の宇垣陸相のもと, 軍縮が行われ, **軍事教練**が始まった。

18. 時代 Ⅲ → Ⅰ → Ⅱ

Ⅲ 　**開智学校**は明治初期の小学校建築の代表的遺構。

Ⅰ 　**ニコライ堂**は, 鹿鳴館を設計したイギリス人**コンドル**の設計により**明治中期**に建設された。

Ⅱ 　**文化住宅**は大正時代の中間層の住宅。

19. 吉田内閣
   Ⅰ　朝鮮戦争勃発前後に，共産主義者やその支持者を職場から追放するレッドパージが行われた。
   Ⅱ　MSA協定の締結と同年，防衛庁が設置され，保安隊が自衛隊に改組された。
   Ⅲ　教育基本法の制定と同年，地方自治法が制定され，都道府県知事が公選された。

20. 現代の収賄事件
   Ⅰ　米航空機の売り込みをめぐる収賄容疑により，前首相が逮捕された。
   Ⅱ　昭和電工事件が発覚して，片山哲内閣から2代続いた3党連立内閣が倒れた。
   Ⅲ　造船疑獄事件をめぐって首相への批判が高まり，戦後初の長期政権が崩壊した。

21. 現代の国際関係①
   Ⅰ　日ソ共同宣言によってソ連との国交が正常化された。
   Ⅱ　最初の先進国首脳会議（サミット）が開かれ，日本もこれに参加した。
   Ⅲ　IMF8条国に移行し，いっそうの貿易と資本の自由化を進めた。

22. 現代の国際関係②
   Ⅰ　世界不況への対応を協議するため，先進国首脳会議（サミット）が初めて開催された。
   Ⅱ　沖縄返還協定が調印され，翌年の協定発効をもって沖縄の日本復帰が実現した。
   Ⅲ　東京オリンピックの開会にあわせて，東海道新幹線が東京・新大阪間で開通した。

23. 現代の社会
   Ⅰ　東海道新幹線の開通により，東京・大阪間の移動時間が大幅に短縮された。
   Ⅱ　「列島改造」政策が打ち出され，東京・大阪と全国の地方都市とを結ぶ高速道路網の整備が提唱された。
   Ⅲ　テレビ放送が開始され，白黒テレビの販売が始まった。

24. 高度経済成長後
   Ⅰ　円の変動相場制への移行
   Ⅱ　国鉄の分割・民営化
   Ⅲ　第2次石油危機

19. 権力者 Ⅲ → Ⅰ → Ⅱ

Ⅲ **教育基本法・地方自治法**制定（1947年）は**第1次吉田茂内閣**。

Ⅰ **朝鮮戦争**（1950～53年）にともなう**レッドパージ**は**第3次吉田茂内閣**。

Ⅱ **講和**後の**自衛隊**創設（1954年）は**第5次吉田茂内閣**。

※基本的に第1次吉田内閣と第2～5次吉田内閣の区別ができればよい。

20. 権力者 Ⅱ → Ⅲ → Ⅰ

Ⅱ **昭和電工事件**により**芦田均内閣**は総辞職。

Ⅲ **造船疑獄事件**は第5次吉田茂**内閣**（戦後初の長期政権より）のとき。

Ⅰ **ロッキード事件**（米航空機の売り込みをめぐる収賄容疑）は**三木武夫内閣**（前首相は田中角栄）。

21. 権力者 Ⅰ → Ⅲ → Ⅱ

Ⅰ **日ソ共同宣言**（1956年）は**鳩山一郎内閣**のとき。

Ⅲ 高度経済成長の中で，**IMF8条国に移行**（1964年）したのは**池田勇人内閣**のとき。

Ⅱ **石油危機**による世界的不況を背景にフランスで**サミット**が行われた。**三木武夫内閣**のとき。

22. 権力者 Ⅲ → Ⅱ → Ⅰ

Ⅲ **東京オリンピック**（1964年）・**東海道新幹線**の開通は1960年代半ばで**池田勇人内閣**。

Ⅱ **沖縄返還協定**の締結（1971年）は**佐藤栄作内閣**。

Ⅰ **石油危機**への対応を協議する第1回の**サミット**（1975年）は**三木武夫内閣**。

23. 時代 Ⅲ → Ⅰ → Ⅱ

Ⅲ **1950年代**，テレビ放送の開始は1953年。**白黒テレビ**は「**三種の神器**」の一つで，高度経済成長の前半に普及。

Ⅰ **1960年代**，**東海道新幹線**は，**東京オリンピック**と同年（1964年）に開通。**池田勇人内閣**のときで高度経済成長のさなか。

Ⅱ **1970年代**，「**列島改造**」政策は，高度経済成長が終わる**田中角栄内閣**。

24. 権力者 Ⅰ → Ⅲ → Ⅱ

Ⅰ **ドル＝ショック**（1971年）の後，1973年に**変動相場制**に移行した。第1次石油危機と同年で**田中角栄内閣**のとき。

Ⅲ **第2次石油危機**（1978年）は**大平正芳内閣**のとき。

Ⅱ **国鉄の分割・民営化**は**中曽根康弘内閣**のとき。電電公社，専売公社も民営化した。

さくいん

か

あ
か
さ
た
な
は
ま
や
ら
わ

あ
か
さ
た
な
は
ま
や
ら
わ

あ
か
さ
た
な
は
ま
や
ら
わ

あ か さ た な は ま や ら わ

あ
か
さ
た
な
は
ま
や
ら
わ

あ
か
さ
た
な
は
ま
や
ら
わ

ち

左側余白インデックス：あ・か・さ・た・な・は・ま・や・ら・わ

あ
か
さ
た
な
は
ま
や
ら
わ

へ

ほ

あ
か
さ
た
な
は
ま
や
ら
わ

あ か さ た な は **ま** や ら わ

あ
か
さ
た
な
は
ま
や
ら
わ

あ

か

さ

た

な

は

ま

や

ら

わ

鈴木　和裕（すずき　かずひろ）
　駿台予備学校日本史科講師
　大学・大学院で日本史を学び，学生の頃から塾や予備校の教壇に立つ。20年以上，大学受験の日本史を指導。特に，共通テストについては映像講座を担当し，教員向けの研究会やセミナーも担当している。
　ブログ「大学受験の日本史を考える」やTwitterで，大学受験に役立つ情報を発信している。
　著書に『時代と流れで覚える！日本史B用語』（文英堂），『一橋大の日本史20ヵ年』（教学社），共著書に『日本史の論点？論述力を鍛えるトピック60』（駿台文庫）などがある。

だいがくにゅうがくきょうつう
大学入学共通テスト
にほんし　　　　　てんすう　　　おもしろ　　　　　　　　　いちもんいっとう
日本史Bの点数が面白いほどとれる一問一答

2020年 7月17日　初版発行
2023年 6月15日　5版発行

すずき　かずひろ
著者／鈴木　和裕

発行者／山下　直久

発行／株式会社KADOKAWA
〒102-8177　東京都千代田区富士見2-13-3
電話　0570-002-301（ナビダイヤル）

印刷所／株式会社加藤文明社印刷所

●お問い合わせ
https://www.kadokawa.co.jp/　（「お問い合わせ」へお進みください）
※内容によっては、お答えできない場合があります。
※サポートは日本国内のみとさせていただきます。
※Japanese text only

定価はカバーに表示してあります。

©Kazuhiro Suzuki 2020　Printed in Japan
ISBN 978-4-04-604262-0　C7021